本书为中国社会科学院国情调研重点项目“当代农村家庭生命周期变动调查”的结项报告

中国社会科学院创新工程学术出版资助项目

当代农村家庭生命周期变动分析

以河北三县区农村调查为基础

王跃生 著

中国社会科学出版社

图书在版编目（CIP）数据

当代农村家庭生命周期变动分析：以河北三县区农村调查为基础/王跃生著．—北京：中国社会科学出版社，2016.9

ISBN 978-7-5161-8734-0

Ⅰ.①当… Ⅱ.①王… Ⅲ.①农村—家庭社会学—调查研究—河北省 Ⅳ.①D669.1

中国版本图书馆 CIP 数据核字(2016)第 189953 号

出版人	赵剑英
责任编辑	李庆红
责任校对	周晓东
责任印制	王　超

出　　版	中国社会科学出版社
社　　址	北京鼓楼西大街甲 158 号
邮　　编	100720
网　　址	http：//www.csspw.cn
发行部	010-84083685
门市部	010-84029450
经　　销	新华书店及其他书店

印　　刷	北京明恒达印务有限公司
装　　订	廊坊市广阳区广增装订厂
版　　次	2016 年 9 月第 1 版
印　　次	2016 年 9 月第 1 次印刷

开　　本	710×1000　1/16
印　　张	16
插　　页	2
字　　数	238 千字
定　　价	59.00 元

凡购买中国社会科学出版社图书，如有质量问题请与本社营销中心联系调换

电话：010-84083683

目　录

表目录

图目录

第一章　导论

家庭生命周期分析是兴起于西方家庭研究学者中的一种范式。根据这一范式，夫妇结婚、组成生活单位为家庭建立之始；夫妇生育并抚养子女，共同生活成员增多为家庭的扩展，若生育两个及以上的子女则会形成扩展过程，并持续一段时间；子女成人后以不同形式（出外上学、就业和结婚分家等）逐渐离开父母则为家庭的收缩阶段；子女全部离家后只有夫妇二人一起生活，家庭进入“空巢”状态；夫妇一方去世则表现为家庭的解体，另一方去世该家庭走完其历程，或者完成了一个周期（Circle）。可见，这一范式是以一对夫妇结婚后的生命过程及其居住方式为观察和分析对象的，同时又以现实家庭的核心化为观察基础。或者退一步讲，它是对核心家庭的形成、变动和消亡过程的描述。由此可见，该家庭生命周期理论并不适用于对所有家庭类型变动过程的解释。但我们同时认为，在一个国家或社会中，当家庭进入核心化时代，这一理论的说明意义便会增强，当然需要对其加以完善。中国自20世纪中期以来，受深刻的社会变革和制度变迁的影响，家庭的核心化和小型化趋向增强。根据人口普查数据，至1982年，中国的核心家庭所占比例为68.30%，1990年为70.61%，其中农村分别为67.95%和69.88%。[①] 但也应看到，在代际日常生活互助功能仍然较强、社会养老保障制度尚未真正建立或虽初步建立而水平较低的农村，老年父母与中青年已婚子女同居共爨所形成的直系家庭仍占有一定比例。根据人口普查数据，1982年全国农村直系家庭为

① 王跃生：《中国当代家庭结构变动分析——立足于社会变革时代的农村》，中国社会科学出版社2009年版，第68页。

21.74%，1990年为21.33%，2000年为21.72%。[①] 更重要的是，在农村，家庭形成方式很大程度上保持着原有惯习，如儿子刚结婚时多与父母共同生活，而非另立门户。我们认为，中国当代家庭变动既有现代趋向，又有传统保留。本项研究将借用家庭生命周期理论并在对其加以完善的基础上，认识中国农村家庭的演变方式和特征，揭示代际关系在不同阶段的变化，对家庭功能在这一变动中的作用加以说明。需要指出的是，本书将以中国北方的河北农村为考察对象。

一　家庭生命周期理论的不足及其完善

家庭生命周期理论形成于西方，不少研究者将其作为观察具体家庭演化阶段和方式的工具。然而，在西方社会，一方面，工业革命以来家庭核心化的趋向突出，这一理论对单一婚姻单位家庭变动具有说明意义；另一方面，家庭形成及其状态的多样性也使这一理论的解释能力受到限制。在东方社会中，一些学者试图借鉴其阶段划分方法分析家庭建立、发展和终结过程，但往往与其家庭实际变动状态难以对接起来。这表明，它是一个需要完善的理论。

（一）家庭生命周期及其局限性

西方家庭生命周期划分有多种。目前比较流行的分类有两种：一是五阶段论，包括组成家庭（初婚）；开始生育（头胎婴儿出生）；结束生育（末胎出生）；"空巢"家庭（最后一个孩子离家结婚）；家庭解体（夫妇一方死亡）。[②] 二是六阶段论，包括家庭形成（结婚）、扩展（第一个孩子出生）、稳定（最后一个孩子出生）、收缩（第一个孩子离开父母家）、"空巢"（最后一个孩子离开父母家）与解体

---

① 王跃生：《中国当代家庭结构变动分析——立足于社会变革时代的农村》，中国社会科学出版社2009年版，第68页。

② Glick, P. C.，"Family Life Cycle and Social Changes"，*Family Relations*，Vol. 38，No. 2（Apr.），pp. 123－129.

(配偶一方死亡)六个阶段。[①] 两者的区别是后者含有“收缩”阶段。相对来说，六阶段论更为完整一些。

家庭生命周期理论和分析方法的局限性为学者所诟病。突出的问题是，它建立在夫妇婚后即独立生活基础上，或者说它以核心家庭作为周期的始点和过程认识的基础；不适合存在较高比例直系家庭及其他较复杂家庭形式的国家或地区。同时它忽略了夫妇离婚或夫妇在孩子成年之前一方去世的可能性。一些学者主张用一个能包容更多内容的新概念“家庭生命历程”(Family life course)来取代比较狭窄的“家庭生命周期”。它应包容核心家庭、扩大家庭、离婚与丧偶形成的单亲家庭，以及无孩家庭等多种现实生活中存在的家庭生活形式。[②]

我们认为，在分析微观家庭的纵向演变时，家庭生命周期仍是一个可以借用的方法。家庭生命周期是以家庭重要的生命历程事件——结婚、生育、子女抚养、子女成年离家和配偶死亡作为划分标志，除了少数终身不娶或终身不育者外，这些都是社会中多数成年人所要遇到的重要生命历程事件，并且具有周期变动表现。当然，家庭生命周期理论和方法尚需加以完善。

(二)夫妇生命历程

夫妇生命历程指男女缔结婚姻之后所经历的主要生命阶段。它以不同形式的家庭为载体和依托，以夫妇生命历程事件为主干，以其子女的存在形式为分支，揭示夫妇在不同生命阶段所生活的家庭形态。

那么，夫妇生命历程中的事件主要有哪些?

我们认为，夫妇生命历程事件的确定既有客观性，又有主观性。所谓客观性是指随着夫妇缔结婚姻后生命历程的延续，顺序发生生育、子女抚养、子女长大结婚、夫妇一方去世等事件。而主观性则指某些事件对家庭影响的多样性。我们觉得，要确定标志性的事件，对不同社会民众的生存习惯和社会发展阶段应该加以考虑。

如子女长大离家可由多种方式所导致——外出上学、就业、结

---

① 曾毅：《一门十分活跃的人口学分支学科——家庭人口学》，《中国人口科学》1988年第6期。

② 同上。

婚、分家等。在中国农村的多数时期，子女离家方式有明显的性别差异，儿子婚后通过与父母分爨而建立独立家庭，女儿则以出嫁为离开父母家庭的标志。这产生了事件标准选择的困难。不过，对多数儿子来说，结婚事件并不一定导致其与父母分爨立户，但它却是一个重要前提。因而，为了有所兼顾，我们将子女结婚而不是儿子分爨或女儿出嫁视为夫妇生命历程中的事件，这更具有共同的衡量依据。

概括说来，我们认为，夫妇生命历程应包括以下标志性事件（见图1－1）。

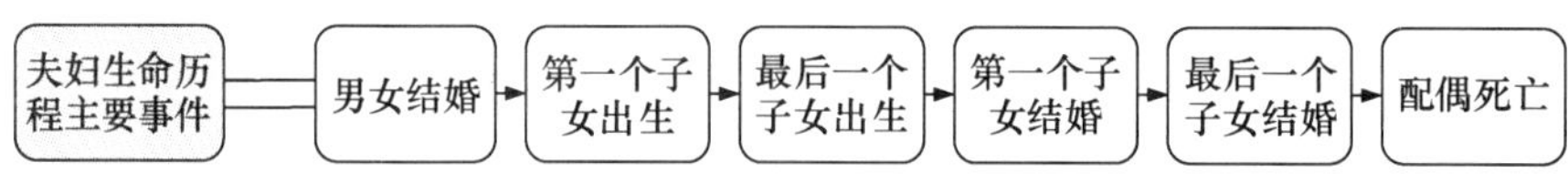

图1－1　夫妇生命历程事件

下面我们将家庭生命周期阶段与夫妇生命历程事件进行对比（见图1－2）。

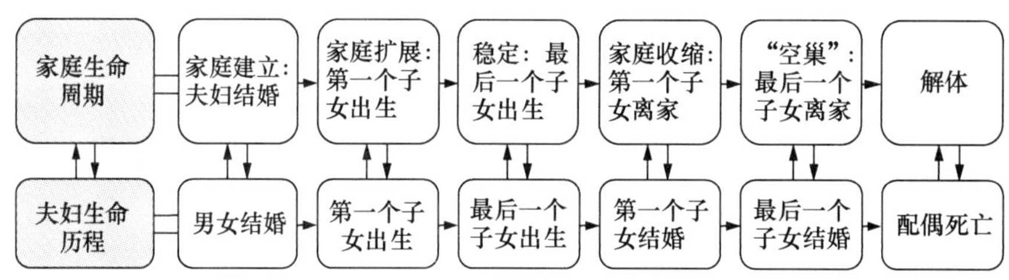

图1－2　家庭生命周期和夫妇生命历程对比

图1－2中，两个视角的观察有共同点，也有差异。家庭生命周期实际也包含夫妇生命历程事件，或者说将夫妇生命历程事件作为家庭生命周期划分的阶段性标志。从形式上看，夫妇生命历程阶段与家庭生命周期阶段相互对应，有的会因新的生命历程事件产生而出现相应的家庭周期结果，有的则不会。如男女初婚可能导致新家庭的建立，也可能只是已有家庭规模的扩大和类型的复杂化。

最明显的区别是夫妇生命历程事件中强调“子女结婚”，而不是泛泛地说“子女离家”。在夫妇生命历程事件中，末子女结婚时其家庭既可因子女离家而“空巢”，也可在原有基础上扩展。当然，子女出生时，无论当下的家庭是什么形态，都会表现出规模的扩大；而女儿嫁出时，家庭规模则会出现萎缩。

将这两种认识路径看作既有联系又相互并立的方法来考察家庭，则可对其不同阶段形态的多样性有所把握，揭示不同时期微观家庭特别是家庭结构的演变特征。

本项研究旨在从两个视角（家庭生命周期和夫妇生命历程）认识农村夫妇在不同阶段所生活的家庭类型，即考察以夫妇生命历程事件为主线的家庭生命周期与家庭结构。

夫妇生命历程事件前已述及。我们认为，为了对农村家庭的时期变动有更确切的认识，应该设定更适合农村社会实际的生命历程事件。

在不少地区的农村，夫妇缔结婚姻并非独立生活的开始，多数青年男女婚后初期要以父母（或公婆）之家为生存依托。传统时期，多兄弟家庭，往往诸个兄弟均婚，甚至等父母去世后才会分家；新中国成立以后，这种兄弟一起分家的做法开始发生变化，代之以婚后与父母生活一两年即分开生活；至当代，结婚即分家成为普遍现象。但独子婚后与父母共同生活的比例相对较高。可见，与父母分爨、兄弟分家是夫妇小家庭建立的起点。而在自己的子女特别是儿子长大成人结婚时，还会有基本相同的经历：儿子的婚事由其操办，已婚儿子与自己生活或长或短的时间再分家。差别是前者为受访者的父母（或公婆），处于家庭主导地位，后者为受访者本人，处于主导地位。子女均完成婚事后，有的夫妇进入“空巢”状态，有的则与已婚子女共同生活。

鉴于此，本书将夫妇生命历程事件划分为：（1）男女结婚；（2）第一个子女出生；（3）第二个子女出生；（4）末子女出生；（5）第一个子女结婚；（6）第二个子女结婚；（7）末子女结婚；（8）丧偶。

二　家庭生命周期和夫妇生命历程相结合的研究视角

我们认为，将家庭生命周期和夫妇生命历程结合起来考察家庭形态、代际关系和家庭功能，对家庭的演化阶段及特征的说明能力更强。

（一）家庭生命周期和家庭结构关系研究思路

1. 家庭生命周期与家庭结构的关系模式

不同的家庭生命周期有不同的家庭结构。按照家庭生命周期六阶段划分方法，家庭结构与周期有以下关系（见图 1－3）。

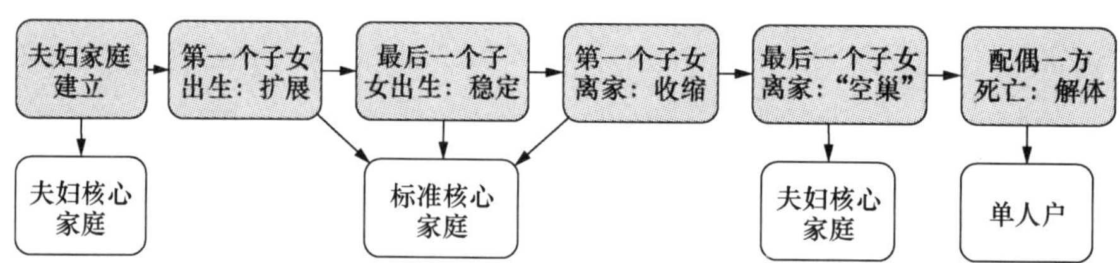

图 1－3　不同家庭生命周期所对应的家庭结构

从大的方面（或一级家庭类型）看，这一家庭生命周期中，不同阶段的家庭形态只有两种类型：一是核心家庭，二是单人户。它是以一个生活单位、一对夫妇为基础所发生的家庭演进过程。

2. 夫妇生命历程与家庭结构

据图 1－4 可知，从夫妇生命历程着眼，夫妇在不同生命阶段所生活家庭的类型多样性显示出来，既有核心家庭、直系家庭，还有复合家庭和单人户。而且，在同一年龄组的夫妇中，相同阶段的家庭类型也有所不同，以致形成多种类型并存的局面。在夫妇生命历程的特定阶段，我们强调事件发生初期的家庭结构，如男女结婚时指夫妇婚后初期。其后各阶段的解读以此类推。

家庭生命周期、夫妇生命历程阶段与家庭结构之间存在密切关系。不同生命阶段家庭成员的数量和家庭功能有变动，家庭结构也有区别。单纯的家庭结构研究多以时期数据为基础，即对特定时点的家庭类型进行分析，进而与其他时期加以比较，以便对局部或整体的家庭结构及其变动有所认识。这实际是对处于不同生命周期家庭类型的混合认识和“静态”考察。本书拟对年龄、结婚时间和生存环境相似的一批人主要生命阶段所生活的家庭类型进行分析，旨在将“静态”的家庭结构考察“动态化”。它有助于认识家庭人口事件及其变动对家庭结构的影响，把握家庭功能的阶段性特征。

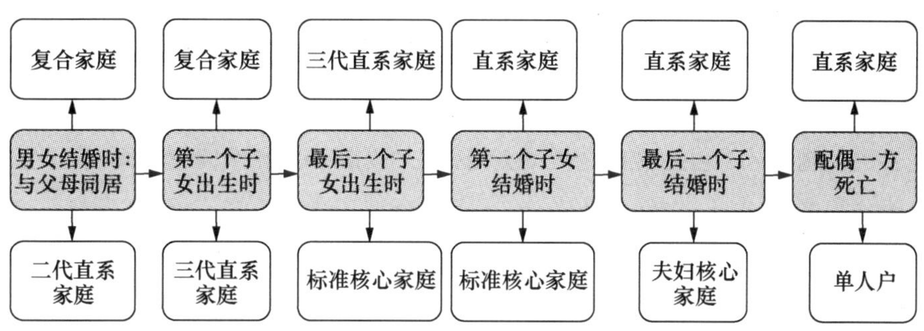

图1-4　非广泛分家基础上夫妇生命历程与家庭结构的关系

需要指出的是，夫妇生命历程中的家庭结构也存在与家庭生命周期家庭结构相一致的情形。这在当代城市中青年夫妇中有一定普遍性，农村多子家庭结婚即分出的儿子也会有这种表现（见图1-5）。

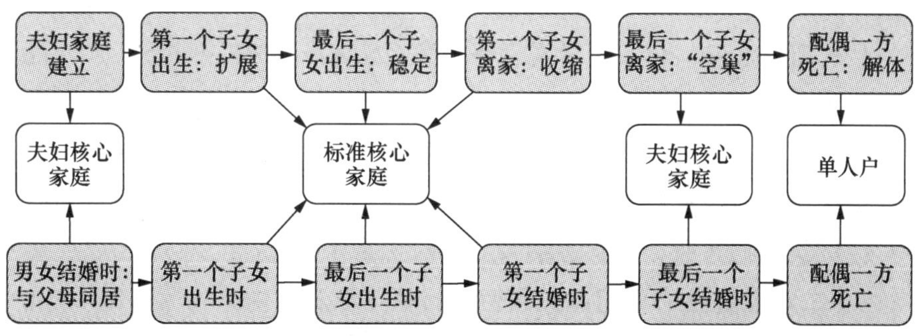

图1-5　夫妇生命历程与家庭生命周期一致时的家庭结构

而在独生子女家庭，夫妇生命历程阶段和家庭生命周期的家庭结构更会出现相同之处（见图 1－6）。

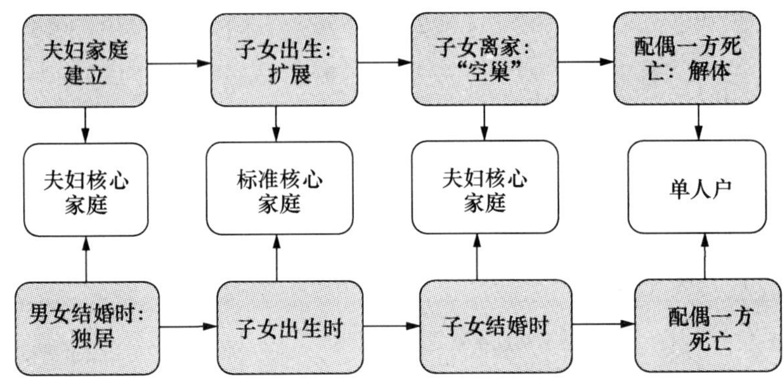

图 1－6　独生子女家庭生命周期、夫妇生命历程阶段的家庭结构

客观上讲，当二者不同阶段的家庭形态完全一致时，对其分别考察没有多大意义。在农村，二者处于一致状态的情形尚不普遍，因而有必要分别关注，或者将二者结合起来考察民众的居住方式。

就目前来看，单纯分析家庭生命周期和家庭结构的研究均比较多，但尚缺少将两者结合起来进行探讨的成果，而从家庭生命周期和夫妇生命历程两个视角考察家庭结构变动的研究更为少见。

我们试图弄清这样一些问题：不同生命阶段夫妇个体所生活的家庭类型，家庭类型变动及其原因，不同地区家庭类型变动的共性与差异。

从理论上讲，只有结过婚且有生育行为者，家庭的时期特征才能体现出来。故此，我们仅将有这两种行为者纳入考察之列。有些人虽未生育，却收养过子女；有些男性婚后虽未生育，但其所娶为再婚且有生育行为的妇女；有些女性虽未生育，却嫁与再婚且有生育行为的男性。我们将这两类男女也纳入分析对象之中。

（二）家庭生命周期、夫妇生命历程与家庭代内、代际关系

在关系密切的家庭成员中，特别是直系成员之间，存在“代内”和“代际”两种关系。代内关系主要是夫妇关系、兄弟姐妹等同辈姻

缘和血缘成员之间的关系，具有平行特征；代际关系是家庭中不同辈分或不同代成员之间的关系，具有上下特征。

家庭生命周期和夫妇生命历程理论有助于我们认识家庭“代内”和“代际”关系。家庭生命周期和夫妇生命历程的阶段变化既有代内关系变化表现，也在中青年亲代对未成年子代的抚育、中青年子代对老年亲代的赡养行为中体现出代际关系。此外，子代婚后是否与亲代分爨、建立独立家庭也是代际关系的表现。

我们认为，家庭生命周期和夫妇生命历程理论有助于认识具体的夫妇在不同生命阶段与同辈和不同辈家庭成员的关系特征。若仅限于对“静态”的家庭结构进行考察，这些关系及其变动往往会被忽视。

（三）家庭生命周期、夫妇生命历程考察与婚姻单位考察的结合

中国农村家庭生成的独特性表现为，子女婚后往往与父母共同生活一段时间，因而最初所形成的是婚姻单位，而非真正意义上的家庭单位。子女独立家庭单位的形成始于与父母分爨另户。至于分爨的时间或者说从初婚到独立生活的间隔则因时代不同而有别。这一考察视角将亲代与子代婚姻单位“合”中有“分”的特色体现出来。或者说，家庭生命周期强调以一对夫妇为核心的婚姻单位的演变，而夫妇生命历程则试图将单夫妇婚姻单位考察与多个婚姻单位并存于一个家庭的形态分析结合起来。

（四）家庭生命周期、夫妇生命历程与家庭功能认识

家庭生命周期和夫妇生命历程直接体现男女从青年阶段结成夫妇、青年和中年阶段生养子女、老年后劳动能力甚至自理能力降低接受子女赡养和照料这样一个过程。它很大程度上是家庭功能变动的体现，夫妇由青年和中年时期抚育子女为主逐渐变为抚育功能降低、被赡养和照料功能增强。当然，家庭的这些功能随社会变革和制度变迁而有所不同。

总之，我们认为，从家庭生命周期和夫妇生命历程两个视角考察家庭结构、代际关系和家庭功能，可克服单从家庭生命周期认识家庭的一些局限，由此家庭变动考察不仅分析核心家庭，而且扩展为对不同类型家庭周期及其变动加以研究。

三　家庭生命周期和夫妇生命历程变动的影响因素

我们认为，家庭生命周期和夫妇不同生命历程的家庭形态受到多种因素的影响。从大的方面看，它分为两类：一是家庭成员生命事件变动；二是社会环境及其所发生的变动。

（一）家庭成员生命事件变动对家庭形态变动的影响

这里的家庭成员是指包括夫妇在内的长辈（父母祖父母）、同辈兄弟姐妹、晚辈子女孙子女等直系和关系密切的旁系成员。这些成员离家谋生，或者男性婚娶、亲子分爨或兄弟分家自立，女性出嫁，老年长辈亡故等，都会对家庭生命周期和夫妇生活的家庭类型产生影响。

1. 婚姻方式对家庭生命周期的影响

中国传统的婚姻方式是男娶女嫁。近代之前，早婚（15 岁及以下）在一定范围流行着。父母承担着为子女择偶的责任，并负担婚嫁费用等。男女在尚未实现经济上自立之时便缔结婚姻，婚后不得不继续依赖父母生活，而不是单独炊爨立户。值得注意的是，新中国成立后这一做法尽管在男女婚姻自主法律制度之下得到一定程度的矫正，但由父母为儿子备办结婚所需物质条件的做法并未发生根本改变。直到当代农村，青年男女自主择偶基本实现（相对传统时期的父母包办婚姻），而父母操持子女婚嫁费用的惯习依然保持着，并且婚后组成独立生活单位的夫妇虽有所增加，但多数新婚夫妇要与父母生活一段时间。可以说，目前农村多数新家庭的成立仍如传统时代那样并非源于婚姻。当然，城市社会则发生了改变。

2. 生育数量对家庭生活周期的影响

在一般家庭生命周期理论中，家庭的扩展因生育子女而发生。多育时代，家庭扩展要持续一定时间。以平均生育间隔 2—3 年为例，若生育 5 个子女，这一过程要持续 10—15 年。同样，子女长大后因就业、婚嫁或分爨而离开父母之家，其收缩过程也将持续若干年。

然而，20 世纪 70 年代初期之后，由于计划生育政策推行，农村民众的多育行为受到抑制。80 年代以来，尽管独生子女政策没有被多数农村夫妇所接受，但只生育 2 个子女者所占比例较高。这使家庭扩展的中止期提前。从夫妇年龄角度看，家庭收缩乃至“空巢”的起始时间也相应提前了。

3. 上学和就业等流动迁移行为对家庭生命周期的影响

传统时代，教育对多数家庭生命周期的影响较小，原因是绝大多数子女青少年时期很少离开父母外出接受教育。即使至 20 世纪 80 年代初期，农村教育的发展主要表现在小学和初中层级，学龄儿童和青少年以在本村或本乡上小学和初中为主。绝大多数农民子女很少外出接受中等、高等教育。但当代这种情形正在改变。随着中等和高等教育录取率提高，更多农民子女离开所在村、乡，外出上学。这对家庭萎缩甚至“空巢”（只有一两个子女的家庭）的影响开始显现出来。

20 世纪 80 年代中期之前，农村多数劳动力耕垦田亩，家庭成员世代居住于同一村庄。子女成年后因与父母分爨而使原家庭萎缩，但这多在其婚后才会发生。而在当代，成年子女婚前或不再上学后即离开村庄外出、进城务工，它成为家庭收缩的一个推动因素，亦即家庭收缩的形式多样化了。当然，由于多数外出务工子女，特别是儿子，结婚时仍要返回农村，由此发生的家庭“收缩”并不彻底，有的还会恢复到原来状态——亲子继续共同生活，或者说家庭处于“周期”性“收缩”和“复原”过程中，但家庭类型因子女婚姻状态变动而改变。

4. 人口期望寿命对家庭生命周期的影响

人口期望寿命对家庭生命周期的影响有多种。

传统时代，由于预期寿命较低，不少夫妇尚在育龄期其中一方即有很大可能去世，它使家庭扩展期提前中断。也有一些父母或父母一方在子女尚未完全婚配前去世，从夫妇角度看，家庭解体相对较早。

而在当代社会，人口期望寿命提高，目前男女平均期望寿命已超过 70 岁。这意味着多数夫妇不仅能完成生育和对子女的抚育责任，而且还能亲身操持完所有子女的婚配大事，经历家庭的扩展、维系和收缩过程。与此同时，多子女夫妇中年以后与已婚子女分爨普遍，这种情况下人口预期寿命延长也使中老年夫妇经历“空巢”或家庭“解体”阶段的可能性提高了，并且这两个阶段持续的时间也延长了。

（二）社会环境及其所发生的变动对家庭生命周期的影响

社会环境指对家庭成员生活条件、老年成员的赡养方式、不同代际成员地位和支配资源的能力具有影响的制度和区域社会经济条件及发展水平。

1. 制度变迁对家庭生命周期的影响

在以私有土地制度为主的传统农业社会中，家庭绝大多数劳力以农耕为谋生或就业方式，较少迁移流动；有产之家，父祖等长辈控制家庭的基本生存、生产资料（土地、房屋、牲畜车辆等主要生产工具等）；子代在“家内”赡养丧失劳动能力的亲代是基本养老方式。这一制度环境中，多子家庭父家长在世时多限制已婚儿辈分爨自立，有产之家兄弟分家析产往往推迟至父母去世之后。因而，社会上保留了一定数量的复合家庭（对此不宜估计过高）和较高比例的直系家庭。需要指出，在新中国成立后集体经济制度时代，土地等主要生产资料归集体经济组织所有，家庭成年人无论辈分高低、年龄大小都是集体经济组织的劳动者，多子家庭的父母对成年已婚儿子的约束能力降低，亲子分爨和兄弟分家现象逐渐普遍，并且婚分间隔缩短。多子夫妇在子女成年后以不同方式离家的“空巢”家庭或丧偶独居的“解体”家庭生活的比例增大。当然，只有一个儿子的夫妇，往往与已婚子、媳共同生活，形成直系家庭。需要指出，一些地区独子婚后与父母各自组成生活单位也非个别现象。

2. 生存条件改变和生活水平提高对家庭生命周期的影响

家庭作为具有血缘、姻缘和收养关系成员所形成的生存和生活载体，往往需要有基本的物质条件作为支撑。

在传统时代，多数家庭维系和延续的物质条件，特别是住房相对短缺，多代成员居于同一院落甚至一室之中，多兄弟或多子家庭往往没有更多的住房分户、分院另爨。我们认为，当时直系家庭甚至复合家庭比例相对较高与居住条件的限制也有一定关系，至少是因素之一。

当代不少农村，男女在谈婚论嫁之时，当事女方或其父母往往将婚后有独立宅院作为成婚的一个前提条件，儿子也希望通过这种方式从父母那里获得更好的生存条件或物质基础。因而夫妇结婚后不久即与父母（公婆）分开生活的做法增多，小家庭的建立因此而提前。

3. 惯习对家庭生命周期的影响

在农村，夫妇新婚后的居住方式很大程度上遵循着地方惯习，而当这些夫妇自己的子女长大成人并婚配时也传承着前辈的观念和做法。这是农村男女初婚并非家庭建立始点的重要原因。我们看到，在农村，特别是北方地区，尽管多子家庭亲子分爨、兄弟分家20世纪60年代中期之后即逐渐普遍，但这并不意味着多数人结婚即分家，一般婚后仍与父母生活或长或短一段时间。

惯习可以相对持久地沉淀于乡里，并影响民众，但它并非凝固不变。当代，初婚夫妇单过增多就是对原有惯习的背离。家庭建立和收缩的形式由此更为多样。

惯习的保持和延续依赖一地诸多家庭不同代际成员长期生活于同一乡土环境中，由此制度或规则的约束得以表现出来。但若子代就业、谋生方式变化，由世代固守乡土务农变为离开村落流动和迁移至其他地区从事非农职业，原有惯习对其影响将会大大削弱。当代不少农村婚姻家庭中出现的“传统”做法和“现代”行为并存的局面，与农村人口特别是劳动力的迁移流动增多有一定关系。

四 家庭生命周期和夫妇不同生命阶段生存方式的特征

从一对夫妇终其一生所生活的家庭形态来看，往往有多种表现。这里我们将其概括为两种。

（一）家庭形态一贯模式

它指在夫妇不同生命阶段，家庭类型并没有发生实质性变化，至少从核心家庭、直系家庭和复合家庭这些一级类型上看，夫妇不同生命阶段所生活的家庭类型并没有改变。

有的家庭一直保持直系家庭形态。儿子结婚前，其父母同祖父母生活，是一种三代直系家庭；夫妇结婚后，仍与父母（公婆）、祖父母共同生活，该家庭保持三代直系家庭格局；生育子女后则进一步延伸为四代直系家庭；至自己的子女长大后，祖父母多已去世，该家庭又变为三代直系家庭；若只有一个儿子，儿子结婚后继续与这对夫妇生活在一起；孙子女出生后，该家庭再次成为四代直系家庭；孙子女逐渐长大，夫妇的父母（公婆）先后去世，该家庭再转变为三代直系家庭，并且原来的夫妇第一次位居该家庭第一代人之列；夫妇年老丧偶后，仍旧与子孙共同生活，三代直系家庭依然保持；丧偶的夫妇一方最后终老于直系家庭之中。可见，尽管夫妇不同时期在直系家庭的代位不断发生变化，但其生活家庭载体的形式并没有改变。

核心家庭一贯模式。这类家庭比较容易理解。夫妇缔结婚姻时即与父母（公婆）分爨生活，形成夫妇核心家庭；生育子女后则变为标准核心家庭；孩子长大离家，该家庭再变为夫妇家庭；夫妇一方终老于夫妇核心家庭，亦即该家庭解体之前一直保持着核心家庭的基本形态。应该说，这也是家庭生命周期的标准模式。

复合家庭一贯模式。应该说，复合大家庭要保持一贯状态则不容易，在夫妇不同生命阶段，它发生转型的可能性较高，亦即夫妇在不同生命历程阶段很难一直居住在这一形态的家庭中。

二级类型家庭是更细的家庭类别，血缘和姻缘成员的变动很容易导致家庭“转型”，故此，它们保持家庭类型一贯模式更加困难。

（二）阶段性变异家庭

在中国社会中，家庭形态随夫妇生命阶段不同而发生变异，这应该是主流。

1. 规范变化模式

家庭生命周期的规范性变化模式表现为：夫妇结婚初期与父母（或公婆）组成直系家庭；过一段时间（短则几个月，长则数年）再分爨，形成无子夫妇核心家庭或有子标准核心家庭；子女成年后婚嫁，若有儿子，一般为子娶进，无子有女则为女招婿（多数情况下为女嫁出），形成新的直系家庭；过一段时间，儿子、儿媳分出单过，夫妇或者与未婚子女保持标准核心家庭，或者因所有子女均婚配离家而“空巢”生活；夫妇一方去世，家庭解体。我们认为，这一模式在中国农村是有一定普遍性的。

2. 不规范变化模式既非“形态一贯式”，也不是“规范变化模式”，形式比较多样

其中有的夫妇所组成的家庭在某个时期具有规范性，如建立之时先形成直系家庭，然后分出，进入小家庭的扩展阶段。但子女成年后到外地工作生活，或结婚即分出，该家庭“空巢”提前。而当夫妇老年丧偶后，在世一方因生活不能自理需子女赡养或照料，又与一个子女共同生活，形成新的直系家庭；或者由诸个子女“轮养”，形成“轮养”型直系家庭。当然，还有另外的情形，子女特别是儿子长大后外出打工或上学，父母进入“空巢”状态；儿子婚配时又回家完婚，婚后儿子、儿媳与父母共同生活，形成直系家庭。夫妇生活方式的这种不规则性变化，反映出中国家庭的生命周期具有可逆特征，即一部分成员并非永久离开家庭，而是暂时离开。一般来说，在有子有女家庭，女儿婚嫁则多为永久离开。多子家庭儿子分出生活也具有永久性，但独子与父母的分爨行为则往往非永久性。农村在同一村庄居住的亲代和子代会有这种表现。这往往与家庭依然承担着养老功能有关，也与中国的代际关系中交换行为较多有一定关系。

五　家庭生命周期和夫妇生命历程的研究意义

家庭生命周期和夫妇生命历程研究实际是考察夫妇在不同生命阶段所生活的家庭类型，并且是从生命事件的变化角度进行分析，将“静态”家庭观察变为“动态”分析，有助于全面认识家庭变动。

（一）有助于揭示家庭代际关系和家庭功能演变

家庭生命周期和夫妇生命历程本质上是研究家庭的阶段性变动，与家庭生命周期和夫妇生命历程有关的家庭事件直接表现为：特定夫妇及其有密切关系成员的生育、抚养、上学、就业、婚配、丧失劳动能力后被赡养和失去自理能力后被照料、故逝后丧葬承办等。这些事件在一定程度上也是家庭功能的主要内容。对此加以研究将会对家庭不同阶段所应担负功能或功能的强弱有具体认识和把握。有些功能的

履行会发生“外移”，即本应在家庭内履行的功能外移为在家际之间进行，家庭核心化和中老年夫妇生活方式中“空巢”类型增多会出现这种状况。

（二）提高家庭变动认识的系统性

目前的家庭研究多建立在特定时点基础上，可把握和认识社会不同发展阶段民众的居住形态和家庭关系。但它不足以对家庭建立、演变或转化的特征、逻辑做出解释。而家庭生命周期和生命历程研究将各个家庭的现在状态放置于其历史过程之中，是对家庭现实与历史加以结合的研究，而且还有助于把握其未来形态。

六　家庭生命周期和夫妇生命历程已有研究综述

这里我们主要将国内研究者依据家庭生命周期理论对中国城乡家庭生命周期所作探讨而形成的论著进行梳理，以便对其优长和不足有所认识。就已有文献来看，我国学者对家庭生命周期的研究起始于20世纪80年代末90年代初。

在家庭生命周期方面，整体来看，由于正统家庭生命周期理论和方法具有局限性，国内学者借助这一模式对中国家庭所作研究并不是很充分。

（一）完全以家庭生命周期理论为指导的研究

杜鹏在我国学者中较早进行了这项研究。他曾以1982年全国1‰生育率抽样调查资料为基础，对城乡家庭生命周期进行测度和分析，勾勒出其基本变动轮廓。他的研究思路是，按照世界卫生组织对核心家庭基本模型的划分方法，将家庭生命周期划分为家庭形成、扩展、扩展完成、收缩、空巢和解体六个阶段。其分析结果是，1981年家庭生命周期总长度城市为50.94年，农村为51.21年；形成和扩展阶段（从结婚到生育最后一个孩子所经历时间），1957年城乡分别为12.79年和15.15年，1981年分别为2.61年和6.24年；扩展完成阶段（从最后一孩出生到第一孩离家），1957年城乡分别为11.11年和7.45

年，1981 年分别为 21. 18 年和 14. 78 年；收缩阶段 1957 年城乡分别为 10. 89 年和 12. 55 年，1981 年分别为 0. 82 年和 5. 22 年；“空巢”阶段 1957 年城乡分别为 13. 03 年和 13. 71 年，1981 年分别为 20. 71 年和 19. 81 年；解体阶段 1957 年城乡分别为 2. 95 年和 3. 99 年，1981 年分别为 2. 95 年和 3. 99 年。杜鹏指出，其研究是建立在一系列假定基础上。他同时认为，尽管由于数据的限制，某些阶段的开始和结束时间还不十分准确，但仍可看到我国城乡家庭生命周期在 20 余年的时间里变动的大致趋势。由于平均初婚年龄的提高，城乡婚姻生活时间长度呈下降趋势，加上生育率下降的影响，家庭扩展阶段的时间长度都有明显下降。生育期的缩短和平均预期寿命的延长使得扩展完成阶段和“空巢”阶段都有了延长，形成了双高峰的分布模式。①

田丰 2011 年出版了《当代中国家庭生命周期》② 一书，这应该是国内不多的完全以家庭生命周期为研究对象的专著。他对家庭的形成、扩展和扩展完成、收缩和收缩完成、解体等设立专题进行分析，所使用的基本数据为 1982 年、1990 年和 2000 年三次人口普查数据以及 1982 年、1992 年和 2001 年生育率调查数据。作者以男女初婚年龄作为家庭的形成阶段。其中 1982 年，男女分别为 23. 84 岁和 22. 08 岁；1990 年为 23. 84 岁和 22. 08 岁；2000 年为 25. 27 岁和 23. 44 岁。家庭的扩展（开始生育）和扩展完成 1982 年分别为 1. 58 年和 7. 56 年，持续时间 5. 98 年；1990 年为 1. 70 年和 4. 37 年，持续 2. 67 年；2000 年为 1. 30 年和 3. 05 年，持续 1. 75 年。家庭的“空巢”时间，1982 年 30 岁男女进入“空巢”期的预期年龄分别为 64. 16 岁和 64. 69 岁，1990 年分别为 63. 69 岁和 58. 23 岁，2000 年为 58. 23 岁和 57. 81 岁。关于家庭解体时本人的年龄，1982 年配偶死亡时男性预期年龄为 65. 90 岁，本人死亡预期年龄为 70. 31 岁；配偶死亡时女性预期年龄为 57. 41 岁，本人死亡预期年龄为 73. 69 岁，相差 16. 28 岁。1990 年，男性丧偶和死亡预期年龄分别为 68. 53 岁和 70. 60 岁，女性为 61. 66 岁和 74. 15 岁。2000 年，男性丧偶和死亡预期年龄分别为

① 杜鹏：《中国城乡家庭生命周期的初步分析》，《中国人口科学》1990 年第 4 期。

② 田丰：《当代中国家庭生命周期》，社会科学文献出版社 2011 年版。

70.29 岁和 72.44 岁；女性为 65.38 岁和 76.77 岁。这项研究提供了当代家庭生命周期主要阶段夫妇的年龄和构成特征。不过，它还不是实证研究，亦即并非家庭生命周期的真实状态，或者说是一种理论认识。如在中国，特别是农村，夫妇初婚并非家庭形成的始点。生育子女若生活在直系家庭中，其结果只能是家庭人口数量的增加，而非真正意义的扩展。至于“空巢”和“解体”更是建立在预期寿命和年龄基础上。所以，这更像是对夫妇生命过程的认识，而非严格意义上的“家庭”生命周期。此外，该项研究未进行分城乡考察，实际上，二者家庭的生命周期是有差异的。

还有学者对特定群体的家庭生命周期加以探讨。

姜全保等依据 2000 年人口普查数据信息建立生命表，采用概率方法，分析农村大龄未婚男性不同生命阶段的生存方式。他们将大龄未婚男性起始年龄定义为 26 岁，若父母生育年龄分别为 24 岁和 22 岁，大龄未婚男性家庭的生命周期第一阶段大约持续 19 年（大龄未婚男性与父母共同生活在一起，直到父母一方死亡前，为三口之家），大龄未婚男性 45 岁时丧失父母中的一方，其所能得到的照料减少。第二阶段（大龄未婚男性与存活父母一方共同生活，直到其死亡，形成两口之家）大约持续 11 年。至这一阶段，由于父母年龄已在 70 岁以上，他们从父母处得到的照料会很少。之后，56 岁时进入第三阶段（大龄未婚男性独自生活直到死亡，一口之家，一个人生活），直到死亡。①

（二）家庭分阶段类型构成研究

如果说家庭生命周期是一种具有“整体”性和“系统”性的研究的话，那么，对家庭不同阶段类型构成研究也是家庭生命周期研究的一部分，可称其为阶段性家庭生命周期研究。这方面的论著是比较多的。

笔者曾对冀南农村儿子的婚育和婚分间隔做过探讨。关于婚育间隔，土改前结婚者平均婚育间隔为 5.49 年（当时女性平均年龄为

① 姜全保等：《农村大龄未婚男性家庭生命周期研究》，《中国人口科学》2009 年第 4 期。

17. 25 岁）。新中国成立初期，女性初婚年龄提高到 19. 30 岁，婚育间隔为 3. 08 年；20 世纪 50 年代末 60 年代初平均婚育间隔降至 2. 48 年；70 年代至 80 年代初平均为 2. 17 年；80 年代至 90 年代初平均为 2. 12 年。土改前后初婚与初育的间隔有很大差异。土改前，女性比较普遍的早婚往往不能带来早育，相反会延长婚育间隔。其主要原因一是有一定比例的早婚男女身体尚未发育成熟，二是包办婚姻下的早婚夫妻感情质量不高，影响夫妻关系。土改后，适时婚姻，或者说建立在人体发育相对成熟基础上的婚姻缩短了婚育间隔。虽然各个不同时期，初婚年龄相差较大，但土改前和土改初期同 50 年代以后的时期相比，初育年龄往往是比较集中的，即 22—23 岁是冀南农村妇女初育的集中年龄。关于婚分间隔，土改前冀南地区农村家庭维持复合家庭的时间平均约为 5 年，从结婚至另立家庭的间隔为 6. 5 年。在土地改革以后至高级社前的分家考察中，笔者曾对 70 岁以上年龄段受访对象的分家行为做过分析，土改前有分家行为者从结婚到分家的间隔为 6. 5 年，土改后为 5. 2 年。50 年代中后期，多子家庭儿子一般婚后要先与父母生活一段时间。结婚 3 年以内分家者占 18. 8%，属少数；5 年以上分家者占 62. 5%。整体而言，分家过程比较缓慢。绝大多数独子婚后未与父母分家，组成直系家庭。60 年代结婚者婚后 3 年以内分家者占 48. 57%，但仍有一定比例能维持较长时间。未与父母分家者也占一定比例，为 36. 2%。70 年代结婚者分家间隔进一步缩短，1/3 的受访者婚后 1 年左右与父母分家，表明及时分家已非个别现象；3 年以内分家比例大大增加，占 76. 6%，可知绝大多数分家在婚后不久或婚后生育头孩之后。婚后 10 年以上的分家行为已不存在。80 年代结婚者结婚即分家比例大大增加，1 年左右分家比例超过 50%；3 年以内分家者高达 91. 3%。结婚 6 年以上仍与父母住在一起已成个别现象。这表明，虽然土地承包责任制加强了家庭的生产功能，但它并没有激发已婚者合爨生活的意识。从形式上看，联产承包责任制使农民家庭的生产功能恢复，与集体所有制前私有制下家庭的生产和生活方式趋同，某种程度上说，它有可能减缓家庭的分化频度。但实际情形并非如此，家庭解体速度更加迅猛。[①]

美国学者巴博德（Burton Pasternak）20 世纪 80 年代初对天津城区居民的一项调查显示：1949 年前结婚者婚后即组成新家庭的比例为 32.8%（其他为父系居和母系居），1949—1957 年为 63.7%，1958—1965 年为 66.1%，1966—1975 年为 70.8%，1976 年以来为 57.3%。[②] 可见，新中国成立后城市居民中多数人婚后即开始独立生活，当然这是对大城市现象的反映。

1993 年沈崇麟、杨善华组织的七城市（北京、上海、成都、南京、广州、兰州和哈尔滨）调查结果表明，受访者婚后未与双方父母同居、独立居住者为 45.95%，夫妇两地分居占 4.83%，两类合计为 50.78%。城市之间也有差异，兰州两者合计为 67.09%，成都为 58.7%，上海和广州分别为 36.76% 和 43.61%。[③]

其他学者的农村家庭研究也得出与笔者的冀南农村考察结果相似的认识。其主要结论一是 20 世纪 80 年代以来，儿子分家时间提前，从父亲居（意为儿子结婚后与父母合爨生活）的时间缩短；二是兄弟之间平分家产的传统分家方式被一种新的“系列分家”方式所取代（这种系列分家方式的重要特征是整个分家过程包含着数次财产分割——每个儿子只能从中得到一小部分家产）。阎云翔以黑龙江下岬村为例对上述结论作了验证和发展。[④] 从他的解释看，系列分家实际上是指传统社会分爨型分家与分产型分家的结合。如果将第一个结婚儿子分灶立户（并非与兄弟彻底分产）视为“连续发生的分家”的一个环节，因而称之为“系列分家”的话，那么可以说，这种方式并不是集体经济时期才有的，在传统时代即已存在，只不过 20 世纪 80 年代以后更为普遍了。实际上，就笔者所调查的冀南农村而言，早在

---

① 王跃生：《社会变革与婚姻家庭变动——20 世纪 30—90 年代的冀南农村》，生活·读书·新知三联书店 2006 年版，第 275—365 页。

② 巴博德：《中国天津红天里的婚姻与生育》，载乔健主编《中国家庭及其变迁》，香港中文大学社会科学院暨香港亚太研究所，1991 年，第 104 页。

③ 沈崇麟、杨善华主编：《当代中国城市家庭研究》，中国社会科学出版社 1995 年版，第 390 页。

④ 阎云翔：《家庭政治中的金钱与道义：北方农村分家模式的人类学分析》，《社会学研究》1998 年第 6 期。

60 年代末 70 年代初，系列分家已成为比较广泛的分家形式。

李树茁等经过实证研究也认为年轻夫妻与父母共居时间在 20 世纪 50 年代后持续缩短；但他们又说最近 10 年共居时间显示出小幅上升的趋势。① 这或许与农村独子家庭增多有关。

曾毅等在 1991 年的一篇论文中曾建立了妇女婚后离家模型，这里的离家实际是离开公婆（父母）家，以此考察女性结婚时非单独生活的时间、多少年之后分出去形成自己的家庭。他们使用的数据是国家统计局 1985 年、1987 年组织的 7 省 2 市深入生育力调查以及台湾的有关调查数据。根据这项研究，1950—1969 年和 1970—1979 年，河北妇女婚后离家的时间分别为 5.70 年和 4.63 年，上海为 4.86 年和 4.52 年，陕西为 6.27 年和 5.25 年，北京为 5.64 年和 4.48 年，辽宁为 4.69 年和 3.52 年，山东为 5.18 年和 3.87 年，广东为 6.32 年和 5.53 年，甘肃为 6.81 年和 6.10 年，贵州为 5.49 年和 4.06 年。另外，台湾 1950—1969 年为 4.76 年等。②

邝振权和庄岩根据 1988 年在辽宁、河北、陕西、江苏、广东等地对 22—42 岁妇女及婆婆两代人的家庭调查，分析不同时期家庭的收缩状态和特征。根据该调查，离家原因中因结婚离家者占 85.2%，非结婚原因离家者占 14.8%。两代妇女平均初婚年龄分别为 19.9 岁和 22.6 岁。离家的年龄构成在时期之间差异很大，如出生于 1930—1939 年者，30 岁以上离家比例占 43%，1960—1969 年出生者中只占 6%。③

根据我国台湾学者的一项研究，台湾夫妇婚后与父母同住（一个月以上）的比例 1973 年为 69.82%，1980 年为 68.60%。其中 24 岁以下结婚者占核心家庭比例分别为 23.1% 和 24.8%，35—39 岁组分别为 48.1% 和 52.9%，45 岁以上组分别为 87.9% 和 85.9%。总体

① 李树茁、靳小怡、费尔德曼：《中国农村婚姻形式和与父母共居时间关系研究》，《中国人口科学》2001 年第 6 期。

② 曾毅、李晓丽、马忠东：《中国女性婚后离家模型——模型的建立、检验及估测其主要参数 α 与 β 的解析法》，《中国人口科学》1991 年第 1 期。

③ 邝振权、庄岩：《中国家庭循环中“收缩期”的研究》，《中国人口科学》1991 年第 4 期。

看，至20世纪80年代初，大部分新婚夫妇都和父母同住一段时间之后搬出，但也表现出婚后和父母同住减少的趋势，而且同住者亦有越多的人越早搬出父母家，尤其是具有现代化特性者为然。[①]

（三）家庭“空巢”现象研究

我国20世纪70年代初期开始实行生育控制政策，特别是80年代初期推行独生子女政策以后，夫妇生育子女数量大幅度减少对家庭的扩展和收缩过程影响显著，夫妇中老年阶段“空巢”现象增多，这一问题逐渐受到学者的重视。20世纪90年代初期以来，“空巢”研究增多。

于景元等1992年的一项研究基于在全国6省所进行的“家庭生命循环调查”。他们发现，那些依靠儿子收入生活的65岁及以上老人中，单独或与配偶居住者占26.71%。75岁以上者中，单独或与配偶生活比例上升至36.92%。[②] 65岁以上老年人依靠自己收入生活占33.3%，依靠配偶收入占3.6%，依靠儿子收入占62.9%，依靠女儿收入占0.2%。75岁以上者四项指标变为15.6%、0、84.4%和0。[③]这项研究没有男女分开的指标。从中可见，农村多数老年人靠子女收入，特别是儿子收入生活。于景元等的本项研究还显示：从居住模式上看，65岁及以上老人在核心家庭生活占46.0%（其中一代核心家庭占30.5%，二代核心家庭占15.5%），直系家庭占50.8%，联合家庭占1.4%，其他占1.8%。75岁以上老人在核心家庭生活占40.3%（其中一代核心家庭占39%，二代核心家庭占1.3%），直系家庭占54.6%，联合家庭占3.9%，其他占1.3%。[④] 这里的一代家庭应该是单人家庭和夫妇家庭。若能分别说明，将有助于对老年人所生活的家庭类型有更清楚的认识。在缺少社会保障和社会服务的时期，65岁以上老年人增加将会产生两种结果：一是75岁以下低龄老人单独生活占一定比例，二是75岁以上者当身体自理能力较差时仍不得不与子

① 孙得雄：《社会变迁中的中国家庭：以台湾为例》，载乔健主编《中国家庭及其变迁》，香港中文大学社会科学院暨香港亚太研究所，1991年，第40、49页。

② 于景元、袁建华、何林：《中国农村养老模式》，《中国人口科学》1992年第1期。

③ 同上。

④ 同上。

女生活。

至21世纪初，独生子女政策实行已超过二十年。2000年以来，随着第一代独生子女逐渐长大成人，或离开父母外出上学，或外出就业，对其研究受到关注。

谭琳提出了新“空巢”家庭这一概念。它指独生子女夫妇因子女成年离家（求学、就业和结婚）而形成的中年“空巢”家庭。与非独生子女的“空巢”家庭相比，此类“空巢”家庭的结构、规模和关系具有骤变的特征。新“空巢”家庭成员的年龄、性别特征是：一般比较年轻，进入“空巢”家庭生活的父母的平均年龄在45—47岁。一般来说，城市独生子女的父母将在“空巢”家庭中生活15年左右才进入老年生活阶段。如果城市人口的平均预期寿命为70岁，这些独生子女的父母可能将在“空巢”家庭中生活25年左右。她认为，家庭结构、家庭规模和家庭关系的骤然变化，对进入“空巢”家庭的中年夫妻调节家庭重心的能力提出挑战。①

2005年以后，国内有多项针对城市独生子女的调查，其中涉及独生子女父母在子女成人后的居住方式和独生子女本人长大后特别是就业、结婚、生育后的居住方式。

风笑天2008年组织了北京、上海、南京、武汉、成都五城市以独生子女父母为主的抽样调查。具体对象是1948—1960年出生的城市已婚中老年人（有效调查样本为1005份，其中独生子女父母样本为848份，非独生子女父母样本为157份）。根据该调查，未婚独生子女的父母“空巢”比例为7.0%，核心家庭为88.2%；已婚独生子女父母的“空巢”比例为56.4%，主干比例为35.8%，其他为7.8%。子女结婚成为父母家庭结构变化最重要的影响因素。② 该研究的不足是对独生子女没有进行年龄划分。

宋健等根据2009年在北京、保定、黄石和西安四城市所作针对独生子女（20—34岁）就业、婚姻和家庭问卷调查数据（2954个有

---

① 谭琳：《新“空巢”家庭——一个值得关注的社会人口现象》，《人口研究》2002年第4期。

② 风笑天：《第一代独生子女父母的家庭结构：全国五大城市的调查分析》，《社会科学研究》2009年第2期。

效样本）进行研究发现，独生子女在不同生命阶段与父母同居比例差异明显，不在业不在婚、在业不在婚、在婚未生育、在婚已生育时分别为 88.48%、71.82%、24.26%和 18.21%；非独生子女四个历程中与父母同住比例分别为 69.11%、36.39%、12.00%和 7.95%，这表明独生子女与父母同住的可能性高于非独生子女。受访者夫妇双方为双独、单独和双非三种类型与父母同住比例分别为 25%、39%和 36%。其结论是：双独夫妇相比较其他类型似乎更倾向于与父母分开居住。整体看，女儿婚后与父母同住的比例只有已婚儿子的 30%—60%。[①] 按照该调查，城市独生子女婚后并没有形成高比例的与父母同居现象，婚后同居只占约 1/4，生育后同居不足 1/5。

这些调查反映出独生子女成年特别是已婚后对父母居住方式的影响具有双重表现，一是一部分独生子女特别是儿子婚后与父母同住，提升父母或其本人在直系家庭生活的比例；二是独生子女婚后单独生活促使父母“空巢”家庭比例升高，而后一种倾向显得更为突出。

农村家庭的“空巢”现象也受到研究者的关注。

周长洪等 2010 年在江苏高淳县、山西灵石县、江西新余市渝水区、贵州修文县和开阳县组织的一项针对农村 50 岁以上独生子女和双女户父母居住方式的调查发现，独生子女父母老人“空巢”比例非常高，接近被调查家庭的六成（占 56.3%），其中主要是单代“空巢”家庭，占“空巢”家庭总数的 92.3%，其余是祖孙隔代和两代老人构成的“空巢”家庭。缺乏中青年家庭成员使得这些“空巢”家庭父母所面对的养老挑战十分严峻。[②] 他将“空巢”家庭分为“单代空巢”、祖孙隔代和两代老人构成的“空巢”家庭，这一点与惯常认识不一致。

应该说，家庭“空巢”，特别是老年“空巢”所以受到人们的广泛关注，就在于这一家庭形式在传统时代比较少见，或者说人们力图避免老年之后生活在无子女相伴的家庭中，视其为孤独无依、令人生

---

① 宋健、黄菲：《中国第一代独生子女与其父母的代际互动——与非独生子女的比较研究》，《人口研究》2011 年第 3 期。

② 周长洪等：《农村独生子女老年父母家庭结构与空巢特征——基于全国 5 区县调查》，《人口与经济》2011 年第 2 期。

恻隐之心的状态。而多数研究者实际上也是从这一角度着眼的。我们认为，对“空巢”家庭不能夸大其负面表现，也应看到其积极方面：它减少了多代同居可能产生的矛盾，减轻了老年人的家务之累（一般来说，与已婚子女同居的老年人多承担着做饭、照料孙子女的责任），生活环境更为清静。当然，父母“空巢”生活之后，子女应通过经常性探视等来缓解其寂寞之感。

（四）分爨、分家行为对中国家庭生命周期独特性的影响

亲子分爨和多子家庭兄弟分家是中国家庭生命周期和有子夫妇生命历程中的重要事件，这也是中国家庭生命周期不同于西方家庭理论的主要之处。若夫妇婚后建立独立的生活单位，则不存在分爨和分家行为。分爨、分家事件所以发生正说明中国农村多数家庭始于直系家庭（或复合家庭）这一亲代同已婚子代共同生活的家庭形式。

具体来说，农村生产经营方式的变化对家庭生命周期是否具有影响？

就当代农村而言，生产经营方式的最大变化是，实行了 1/4 世纪的集体经济制度在 1982 年前后被家庭承包责任制所取代。家庭重新成为经营主体。其对家庭分、合节奏具有何种影响？

从 20 世纪 80 年代开始，以村庄家庭结构变动考察为基础的研究受到重视，由此得出的认识有两种：

1. 家庭生产职能的恢复降低了分家频度，不同代际成员合作的重要性增强，从而有助于直系家庭、复合家庭等相对复杂家庭的生成。这一认识是通过将联产承包责任制前后家庭结构的比较得出的。费孝通对江村 1985 年的研究发现，该村主干家庭增多。但费孝通承认，主干家庭在数量上的回升并不能认为农民家庭生活方式在走回头路了。由于当地乡镇企业兴起，大批农民进厂成了工资收入者。这些工厂里又是女工占多数，农村里妇女地位起了显著变化。这些趋势阻挡了封建家长制的复活。另外，该地也存在着家庭核心化的力量。1985 年核心家庭达到 46.9%，直系家庭为 35.4%，残缺家庭为 17.3%，联合家庭为 0.4%。①

① 费孝通：《三论中国家庭结构的变动》，载乔健主编《中国家庭及其变迁》，香港中文大学社会科学院暨香港亚太研究所，1991 年，第 4—6 页。

曾毅等则以 1982 年和 1990 年人口普查数据为基础考察家庭结构的宏观变动，进而认识农村家庭承包制的影响，其统计显示，1982 年联合家庭占 0.99%，1990 年为 1.15%，增加 20%。他认为这一变动的主要原因可能在于，80 年代农村家庭承包责任制的推广及城镇个体经营业的发展使得已婚兄弟姐妹分工合作的联合大家庭更具有存在的基础。但曾毅也承认，即使就 1990 年而言，联合家庭绝对数量仍很小，并且进一步增加的可能性也不大，因为已婚兄弟姐妹一起居住生活的联合大家庭毕竟与现代化的进程不合拍。① 不过，我们认为，两个时期的复合家庭构成均比较低，具体到一个数百户人口的村庄，即使从 0.99% 上升至 1.15%，仍属个别家庭形式。因而，不宜夸大制度变迁对大家庭的提升作用。

2. 家庭承包责任制实行之后家庭分家的趋势并未改变。这一认识也多建立在实证研究基础上。

根据黄宗智 1983 年和 1985 年对上海松江县的调查，因为父辈和已婚子辈特别是儿媳关系不睦，除独子家庭外，多子家庭兄弟分家、亲子分爨是普遍现象。② 阎云翔对黑龙江省一个农村的长期调查也表明，20 世纪 80 年代以来，核心家庭持续上升，从 1980 年的 59%，到 1991 年的 72%，再到 1998 年的 81%。与此同时，主干家庭则在慢慢减少，从 1980 年的 32%，减少至 1991 年的 22%，1998 年的 16%。他发现，村里那么多年轻人所以要建立核心家庭，是出于对一种更为深情、亲密、平等的理想夫妇关系的追求。③

笔者对河北省南部农村的研究表明，联产承包责任制后家庭生产功能的恢复并没有减慢多子家庭已婚儿子的分家步伐，相反加快了。④

雷洁琼课题组 1986 年对上海、北京和河南农村的调查显示：

---

① 曾毅、梁志武：《中国 80 年代以来各类核心家庭户的变动趋势》，《中国人口科学》1993 年第 3 期。

② ［美］黄宗智：《长江三角洲的小农家庭与乡村发展》，中华书局 2000 年版，第 302 页。

③ 阎云翔：《私人生活的变革：一个中国村庄里的爱情、家庭与亲密关系 1949—1999》，龚小夏译，上海书店出版社 2005 年版，第 104—106 页。

④ 王跃生：《社会变革与婚姻家庭变动——20 世纪 30—90 年代的冀南农村》，生活·读书·新知三联书店 2006 年版，第 358 页。

1978年与1986年相比，三地既有核心家庭普遍上升的表现，又有直系家庭增加的特征。核心家庭中，上海两个时点的核心家庭分别为69.4%和73.1%，北京分别为67.9%和77.6%，河南分别为70.7%和71.8%。直系家庭的变动三地之间有不同，上海和河南为增加，分别是25.9%和26.2%，河南为21.7%和24.7%；北京则为减少，从26.3%减至20.6%。但复合家庭三地均为减少。通过对家庭人口增减原因分析，该项研究者认为，调查地区农民家庭“分”的趋势要远远超过“合”的趋势。①

我们认为，承包责任制在多数地区没有改变家庭亲子分爨普遍、家庭核心化趋向依然保持的格局。或许农民家庭承包土地规模有限，在机械化耕作水平有所提高的背景下，家庭多个已婚成年劳动力合作经营的必要性降低。并且，由于劳动生产率提高，不少劳动力在承包地耕作完成之后还有大量剩余时间，他们开始在非农领域寻求增加收入的机会。这会增强成年已婚兄弟组成独立生活单位的意识。

（五）关于家庭生命周期研究方法中国化的探讨

一些研究者意识到西方家庭生命周期理论和方法对中国家庭解释力的有限性，试图对此进行改造。

针对中国家庭结构特征，邝振权和庄岩曾提出过核心家庭循环（循环与周期同义）、主干与联合家庭循环等概念。②

于洪彦等依据两个维度将家庭分为11种类型，第一个维度是复合维度，是由家庭成员中最小年龄者的年龄（不关注性别）和孩子的入学状态组成。最小年龄者的年龄分为三类，即小于35岁、35—60岁、大于60岁；孩子的入学状态分为读小学以前、读初中以前和读初中以后。第二个维度是家庭组成，共四种类型，即无孩子的夫妇、夫妇二人与父母同住的家庭、有子女的夫妇或单亲父母亲家庭、有子女的夫妇或单亲父母与祖父/母同住的家庭。这一方法本意是对不同类型家庭的生命周期分别考察，但却将简单问题复杂化了。

---

① 雷洁琼主编：《改革以来中国农村婚姻家庭的新变化》，北京大学出版社1994年版，第79页。

② 邝振权、庄岩：《中国家庭循环中“收缩期”的研究》，《中国人口科学》1991年第4期。

（六）延伸性研究

一些学者把家庭生命周期理论扩展至对家庭冲突和家庭消费等研究课题中。

徐安琪、叶文振将家庭生活周期与夫妇冲突结合起来，分析两者的关系。他们对1998年上海、哈尔滨、广东和甘肃地区6000多名已婚男女入户访问资料进行了分析，发现夫妻冲突发生率在婚姻存续期间呈倒U形曲线变化。其中，城市夫妻的争吵高发期在婚后3—7年（子女幼儿期），农村则在8—13年（第一个孩子学龄期，第二个孩子幼儿期）。城市伉俪吵架最少的阶段在婚后30年以上，而农村则在新婚期。他们将两者差异的主要原因归结于城乡家庭结构、功能和生活状况的不同。城市年轻夫妇与父母同居的较多，住房狭窄、亲属矛盾凸显，加上子女出生且抚育成本大、家务量剧增，婚后3—7年往往处于角色适应的“多事之秋”。农村夫妇在婚后3—7年阶段与父母分居明显增多，亲属矛盾远少于城市年轻夫妇，而随着第二个孩子的出生或进入学龄期，经济困扰也加剧，加上丈夫仍较少分担家务，故双方争执进入高发期也是自然的。①

于洪彦等通过其所建立的家庭生命周期模型对家庭服装支出、教育支出、休闲娱乐支出、交通费用支出、通信费用支出、食品支出和医疗保健支出关系进行分析，为企业制定营销战略提供参考。②

综上所述，已有研究对夫妇不同生命阶段的家庭形态，特别是老年阶段的“空巢”状态所作研究较多，而将完整的家庭生命周期结合起来所作考察较少；特定时点某一群体所生活的家庭状态分析较多，不同时点家庭的演变历程探讨较少；宏观性、轮廓性描述较多，微观性考察较少；对西方家庭生命周期的异议较多，而以中国历史和现实为基础对家庭生命周期进行理论提炼和方法探求较少。

---

① 徐安琪、叶文振：《家庭生命周期和夫妻冲突的经验研究》，《中国人口科学》2002年第3期。

② 于洪彦、刘艳彬：《中国家庭生命周期模型的构建及实证研究》，《管理世界》2007年第6期。

七　家庭生命周期和夫妇生命历程的研究方法

相对来说，西方学者对家庭独特而多样的生命周期理论和方法的探讨是比较丰富和成熟的，并且形成了研究模式。但是，其模式难以涵盖独特而多样的东方社会家庭关系、家庭形态。这里，我们结合以往的研究提出一些想法。

（一）母家庭和子家庭关系法

在中国社会中，有亲缘关系的家庭之间往往有母家庭（父母家庭，一般以男系为传承基础）与子家庭之别。

前已述及，中国农村多数家庭并非形成或独立于夫妇结婚之始，而与分家和分爨有关。我们将夫妇缔结婚姻时所生活的家庭称为母家庭，而将自己分爨后所形成的新家庭称为子家庭。

对具体的夫妇来说，其与母家庭分立所形成的独立生活单位——子家庭也会发生转化。当其子女长大婚配、分立生活后，原有子家庭相对于其子家庭，则变为母家庭。所以，母家庭和子家庭是一个相对概念（见图1－7）。

图1－7　母家庭和子家庭关系

图1－7处于中间的家庭既是其上亲代母家庭的一个子家庭，又是其下子代子家庭的一个母家庭。

在中国社会中，家庭生命周期在一定程度上是母家庭与子家庭之间的关系。子家庭从母家庭裂变而来，两者又存在密切的关系。这里的母家庭实际是父母之家。父母是母家庭的存在基础。

总之，我们认为，从母家庭和子家庭关系角度分析家庭生命周期有助于抓住其演变特征。

（二）家庭生命周期与夫妇婚姻单位关系方法

正如前述，中国农村社会中，新婚姻单位多建立于直系家庭中。这些家庭至少有两个婚姻单位。新婚姻单位与旧婚姻单位之间的日常生活关系比较简单，但两者之间的经济关系（收入支配和消费支出）则比较多样，并且会有阶段性变化。

因而，在考察两个及以上婚姻单位组成的家庭时，注意分析其不同生命阶段两个及以上婚姻单位的日常生活方式和经济关系。

（三）截面分析与纵向分析方法

家庭生命周期分为截面分析与纵向分析两种。

截面分析以一批不同年龄组者调查时点所生活的家庭方式为基础，观察其所生活的家庭类型。

纵向分析则是以一批经历了主要生活阶段（生育完成、子女长大且多已结婚、本人已经进入老年）的夫妇为观察对象。纵向分析对象实际也可再分为两种，一是完全走完生命历程者（去世者），由其子女等代为回答相关信息。但对父母结婚初期的居住方式和之后的生育信息，子女则不一定完全掌握。二是以老年夫妇本人为调查对象，其不足是他们尚未经历所有生命阶段，如配偶健在等。不过，我们认为，第二种调查对象选择方法更为合理。被调查者本人对其各个生命阶段的生育、子女抚养、子女婚配、分家、配偶状态等事件更为清楚，尽管其尚未走完所有生命历程，但这种调查至少已经包括了受访者主要生命阶段的信息。

为了对调查时点中青年夫妇的居住、生育等状态有所把握，我们认为还需要从他们中间选择样本。虽然中青年人的家庭尚未出现萎缩或进入“空巢”状态，但其初婚和生育阶段的居住信息却能够获得，并可与老年人的相同阶段进行比较。

（四）宏观和微观研究方法

我们认为，对家庭生命周期某一阶段或时期的家庭形态和特征进行分析时，宏观考察有其可取之处。但要把握一代人或某一年龄组老年人不同生命阶段的居住形态和生活方式，宏观数据信息比较粗略，难以据此达到这一目的。只有进行有针对性的小型调查才能弥补其缺陷。

八　本书所用资料及调查地区说明

正如前述，现阶段学者对中国家庭生命周期和夫妇生命历程所作分阶段研究已有一些，特别是“空巢”家庭研究广受关注。相对来说，将夫妇不同生命历程所生活的家庭类型进行整体性分析则比较少见。还应指出，已有少量整体性研究，多基于宏观数据进行逻辑推理或以假设同批人生命历程为基础，缺少实证性素材。此外，对夫妇不同生命阶段所生活家庭类型的形成原因也较少深入分析。

客观上讲，包括人口普查数据在内的宏观数据并不支持对家庭生命周期和夫妇生命历程的整体性研究。因而，对农村家庭生命周期考察时，以村庄为单位进行调查，获得相对完整的微观数据就显得十分必要。为此，我们进行了专项农村家庭生命周期和夫妇生命历程调查。

（一）调查点的选择

本项调查由中国社会科学院国情调研重点项目“农村家庭生命周期和代际关系研究”课题组承担。它以家庭生命周期和夫妇生命历程为切入点，从整体和系统角度认识社会转型、制度变迁背景下农村家庭形态和代际关系、功能等方面所发生的时期变动，探讨其中存在的问题及改进途径。调查地点为河北省农村。为了对本省不同经济发展水平的农村家庭生命周期及其变动有所揭示，我们根据河北省2007年县级单位人均收入状况排名，选择经济水平处于上中下不同层级的三个县份村庄实施调查。为避免所选调查村庄民俗、民众生存方式等背景因素同质性过强，我们认为这三个县份之间应有一定的空间距离，因为家庭行为还受包括惯习、民俗在内的社会因素制约；距离较大的地区之间共性和差异才能表现出来。所以，我们调查的县份应涵盖河北中南部、东部和北部这三个具有代表性的区域。

通过对县级单位经济、社会统计数据资料进行排列，我们最终确立的县份是：冀中南部的赵县（石家庄市所辖），它属于典型的平原耕作区，除粮食作物外，还有梨树种植，经济水平在河北省属于中等；冀西北的赤城县（张家口市所辖），属典型的山区县，为经济发展水平较低地区；冀东为唐山市丰润区（原为丰润县），既有山区，也有平原，以平原为主，经济发展水平相对较高。

需要指出，自1956年实行集体经济制度之后，中国农村的发展模式和民众行为具有更多的同质性特征。当然，改革开放以来，农村同一地区村庄之间经济发展水平有高低之别。但根据我们最近十年在不同区域农村所做的多次调查，在家庭行为（婚姻缔结、分家、养老等方面）和家庭观念上，同一县份的村庄之间趋同性表现非常突出。考虑到这一状况，我们在一个地区只调查一个村庄。那么，在同一县份，如何选择调查村庄？本项调查中的中老年人，特别是老年人应占较大比例，他们经历了生命历程的主要阶段，从中所获得的数据信息相对全面。若调查一个村庄，其人口规模应比较大，否则难以找到能满足要求的受访老年人口规模。因而，我们确定的原则是，所选村庄的老年人口不低于200人，老年人所生活的家庭户在100个以上。根据试调查所获得的信息，只有600户以上、2000口以上的村庄才有可能满足这一要求。同时，应该看到，最近三十年一些农村发生了重要变化，特别是靠近城市或县城的村庄，耕地减少，工商业逐渐成为村民的主业。我们认为，这些村庄对典型农村的代表性不强。故此，这次所选调查村庄离当地县城应有一定距离，尽管这些村庄的中青年劳动力已开始外出务工，但农耕经济依然得到保留。通过到三县走访并进行综合比较，所确定的调查村庄为赤城县L镇B村、赵县S镇D村和唐山市丰润区X镇B村。由此可见，我们所选择的村庄并非随机的，而具有一定典型性。

（二）村庄所属地区地理、经济、社会环境

1. 赤城县L镇B村

（1）赤城县生存环境和民俗。赤城县位于河北省西北部，隶属张家口市，为山区县。该地气候为东亚大陆性季风中温带亚干旱区，年降水量为424毫米，70%的雨水集中在七八月。全年平均无霜期为118天。可见，赤城县是以山区为主、相对干旱、无霜期长的地区，这一自然环境对农业生产是不利的。赤城虽毗邻北京，但它位于长城以北，属于“口外”之地。由赤城县向北行一百多公里，即进入坝上

地区。可见赤城县处于农耕文化与草原文化的交汇地。

该地民风比较朴实，与中原地区相比也有差异。根据1992年出版的《赤城县志》记载，索要彩礼在旧时相当普遍。男方与女方订婚时，要出相当数量的彩礼，被称为买卖婚姻，它成为男方家庭的沉重负担。新中国成立后，《婚姻法》颁布，这种现象基本杜绝。但1960年后，由于经济困难，买卖婚姻重又出现，有的娶一房儿媳要花数千元，甚至上万元（20世纪90年代初），“此陋习在城镇、乡村都很普遍”①。

关于家庭关系，笔者在当地农村调查时发现，老年妇女丧偶后再婚并非个别现象，原因是成年儿子不履行赡养之责。由于该地男性中的老年“光棍”较多，中老年女性通过再婚或者与其未婚同居解决生计问题。《赤城县志》对当地不赡养老人的现象也有记载：城乡都存在子女成人结婚后不赡养老人问题。老人晚年生活很苦。② 我们通过多次在赤城县调查所形成的认识是，相对于冀中、冀南和冀东地区，该地（冀西北）民众中亲子分爨生活的比例更高，即使独子家庭也如此。

（2）B村状况。B村位于赤城县西南部，距县城30公里。一条国道从村中穿过，因而本村虽属山区，但交通便利。从人口规模上看，B村是赤城这个山区县屈指可数的大村，共有600户，2100口人。由于村庄附近建有铁矿，本村男性劳动力多在铁矿做工，收入相对较高（2008年），外出务工者反而较少。上年纪的男性和多数已婚妇女则从事农耕。当地主要农作物是玉米、谷子和莜麦。该村因交通便利，靠近铁矿产地，男性劳动力打工相对容易，应该属于贫困地区相对富裕的村庄。

村民新建住房以砖房为主，且平房居多，二层楼房较少；旧房则为土房，墙壁用泥土筑成。家中院落不大，一般只有一排房，而非四合式院落。

---

① 赤城县地方志编纂委员会：《赤城县志》，改革出版社1992年版，第574页。

② 同上。

2. 赵县S镇D村

（1）赵县生存环境和民俗。赵县位于河北省中部偏南，属石家庄市管辖；地处冀中平原，为暖温带亚湿润气候。本地雨量充沛，灌溉便利（目前以抽取地下水为主），农业耕作条件很好。农作物品种以小麦、玉米为大宗，经济作物有棉花。赵县还是北方重要的雪花梨产地。

当地民风具有较多的传统色彩，相对保守一些。整体看，男性中青年劳动力多外出务工，各地均有，已婚妇女则在村料理家务并务农、管理果树者居多。

（2）D村状况。D村人口规模在赵县属于中等偏上，共830户，3000口人，距县城15公里。目前，男性青壮年劳动力主要外出务工，家里的承包土地交给中老年人或妇女管理，或者收割、耕种时部分在外务工者从外回来若干天抢收抢种。同时，该村又属赵县的梨区，不少家庭承包梨树种植管理。

村内有多家私人超市，基本生活用品齐全；还有若干家私人餐馆。

该村与冀中、冀南平原地区相似，住宅多为5间正房（坐北朝南为主），东西偏房为厨房或储物间。目前比较普遍的居住格局是，一家一个院落，实际是一个核心家庭一个院落，也有一些三代或两代直系家庭。两个儿子或两个兄弟结婚后同住一院的情形已经比较少见。新建或新翻建的住宅多有比较讲究的大门，有门楼、影壁，家院外墙贴有瓷砖。整个院落被高大的房屋外墙包裹得非常严实，增加了居住的安全性。

3. 唐山市丰润区X镇B村

（1）丰润区生存环境和民俗。丰润区位于河北省东部，属唐山市所辖。丰润区前身为丰润县。2000年丰润县被撤销，原丰润县与1976年地震后所建立的唐山市新区合并，组成新的行政单位——丰润区。该地气候属东部季风区暖温带半湿润地区大陆性季风气候，平均气温10.8℃，年均降水量700毫米，无霜期185天。农业生产条件优越。从地质构造上看，该地为山前平原，地势平坦，土壤为河流冲积物组成的草甸褐土和部分潮土，适宜小麦、玉米、水稻、花生等作物生长，一年可收获两季。

该地的居住方式与冀南、冀中不同，老式住宅结构多为一院多排（当地人称一排房为一层房），以两排居多，三排其次。每排房多为三间，中间一间为穿堂屋，前后通行；两侧为居室。院内盖东西厢房者很少；即使有，也很简易，多用来存放生产工具，或者为猪舍、牛圈。这种住房结构使每一户与前后两个街道相通，正门所通为主街道，后门则为较小的街巷。由此，它给农民进出、运送物品带来了方便。正房的过道左右侧盘炉灶，东西两间居室（东为上房）均有土炕。土炕各占两个居室约一半的面积。从理论上讲，一层房子三间可形成两个独立的生活单位，因为每个走道的两侧实际为两个厨房。两层房子则可形成四个生活单位。这种居住结构很紧凑和实用，减少了居住空间的浪费。过道两侧的灶台可以烧水、做饭，而灶台后壁有通道与屋内的土炕相连，冬天既可用做饭时所形成的余热来取暖，也可直接烧柴或煤取暖。20 世纪 70 年代后，新建房屋多为独院（由大队、后为村委会批给需建房村民宅基地，每户 3 分地，80 年代后改为 2.5 分），实际为一院一层结构，一门一户。原来建房材料用砖较少，多为土墙，或里土外砖；80 年代后，砖、石、水泥、钢、木成为主要材料。多数新建院落出于使用方便考虑，保留了后门。

（2）B 村状况。从整个丰润区境来看，B 村处于城西南方向，距区城 15 公里。全村有 740 户，2600 人。目前 B 村农民已基本改变了靠种地为生的职业结构，而在非农领域获得就业空间。即使以农业为生者，不少人并非将种粮食作物作为收入来源，而是经营蔬菜大棚、养殖（养奶牛、肉牛、蛋鸡和肉鸡等）。完全靠传统种植为生仍是单项职业类型中比例最大者，但在总从业者中它只占 1/3 强。

（三）调查方式和资料类型

本调查的实施时间在 2008 年 8 月至 10 月。具体的调查方式包括问卷调查、个人访谈和档案查阅。

1. 问卷调查和数据

入户进行问卷调查是我们本次田野调查的重点。

进行问卷调查，访谈员的素质和态度至关重要。我们从中国社会科学院研究生院在校学生中招聘了 12 名博士生和硕士生作为访谈员。

课题组成员对调查员进行了两天的问卷培训，并做了试调查。正式调查进行期间，课题组成员全程参与，在现场进行督导。督导者的主要职责是审核访谈员每天完成的问卷，对有疑问的问项及时指出来，请访谈员回访，尽可能在当地解决。由于采取了这一方式，本次调查中的问卷质量得以保证。

我们认为，基于家庭生命周期和夫妇生命历程为研究目标的调查，应尽可能选择那些已经历过主要生命历程的夫妇。

为了获得代际关系信息，我们采用亲子分卷调查法，既调查老年人为主的亲代，也随机调查其一个子女。这意味着被调查的老年人应有亲生子女或收养子女。对于亲代的选择原则是，他们在调查村庄属于有直系血缘关系家族中的第一代人。除了少数终身未娶或虽婚但没有存活子女者外，我们对有儿子的老年人，或有女无儿但由女儿养老的老年人，全部进行调查。因而对每个家庭第一代老年人来说，这种调查具有普查性质。本调查最终共获得977份问卷，其中亲代问卷533份（65岁以上老年样本405份，若将受访者配偶包括在内，共涉及589个老年人），子代问卷444份。相对来说，亲代多为60岁以上者，子代则多以三四十岁者为主。这有助于我们在分析经历过主要生命事件的老年人基础上，认识中青年生命阶段前期的生存和居住方式的变化，进而对两者进行比较。

通过将问卷信息录入电脑，最终形成SPSS文件形式的数据库。本书的撰写建立在这一数据库基础上。

2. 个案访谈资料

我们认为，在家庭生命周期和夫妇生命历程分析中，个案资料主要适用于认识具体阶段，特别是目前生存方式的形成及其原因。

问卷调查是将受访者及其家庭所经历的丰富的生命事件尽可能浓缩和简化，进而用数字形式来表达，将众多个体行为统一于一种模式之中。它便于我们认识调查地区家庭生命周期和夫妇生命历程的整体状态，但却可能抹杀个体的鲜活特征。对于没有田野调查经历的分析者来说，难以弄清数字背后受访者的行为动机和原因。因而要对一个地区民众的行为方式有比较准确的了解，个案调查是不可缺少的。

在进行问卷调查的同时，课题组分派专人组织和参与个案访谈。

个案访谈对象采用两种方法获得，一是课题组提出要访谈的家庭类型，如多子家庭、轮养家庭等，请村干部提供符合条件的人选（访问这类家庭的主要成员如户主）；二是将请访谈员在问卷调查过程中所发现的有典型意义的受访者作为个案深访对象。

3. 村庄户籍人口和常住人口数据

户籍人口比较容易理解。常住人口是指调查村庄没有外出经历或虽外出但不超过半年的人口，超过半年者纳入户籍人口考察。这些数据有助于认识不同年龄组人口的居住现状。

4. 档案资料

要对不同年龄受访者，特别是老年被访者所生活的时代背景有所认识，与村民座谈中虽能获得一些信息，但这多为感性认识，不够系统和准确。而调查村庄所属县区的档案馆中收藏有该村庄不同时期的社会经济状况统计资料。这对认识家庭生命周期和夫妇生命历程的状态和原因有直接帮助。

第二章　家庭生命周期和夫妇生命历程阶段时长

无论是“家庭生命周期”，还是“夫妇生命历程”，其共同点为都有“阶段”之分。就生命周期或历程的“阶段”而言，一般需用“时长”来衡量。对夫妇来说，其所建立家庭或所生活载体的不同阶段“时长”与其婚育行为和子代婚姻方式有很大关系。反过来，考察“周期”和“历程”的时长及其变动，是认识家庭功能、亲子关系以及相关制度、政策环境影响水平的重要方面。

一　不同时期结婚者的初婚年龄

初婚年龄是认识家庭生命周期，特别是夫妇生命历程的基本指标之一。初婚年龄既受民俗制约（在民国之前法律对初婚年龄只有原则性规定，政府没有建立婚姻登记制度，初婚行为很大程度上受特定地区惯习和民众偏好的影响，惯习的差异常使初婚年龄表现出地区之别），也与不同时期法律（国家制定有法定结婚年龄）和政策（如 20 世纪 70 年代政府在法定婚龄之外制定了政策性晚婚年龄）的贯彻力度有关。由此，初婚年龄也有时期之别。下面我们对受访者及其配偶的初婚状况分年龄组和结婚时期两种方法进行统计。

（一）不同年龄组受访者的初婚年龄

本项问卷调查中受访者的年龄跨度较大，从 20 岁至 90 多岁。其结婚时期从新中国成立前 20 世纪三四十年代至 21 世纪初期。而这期间不仅中国社会的政治、经济制度发生了诸多重要变革，而且婚姻制度也经历了多次变化，其对调查地区男女初婚年龄的影响有何表现？

（见表 2 - 1）

表 2 - 1　　受访者及配偶分性别和年龄组初婚年龄构成　　单位：%

年龄组（岁）	男性			女性		
	平均初婚年龄	中位初婚年龄	样本量（个）	平均初婚年龄	中位初婚年龄	样本量（个）
20—24	21.00	21.00	1	19.50	18.50	4
25—29	23.08	23.00	12	21.25	21.00	16
30—34	23.30	23.00	43	21.80	22.00	55
35—39	22.48	22.00	112	21.83	21.00	98
40—44	22.53	22.00	94	22.12	21.00	108
45—49	22.83	22.50	66	21.69	22.00	59
50—54	25.15	24.00	54	23.50	23.50	62
55—59	23.90	24.00	59	21.81	20.00	77
60—64	24.03	23.00	95	21.15	21.00	112
65—69	23.26	22.00	102	20.79	20.00	86
70—74	21.83	21.00	100	19.83	19.00	82
75—79	19.45	19.00	47	18.80	18.00	70
80—84	21.56	21.00	34	18.90	18.00	40
85 +	21.23	21.00	13	20.31	19.00	16
总体	22.80	22.00	832	21.18	21.00	885

资料来源：2008 年“河北省三县农村家庭生命周期问卷调查”，以下图、表资料来源除特别注明外同此。

需要说明的是，表 2 - 1 数据为对受访者及其健在配偶初婚年龄所做统计（丧偶和离婚者除外）。

由表 2 - 1 可以看出，分年龄组男女初婚年龄变动有这样的特征：无论男女，平均初婚年龄最高的年龄组为 50—54 岁组，男女分别为 25.15 岁和 23.50 岁。同时应指出，男性 55—59 岁和 60—64 岁组也处于高位。这正是 20 世纪 70 年代初期之后，政府推行晚婚政策时期结婚的那批人。进一步看，男女最低初婚年龄均在 75—79 岁年龄组，分别为 19.45 岁和 18.80 岁，为解放初期的结婚者。

（二）不同时期结婚者平均初婚年龄

不同年龄组受访者的初婚年龄一定程度上可揭示不同时期结婚者

初婚年龄特征。但其缺点是对时期背景状况反映得不够直接，并且年龄组界限与特定时期也难以建立完全对应的关系。在此根据调查对象所经历的历史时期分成若干具有政治和社会特征的阶段，观察不同阶段结婚者的初婚年龄（见表2－2）。

表2－2　受访者及配偶结婚时期与初婚年龄关系　单位：岁

结婚时期	男性			女性		
	平均初婚年龄	中位初婚年龄	样本量（个）	平均初婚年龄	中位初婚年龄	样本量（个）
1946年前	17.78	17.00	40	17.23	17.00	57
1947—1950年	18.26	17.00	35	18.45	18.00	47
1951—1955年	20.22	20.00	51	19.15	18.00	65
1956—1965年	21.81	21.00	144	20.26	20.00	162
1966—1971年	23.66	23.00	105	21.01	20.00	106
1972—1982年	25.62	25.00	129	23.26	23.00	123
1983—1989年	22.61	22.00	150	21.59	21.00	147
1990—1999年	23.33	22.00	144	22.48	22.00	144
2000—2008年	26.85	25.50	34	25.47	23.00	34
总体	22.80	22.00	832	21.18	21.00	885

表2－2的时期划分试图将农民的婚姻缔结放置于社会变迁和制度变革背景之下。这里有必要对时期特征作一解释。1946年及之前，可视为完全的土地私有经济制度时期，尽管民国政府1930年所颁布的《亲属法》中已有初婚年龄规定（男18岁、女16岁），但该法对民众的约束较小，因为当时政府尚未真正建立婚姻登记制度，至少广大乡村民众的婚姻仍依照习俗进行。调查数据显示，三县农村女性初婚年龄高于法定婚龄1.23岁，男性则接近18岁，其中一半样本较法定婚龄低1岁。

1947年，河北一些解放区农村开始实行土地改革，婚姻登记制度由新建区公所等机构实施，民间早婚行为开始受到约束。[①] 这种局面一直延续到1950年第一部《婚姻法》颁布，男20岁、女18岁为新法定婚龄。该《婚姻法》真正起作用的时间应该是1951年。新中国

---

① 王跃生：《社会变革与婚姻家庭变动——20世纪30—90年代的冀南农村》，生活·读书·新知三联书店2006年版，第66—67页。

成立后直到 1955 年，农村的土地经营方式为农民所有制时期，基层政权对民众婚姻管理增强，低于法定婚龄结婚者减少。

1956 年开始，农村集体经济制度——高级社建立，1958 年进一步发展为人民公社制度。这一制度下，土地由家庭所有变为集体所有，农民成为经济组织——合作社（1956—1957 年）和生产队（1958 年之后）的劳动者。其行为（包括婚姻缔结）受到外部组织的直接控制。1966 年，"文化大革命"运动在全国推行，集体经济组织对农民的行为控制进一步增强，这为以后的生育控制政策实施奠定了基础。

1972 年"晚稀少"人口控制政策开始实行，其中的"晚"就是晚婚。河北省农村实行的是男 25 岁、女 23 岁为政策性晚婚年龄。1980 年新《婚姻法》颁布，男 22 岁、女 20 岁成为新的法定婚龄。但在当时不少农村地区，政府仍执行晚婚年龄政策，直到 1982 年集体经济组织解体、土地承包制度实行，落实晚婚政策的外部组织——农村生产大队和生产队被削弱，初婚年龄才有可能向法定婚龄回归。根据表 2－2，1972—1982 年的三县农村男女平均初婚年龄为 2000 年前的最高值。晚婚政策的约束效应很明显。

1985—1999 年，中国农村劳动力非农化就业开始出现，同时新的《婚姻法》已经实施，初婚年龄受到哪些影响？表 2－2 数据表明，1983—1989 年和 1990—1999 年两个时期男性初婚年龄较 1972—1982 年降低 3. 01 岁和 2. 29 岁，女性分别下降 1. 67 岁和 0. 78 岁。

2000 年后，农民非农流动就业趋向进一步强化，其对初婚年龄的影响有何新表现？我们看到，这一时期男女初婚年龄进一步上升，成为各个时期的最高值。

就上述时期男女平均初婚变动趋向看，从 1946 年前到 1972—1982 年，调查地区农民的平均初婚年龄呈现逐渐上升趋势，男性净增 7. 84 岁，女性则净增 6. 03 岁。1983—1989 年和 1990—1999 年则明显降低，趋向新的法定婚龄。而 2000 年以后重新提高，男性则达到各个时期最高值。

我们在对家庭生命周期和夫妇生命起点分析时，将以受访者的初婚年龄为基础。因而，在此看一下他们的初婚年龄特征。

整体看，两种统计口径的初婚年龄构成虽不完全一致，但差异较小，特别是时期变动趋向相同（见表2－3）。

表2－3　　不同性别受访者本人结婚时期和初婚年龄关系　　单位：岁

结婚时期	男性			女性		
	平均初婚年龄	中位初婚年龄	样本量（个）	平均初婚年龄	中位初婚年龄	样本量（个）
1946年前	18.16	18	32	17.24	17	45
1947—1950年	18.70	18	23	18.44	18	36
1951—1955年	20.75	20	28	19.15	19	54
1956—1965年	21.37	21	89	20.11	20	95
1966—1971年	24.23	24	73	21.50	22	40
1972—1982年	25.72	25	125	25.63	25	8
1983—1989年	22.74	22	144	21.80	22	5
1990—1999年	23.43	22	138	20.57	21	7
2000—2008年	27.38	26	32	24.33	23	3
总体	23.19	22	684	19.71	19	293

若将表2－1和表2－2、表2－3数据结合起来，有个别矛盾现象值得关注。表2－1数据显示，男性50岁年龄组以下，初婚年龄有逐步降低的表现；女性也没出现规则性下降，但基本上维系在21岁上下水平上，即男女受访者分年龄组初婚年龄数据没有明显上升。而在表2－2、表2－3分时期样本中，2000—2008年统计显示，这一时期初婚男女的结婚年龄大幅度上升了。一般而言，低龄者结婚在相对靠后的时期，或者说他们应以2000—2008年这一时段结婚为主。那么为什么时期数据表现为靠近调查时点的结婚者初婚年龄明显上升呢？形成这种状态的可能原因是，这期间结婚者中有一部分大龄结婚者。关于结婚年龄个案构成数据这一点将会显示出来（见表2－4）。

表2－4显示，2000—2008年，调查地区受访男性及受访女性配偶25岁以上结婚者比例最高，其次为1972—1982年，均超过50%。1972—1982年是晚婚政策影响所导致，2000—2008年大龄结婚者属经济条件约束下的被动晚婚，一些大龄男性因经济条件改善获得了结婚机会。进一步观察可知，这一时期30岁以上结婚者占29.41%，也为各个时期的最高值。

表 2 - 4　　**受访男性和受访女性配偶不同时期结婚年龄构成**　　单位：%

结婚时期	16 岁及以下	17 岁	18 岁	19 岁	20 岁	21 岁	22 岁	23 岁	24 岁	25—29 岁	30—39 岁	40 岁及以上	25 岁以上结婚比例小计	样本量（个）
1946 年前	40.00	12.50	7.50	5.00	10.00	10.00	5.00	7.50	0.00	2.50	0.00	0.00	2.5	40
1947—1950 年	40.00	11.43	2.86	8.57	8.57	8.57	5.71	5.71	2.86	5.71	0.00	0.00	5.71	35
1951—1955 年	7.84	11.76	15.69	13.73	15.69	13.73	1.96	3.92	1.96	13.73	0.00	0.00	13.73	51
1956—1965 年	2.08	1.39	7.64	10.42	12.50	20.83	11.81	5.56	7.64	18.06	2.08	0.00	20.14	144
1966—1971 年	0.00	0.00	1.90	5.71	11.43	14.29	10.48	10.48	11.43	26.67	7.62	0.00	34.29	105
1972—1982 年	0.00	0.00	0.00	2.33	3.10	5.43	10.85	10.85	16.28	37.98	12.40	0.78	51.16	129
1983—1989 年	0.00	0.67	1.33	4.67	12.00	15.33	24.00	19.33	9.33	10.00	2.00	1.33	13.33	150
1990—1999 年	0.00	0.00	0.00	1.39	6.94	20.14	29.86	13.19	7.64	17.36	1.39	2.08	20.83	144
2000—2008 年	0.00	0.00	2.94	0.00	0.00	2.94	11.76	8.82	8.82	35.29	26.47	2.94	64.70	34

表 2－5　受访女性和受访男性配偶不同时期结婚年龄构成　单位：%

结婚时期	16 岁及以下	17 岁	18 岁	19 岁	20 岁	21 岁	22 岁	23 岁	24 岁	25—29 岁	30—39 岁	40 岁及以上	25 岁以上结婚比例小计	样本量（个）
1946 年前	43.86	10.53	24.56	3.51	10.53	3.51	1.75	1.75	0.00	0.00	0.00	0.00	0.00	57
1947—1950 年	19.15	19.15	19.15	21.28	10.64	0.00	2.13	4.26	0.00	4.26	0.00	0.00	4.26	47
1951—1955 年	7.69	13.85	29.23	23.08	9.23	6.15	1.54	1.54	3.08	3.08	1.54	0.00	4.62	65
1956—1965 年	8.07	9.94	12.42	17.39	14.91	10.56	9.94	4.35	3.11	8.07	0.62	0.62	9.32	162
1966—1971 年	2.83	3.77	10.38	14.15	19.81	15.09	14.15	5.66	6.60	4.72	2.83	0.00	7.55	106
1972—1982 年	2.44	0.00	3.25	7.32	10.57	8.13	13.01	8.13	17.89	23.58	5.69	0.00	29.27	123
1983—1989 年	0.00	2.04	4.76	8.16	19.05	21.09	18.37	12.24	4.76	8.16	1.36	0.00	9.52	147
1990—1999 年	1.39	0.00	1.39	4.86	18.75	18.75	20.14	12.50	9.03	9.72	1.39	2.08	13.19	144
2000—2008 年	0.00	2.94	5.88	0.00	11.76	5.88	2.94	23.53	8.82	23.53	11.76	2.94	38.24	34

表2-5中，女性2000—2008年间25岁以上结婚比例最高，为38.24%；其次为1972—1982年间，为29.27%。我们认为，女性1972—1982年间大龄结婚率高与男性原因相同，即晚婚政策所导致。而2000—2008年女性大龄晚结婚率高与男性的原因既相同又不同，相同之处在于她们并非主动晚婚，而是某些客观因素耽搁了婚事。当大龄男性有条件成婚时，其所能寻得的婚配对象多数情况下是条件相对较差的女性，如年龄较大者，甚至是来自远距离外省的女性。

（三）地区差异

如前所述，我们所调查的三个县份地理环境、生存条件和民俗有别，在初婚年龄上是否有差异？请看表2-6。

三地农村男女初婚年龄虽有差异，但多数时期并不显著，特别是时期变动趋向相同（见表2-6）。

具体来看，1946年前，男性平均初婚年龄丰润农村低于赤城农村2.02岁，1947—1950年这一年龄差依然保持着。新中国成立以后，两地各个时期，特别是2000年前，男性婚龄差缩小。需要指出，1972—1982年晚婚政策实行时期，丰润农村初婚年龄中位数高于赤城和赵县农村1岁，表明当地晚婚政策的执行力度更强一些。值得注意的是，2000—2008年，赤城农村男性中平均初婚年龄超过28岁，中位初婚年龄则在26岁，明显高于赵县。作为经济条件最差的地区，一些大龄男性在经济条件有所改善时争取到了结婚机会。这些地区往往也有相对高比例的男性成为失婚者。

女性初婚年龄的地区差异表现为，1946年前，丰润农村女性中位初婚年龄高于赤城2岁。进一步看，丰润女性的中位初婚年龄也高于本地同时期男性。这表明，当地新中国成立前可能流行妻长夫小的婚姻模式并成为习俗。需要指出的是，这多是经济条件相对较好，或者经济水平相对较高家庭的选择。而赤城这一山区为主的贫穷地区则以夫长妻小为主要婚配模式。新中国成立后的婚姻法律和政策则抑制了这种婚姻方式。我们还可看到，在晚婚政策推行的1972—1982年，丰润和赵县农村女性平均初婚年龄和中位初婚年龄均高于赤城农村，与男性同期初婚年龄有相似的表现，说明赤城农村对晚婚政策的执行力度要弱于其他两地。

表 2－6　三地受访者及配偶结婚时期与初婚年龄关系

单位：岁

结婚时期	赤城县农村			赵县农村			丰润区农村		
	平均初婚年龄	中位初婚年龄	样本量（个）	平均初婚年龄	中位初婚年龄	样本量（个）	平均初婚年龄	中位初婚年龄	样本量（个）
男性									
1946 年前	18.77	18.00	13	17.73	18.00	15	16.75	16.50	12
1947—1950 年	19.75	19.00	12	17.57	16.00	7	17.44	17.00	16
1951—1955 年	20.22	20.00	23	19.84	19.00	19	21.00	20.00	9
1956—1965 年	21.74	21.00	46	21.36	21.00	59	22.56	22.00	39
1966—1971 年	24.70	25.00	23	22.15	21.00	39	24.47	24.00	43
1972—1982 年	25.39	24.00	44	25.38	24.00	37	26.02	25.00	48
1983—1989 年	22.71	23.00	35	22.48	22.00	75	22.75	22.00	40
1990—1999 年	23.65	22.50	26	22.88	22.00	64	23.70	23.00	54
2000—2008 年	28.29	26.00	14	24.50	23.50	6	26.43	25.50	14
总体	23.04	22.00	236	22.20	22.00	321	23.31	23.00	275
女性									
1946 年前	16.25	16.00	8	17.86	17.50	22	17.00	18.00	27
1947—1950 年	18.63	18.00	8	19.12	19.00	17	17.86	17.00	22
1951—1955 年	18.65	18.00	23	19.63	19.00	32	18.80	18.50	10

续表

结婚时期	赤城县农村			赵县农村			丰润区农村		
	平均初婚年龄	中位初婚年龄	样本量（个）	平均初婚年龄	中位初婚年龄	样本量（个）	平均初婚年龄	中位初婚年龄	样本量（个）
女性									
1956—1965 年	19.70	18.00	44	20.57	20.00	71	20.32	20.00	47
1966—1971 年	20.77	19.00	22	20.58	20.50	40	21.52	22.00	44
1972—1982 年	22.07	21.00	42	24.14	24.00	35	23.67	24.00	46
1983—1989 年	21.09	21.00	35	21.58	21.50	72	22.03	21.00	40
1990—1999 年	22.08	21.50	26	22.28	21.00	64	22.91	23.00	54
2000—2008 年	26.93	23.50	14	24.67	23.50	6	24.36	23.00	14
总体	20.94	20.00	222	21.18	21.00	359	21.35	21.00	304

不过，新中国成立后多数时期，三地农村男女平均初婚年龄比较接近，没有显著差异。

（四）受访者结婚次数

在家庭生命周期和夫妇生命历程考察中，受访者结婚次数是不能忽视的。初婚夫妇因丧偶、离婚而导致婚姻中断，实际意味着原有家庭延续“周期”中断；若丧偶或离婚者再婚，则启动了另一个周期。这也是离婚率比较高的社会中，家庭生命周期和夫妇生命历程研究的困难之处。当然，实际生活中的情形比较复杂，有的为丈夫初婚、妻子再婚，或者相反，仍可以一方为周期线条进行考察。

相对来说，中国农村夫妇，特别是中老年人与原配维系下去的婚姻所占比例较高，即不少人一生只结过一次婚。这种样本占多数为家庭生活周期和夫妇生命历程分析带了一定方便。那么，河北三村不同年龄组受访者的婚姻次数如何？请看表2－7。

表2－7　受访者结婚次数　单位：%

性别	年龄组（岁）	1次	2次	3次	4次	样本量（个）
男性	20—24	100.00	0.00	0.00	0.00	1
	25—29	91.67	8.33	0.00	0.00	12
	30—34	97.22	2.78	0.00	0.00	36
	35—39	100.00	0.00	0.00	0.00	110
	40—44	96.70	3.30	0.00	0.00	91
	45—49	100.00	0.00	0.00	0.00	62
	50—54	98.15	1.85	0.00	0.00	54
	55—59	97.73	2.27	0.00	0.00	44
	60—64	100.00	0.00	0.00	0.00	77
	65—69	97.14	2.86	0.00	0.00	70
	70—74	90.63	9.38	0.00	0.00	64
	75—79	84.00	16.00	0.00	0.00	25
	80—84	88.46	11.54	0.00	0.00	26
	85＋	83.33	16.67	0.00	0.00	12
	总体	96.49	3.51	0.00	0.00	684

续表

性别	年龄组（岁）	1次	2次	3次	4次	样本量（个）
女性	25—29	100.00	0.00	0.00	0.00	1
	30—34	100.00	0.00	0.00	0.00	7
	35—39	50.00	50.00	0.00	0.00	2
	40—44	100.00	0.00	0.00	0.00	3
	45—49	100.00	0.00	0.00	0.00	2
	55—59	100.00	0.00	0.00	0.00	3
	60—64	93.85	6.15	0.00	0.00	65
	65—69	96.30	3.70	0.00	0.00	54
	70—74	87.72	10.53	0.00	1.75	57
	75—79	96.08	1.96	1.96	0.00	51
	80—84	87.88	12.12	0.00	0.00	33
	85 +	93.33	6.67	0.00	0.00	15
	总体	92.83	6.48	0.34	0.34	293

根据表2－7，调查村庄无论男女，绝大多数受访者以一次婚姻为主。当然，低龄者中一些人有可能出现不同形式的婚变而再婚，而60岁以上者的婚姻信息更有分析意义。我们看到，60岁以上男性只结过一次婚者占比在83%以上，女性则在87%以上。下面在对家庭扩展、缩小及解体考察中，主要以有一次婚姻行为的受访者为主。

二　家庭的扩展

一般来说，家庭扩展有多种方式，其中主要有两大类。一是由夫妇婚后即独立生活所组成的家庭，这类家庭的扩展表现为子女出生，传统说法为“添丁进口”，直接导致血缘关系成员增加，它也是一般家庭生命周期理论对家庭扩展方式的阐释。二是已有核心家庭的扩展，长大成人的子女娶媳或招婿后仍与父母共同生活，会使家庭在原有规模基础上增加姻缘关系成员，我们认为这也是家庭的扩展方式，其结果是核心家庭由此转化为直系家庭。进而，儿媳或招婿女儿生育子女，则使血缘关系成员增加，直系家庭代际延伸，这些都是家庭的扩展形式。可见，第二种家庭扩展实际包含有姻缘和血缘两种成员的增加。无论哪一种类型，其共同之处是生育子女，第一种形式是组成小家庭的夫妇生育子女，第二种形式是被娶进来的儿媳或招婿女儿生育子女。因而，考察生育行为特别是活产子女数量在家庭扩展中的作用尤为重要。在此，我们主要从生育角度认识家庭的扩展，所以强调对活产子女进行分析，是因为只有活产子女才属于家庭的真实成员，成为家庭扩展的符号和标志。

（一）受访者活产子女构成

从平均活产子女数量看，75—79 岁及以上年龄组最高，均在 4.5 个以上；60—64 岁及以下年龄组低于 3 个，40—44 岁及以下年龄组低于 2 个。更进一步看，75—79 岁组和 80—84 岁组有 5 个以上活产子女者超过 50%（见表 2 - 8）。

根据表 2 - 9，只结过一次婚的受访者的平均活产子女数量与表 2 - 8 不分婚次受访者的平均活产子女数量相比，差异不大。这主要是因为，多数受访者只有一次婚姻经历。

下面再按结婚时期对受访者平均活产子女数量进行考察。

根据表 2 - 10，除 1951—1955 年组稍有波动外，不同结婚时期的受访者活产子女数量随时期后移而降低。

以上分年龄组和分时期对受访者活产子女数量的统计表明，75 岁以上组和 1955 年前结婚者活产子女数量明显高于其他组受访者，原因是他们的生育行为基本不受生育控制政策的影响，随其所愿完成生育过程；60—70 岁组或 20 世纪 50 年代中期之后至 70 年代初之前结婚的受访者，多育行为受到限制，但仍能保持 3 个左右的平均活产子女数量；45—55 岁年龄组和 1972—1989 年结婚的受访者，其起始生育行为即受到生育控制政策的影响，平均活产子女数量进一步降至 2 个；35—40 岁年龄组和 1990—1999 年结婚的受访者活产子女数量降至 2 个以下。20—30 岁组或 2000 年以后结婚的受访者平均活产子女水平最低，但他们中有的可能会继续生育，当然其生育水平的提升是有限的。

表 2－8　　不同年龄组受访者活产子女数量构成

单位：%

年龄组（岁）	0	1	2	3	4	5	6	7	8	9	5个以上活产子女比例小计	平均活产子女数量（个）	样本量（个）
20—24	0.00	100.00	0.00	0.00	0.00	0.00	0.00	0.00	0.00	0.00		1.00	1
25—29	25.00	58.33	16.67	0.00	0.00	0.00	0.00	0.00	0.00	0.00		0.92	12
30—34	2.33	41.86	53.49	2.33	0.00	0.00	0.00	0.00	0.00	0.00		1.56	43
35—39	1.79	31.25	63.39	2.68	0.89	0.00	0.00	0.00	0.00	0.00		1.70	112
40—44	0.00	15.96	75.53	8.51	0.00	0.00	0.00	0.00	0.00	0.00		1.93	94
45—49	0.00	9.23	58.46	32.31	0.00	0.00	0.00	0.00	0.00	0.00		2.23	65
50—54	0.00	12.96	44.44	38.89	3.70	0.00	0.00	0.00	0.00	0.00		2.33	54
55—59	0.00	12.77	42.55	27.66	12.77	4.26	0.00	0.00	0.00	0.00	4.26	2.53	47
60—64	0.00	4.93	27.46	42.25	19.72	4.23	1.41	0.00	0.00	0.00	5.64	2.95	142
65—69	0.00	8.06	10.48	29.84	33.87	12.90	2.42	1.61	0.00	0.81	17.74	3.52	124
70—74	0.00	8.26	8.26	19.01	20.66	28.93	6.61	6.61	1.65	0.00	43.8	4.08	121
75—79	0.00	3.95	3.95	11.84	26.32	28.95	13.16	6.58	5.26	0.00	53.95	4.64	76
80—84	0.00	3.39	6.78	10.17	28.81	18.64	13.56	10.17	3.39	5.08	50.84	4.81	59
85 +	0.00	3.70	14.81	7.41	25.93	18.52	11.11	14.81	3.70	0.00	48.14	4.52	27
总体	0.61	13.10	32.96	20.88	15.15	9.93	3.48	2.56	0.92	0.41	17.3	3.02	977
样本量	6	128	322	204	148	97	34	25	9	4			

表 2-9　结过一次婚受访者活产子女数量构成

单位:%

年龄组（岁）	0	1	2	3	4	5	6	7	8	9	5 个以上活产子女比例小计	平均活产子女数量（个）	样本量（个）
20—24	0.00	100.00										1.00	1
25—29	18.18	63.64	18.18									1.00	11
30—34	2.38	42.86	52.38	2.38								1.55	42
35—39	1.80	31.53	63.06	2.70	0.90							1.69	111
40—44	0.00	15.38	75.82	8.79								1.93	91
45—49	0.00	9.23	58.46	32.31								2.23	65
50—54	0.00	13.21	45.28	37.74	3.77							2.32	53
55—59	0.00	13.04	43.48	28.26	10.87	4.35	0.00	0.00	0.00	0.00	4.35	2.50	46
60—64	0.00	5.04	28.06	42.45	18.71	4.32	1.44	0.00	0.00	0.00	5.76	2.94	139
65—69	0.00	8.33	10.83	29.17	35.00	12.50	2.50	1.67	0.00	0.00	16.67	3.47	120
70—74	0.00	8.33	8.33	19.44	17.59	31.48	6.48	6.48	1.85	0.00	46.29	4.10	108
75—79	0.00	1.43	4.29	11.43	25.71	30.00	14.29	7.14	5.71	0.00	57.14	4.79	70
80—84	0.00	3.85	5.77	9.62	26.92	21.15	13.46	9.62	3.85	5.77	53.85	4.88	52
85 +	0.00	4.17	12.50	8.33	29.17	20.83	12.50	12.50	0.00	0.00	45.83	4.38	24
总体	0.54	13.29	33.76	21.01	14.36	10.08	3.43	2.36	0.86	0.32	17.05	2.98	933

表 2－10　不同年龄组受访者活产子女数量构成

单位：%

结婚时期	0	1	2	3	4	5	6	7	8	9	5 个以上活产子女比例小计	平均活产子女数量（个）	中位子女数量（个）	样本量（个）
1946 年前	0.00	1.45	7.25	5.80	23.19	26.09	15.94	11.59	4.35	4.35	62.32	5.07	5.00	69
1947—1950 年	0.00	5.26	5.26	15.79	28.07	26.32	5.26	8.77	5.26	0.00	45.61	4.42	4.00	57
1951—1955 年	0.00	2.90	2.90	13.04	23.19	31.88	17.39	5.80	2.90	0.00	57.97	4.68	5.00	69
1956—1965 年	0.00	7.43	6.86	30.86	31.43	18.29	2.29	2.86	0.00	0.00	23.44	3.65	4.00	175
1966—1971 年	0.00	0.90	26.13	45.95	19.82	5.41	1.80	0.00	0.00	0.00	7.21	3.08	3.00	111
1972—1982 年	0.00	14.62	52.31	26.15	6.15	0.77	0.00	0.00	0.00	0.00	0.77	2.26	2.00	130
1983—1989 年	0.00	12.84	66.89	20.27	0.00	0.00	0.00	0.00	0.00	0.00	0	2.07	2.00	148
1990—1999 年	1.42	31.21	63.83	2.84	0.71	0.00	0.00	0.00	0.00	0.00	0	1.70	2.00	141
2000—2008 年	9.09	66.67	21.21	3.03	0.00	0.00	0.00	0.00	0.00	0.00	0	1.18	1.00	33
总体	0.54	13.29	33.76	21.01	14.36	10.08	3.43	2.36	0.86	0.32	17.05	2.98	3.00	933

（二）不同子女数量与家庭扩展过程

通过前面对不同年龄组受访者和不同时期结婚受访者活产子女数量所作统计，我们对其家庭扩展过程所延续的时间将有所认识（见表2－11）。

表2－11　不同年龄组受访者初婚与活产子女数量的时间间隔　单位：年

年龄组（岁）	初婚与初育间隔	初婚与2孩间隔	初婚与3孩间隔	初婚与4孩间隔	初婚与5孩间隔	初婚与6孩间隔	初婚与7孩间隔	初婚与8孩间隔	初婚与9孩间隔	平均活产子女数量（个）
20—24	2.00									1.00
25—29	1.56	5.50								1.00
30—34	1.32	7.25	14.00							1.56
35—39	1.76	8.42	7.25	12.00						1.70
40—44	1.51	6.10	7.00							1.93
45—49	1.52	4.63	5.74							2.23
50—54	1.43	4.53	7.00	8.50						2.33
55—59	1.66	4.63	7.43	10.25	12.50					2.53
60—64	1.98	4.89	8.26	10.91	15.57	14.00				2.95
65—69	2.68	5.28	8.18	11.15	13.55	16.33	21.67			3.52
70—74	2.92	5.82	9.26	12.43	15.06	14.50	14.00	13.00	17.00	4.08
75—79	3.25	7.21	11.34	14.38	16.54	17.94	18.71	21.00		4.64
80—84	3.75	7.91	11.70	15.43	17.62	18.94	22.30	26.00		4.81
85＋	3.56	7.50	11.82	15.65	17.46	19.57	22.80			4.52
总体	2.25	5.99	9.15	12.96	15.84	17.26	19.23	20.00		3.02
样本量（个）	933	826	512	309	161	68	35	12	1	

在977个总样本中，6个无活产子女。971个有1孩的样本中，亲生子女为933个，占95.50%；继子女为24个，占2.46%；养子女为14个，占1.43%。在受访者婚育间隔考察中，我们主要统计有亲生子女者。

843个有2孩样本中，15个为继子女，2个为养子女，亲生子女为826个。

518个有3孩样本中，5个为继子女，1个为养子女，亲生子女为512个。

313个有4孩样本中，3个为继子女，1个为养子女，亲生子女为309个。

163个有5孩样本中，2个为继子女，亲生子女为161个。

6个以上孩子样本均为亲生子女。

根据表2－11，不同年龄组受访者不仅活产子女数量构成有别，而且生育数量相同、生育间隔因年龄不同而有差异。以生育一个孩子为例，65岁以上组初婚与初育间隔均超过2年，75岁组更在3年以上。我们认为，这有两方面的原因，一是高龄者的初育年龄在20世纪50年代甚至50年代之前，当时婴儿死亡率相对较高。那些虽活产但婴儿期死亡的孩子，受访者往往不愿如实告知，这会使婚育间隔扩大。二是高龄组受访者早婚比例相对较高，不少研究发现，早婚并不一定带来早育①，反而使婚育间隔增大。

根据表2－12所获得的各个时期活产不同子女构成的出生间隔信息，我们以活产子女中位数量计算不同时期家庭扩展的时长。时长计算有两个途径，一是从第一个子女出生开始年份算起，二是从夫妇初婚年份算起。另外，要认识不同结婚时期受访者家庭扩展过程和时长，还要对各个阶段活产子女数量有所把握。为便于计算，我们以中位子女数量为基础，而非平均子女数量。

① 王跃生：《社会变革与婚姻家庭变动——20世纪30—90年代的冀南农村》，生活·读书·新知三联书店2004年版，第138—150页。

表 2－12　不同时期结婚受访者生育子女间隔

单位：年

结婚时期	初婚与初育间隔	2孩与1孩间隔	3孩与2孩间隔	4孩与3孩间隔	5孩与4孩间隔	6孩与5孩间隔	7孩与6孩间隔	8孩与7孩间隔	9孩与8孩间隔	平均活产子女数量（个）	中位活产子女数（个）	以中位活产子女数为基础的扩展期长度	初婚至扩展完成的时间长度
1946年前	4.01	4.24	4.40	4.25	3.91	3.48	3.79	2.25	—	5.00	5	16.8	20.81
1947—1950年	3.25	4.37	4.10	3.81	3.16	3.27	2.43	2.75	—	4.31	4	12.28	15.53
1951—1955年	2.20	3.41	4.12	3.47	3.04	3.41	4.20	2.33	—	4.71	5	14.04	16.24
1956—1965年	3.13	3.19	3.38	3.50	3.70	3.44	3.25	—	—	3.60	4	10.07	13.2
1966—1971年	1.69	3.21	4.18	3.86	5.00	2.00	—	—	—	3.17	3	7.39	9.08
1972—1982年	1.95	3.90	3.44	3.00	2.00	—	—	—	—	2.29	2	3.90	5.85
1983—1989年	1.57	4.02	3.00	—	—	—	—	—	—	2.07	2	4.02	5.59
1990—1999年	1.89	7.24	1.75	3.00	—	—	—	—	—	1.70	2	7.24	9.13
2000—2008年	1.70	5.56	—	—	—	—	—	—	—	1.23	1	—	1.7
总体	2.34	4.10	3.80	3.71	3.53	3.40	3.57	2.45	—	3.02	3	7.90	10.24
样本量（个）	933	826	512	309	161	68	35	12	1	—	—	—	—

按照第一种口径，各个时期结婚者中，1946 年前和 1951—1955 年结婚受访者的中位子女数最多，均为 5 个，两者的家庭扩展期分别为 16.8 年和 14.04 年。1947—1950 年和 1956—1965 年结婚者的中位子女数均为 4 个，其家庭扩展期分别为 12.28 年和 10.07 年。在我们看来，1955 年结婚的受访者的生育行为基本上没有受到生育控制政策的影响，是自然生育行为的反映，故而三个时期中两个时期的中位活产子女数量达到 5 个。1956—1965 年结婚的受访者 4 个以上多孩活产生育开始受到生育控制政策的影响，但尚处于过渡期，故多育是主流，其扩展过程仍超过 10 年。1966—1971 年结婚的受访者，其中位活产子女数降为 3 个，扩展期为 7.39 年。1972 年之后，计划生育政策对调查地区民众产生直接影响，但独生子女政策并没有为人们所接受，故而直到 1999 年，中位生育子女数均为 2 个，不过扩展期时长有别。1972—1982 年和 1983—1989 年扩展期时长为 4 年左右，而 1990—1999 年则为 7 年以上。这或许与“二胎”生育控制力度逐渐增大有关。2000 年以后结婚者的中位活产子女数为 1 个，但其中一些人有可能生育“二胎”。

（三）从初婚至扩展完成

根据表 2－13，调查地区不同时期结婚的受访者在 40 岁之前其家庭的扩展过程即已完成。即使生育水平最高的 1946 年前完婚者，男至 38.31 岁、女 37.81 岁即完成了生育过程。至于 1966 年以后结婚者，至 30 岁或 30 岁多一点，生育行为即已结束。

表 2－13　　不同时期结婚的受访者初婚和扩展完成时年龄　　单位：岁

结婚时期	男					女				
	平均初婚年龄	中位初婚年龄	生育末孩年龄	初婚至末孩生育间隔	样本量（个）	平均初婚年龄	中位初婚年龄	生育末孩年龄	初婚至末孩生育间隔	样本量（个）
1946 年前	18.16	17.50	38.31	20.81	32	17.17	17.00	37.81	20.81	46
1947—1950 年	18.70	18.00	33.53	15.53	23	18.49	18.00	33.53	15.53	37
1951—1955 年	20.72	20.00	36.24	16.24	29	19.08	18.50	34.74	16.24	52
1956—1965 年	21.34	21.00	34.2	13.2	90	20.04	19.00	32.2	13.2	96

续表

结婚时期	男					女				
	平均初婚年龄	中位初婚年龄	生育末孩年龄	初婚至末孩生育间隔	样本量（个）	平均初婚年龄	中位初婚年龄	生育末孩年龄	初婚至末孩生育间隔	样本量（个）
1966—1971 年	24.07	23.00	32.08	9.08	73	21.56	22.00	31.08	9.08	39
1972—1982 年	25.60	25.00	30.85	5.85	124	25.63	25.00	30.85	5.85	8
1983—1989 年	22.59	22.00	27.59	5.59	145	21.80	22.00	27.59	5.59	5
1990—1999 年	23.39	22.00	31.13	9.13	137	20.57	21.00	30.13	9.13	7
2000—2008 年	27.10	26.00	27.7	1.7	31	24.33	23.00	24.7	1.7	3
总体	23.08	22.00	32.24	10.24	684	19.66	19.00	29.24	10.24	293

以上仅对家庭扩展的主要形式——活产子女进行了分析。由此可以看出，不同年龄组和不同时期结婚的受访者其家庭扩展过程因活产子女数量有别表现出很大差异。而在中国当代农村，这种差异首先是生育控制政策推动的结果，其次与政策约束和经济发展之下民众生育行为和抚育方式的改变有关。

三　家庭的收缩

从一般意义上讲，家庭收缩主要表现为子女成年后离家上学、就业和结婚。如前所言，在男娶女嫁婚姻模式保持的中国农村环境中，结婚对女儿来说是其离开父母家并使父母之家出现收缩的一个因素；对男孩而言，其将外来女子娶进来并与父母继续生活一段时间，则结婚不仅不是父母之家收缩的开始，而且是家庭扩展的一种形式。故此，从子女角度看，结婚对家庭的收缩和扩展作用有性别之不同。但也应注意到这一点，结婚毕竟是占子女数量一半的女儿离家并导致原生家庭收缩的一种方式；另外，在多子家庭，它也是儿子与父母分爨、引起母家庭收缩的重要前提，所以将子女结婚视为农村家庭收缩的一个重要因素加以分析也是必要的。在此基础上，再考察分家及其他因素的影响。

（一）子女结婚与家庭收缩

1. 子女结婚的年龄

对子女结婚年龄进行分析至少有助于认识女儿离开父母家庭的时间，进而对家庭收缩开始时父母的年龄有所了解。

一般习惯下，在具体的家庭中，子女的结婚顺位往往遵循子女的年龄顺位，即长子女结婚在前，次子女在后。但也应看到，子女因性别和个人相貌、能力等方面的差异，在一些家庭，子女婚序会打破年龄之序。因而，要考察家庭的收缩过程，就需将年龄在后但结婚在前的子女按照结婚先后进行调整。

我们先不分子女性别对其婚姻延续过程状态加以认识（见表2－14）。

假设子女结婚后即与父母分开生活，那么夫妇平均初育年龄加上第一个子女结婚年龄，就是该夫妇家庭收缩的始点。根据表2－14数据，1946年前结婚的受访者，家庭收缩发生时，夫妇约为43岁。此后，一直到1982年，丈夫年龄处于增加状态，妻子年龄则稍有波动。其中1972—1982年结婚组，家庭收缩时夫妇年龄均为最高，分别为50.33岁和47.97岁。

那么，从第一个子女结婚到最后一个子女完婚，这一过程要延续多久？因家庭子女数量不同而有差异。我们在此只统计不同时期结婚夫妇的中位子女数，以便对其子女结婚过程的时长有一般了解。1946年结婚者中位数最大，为5个，子女结婚过程延续时间超过20年。所有子女完婚时夫妇年龄均超过60岁，分别为64.93岁和64.38岁。1947年组和1951年组子女结婚延续时间相近，故完婚时夫妇年龄也接近，约为58岁、59岁的水平。值得注意的是，1956年和1966年结婚组男性中位子女数完婚后其年龄相当，处于56—59岁之间，而其配偶在53—56岁之间。1972—1982年结婚者因子女数量减少，子女完婚后的年龄降至约53岁和51岁。1983—1989年结婚的受访者虽有子女已婚，也多为长子女，第二个子女尚未婚配。

表 2－14　子女结婚延续过程

结婚时期	父亲初育年龄（岁）	母亲初育年龄（岁）	父女角度的家庭收缩年龄（岁）	母女角度的家庭收缩年龄（岁）	子女初婚间隔								以中位子女数为基础的子女结婚延续时间（年）	中位子女数均完婚时父亲年龄（岁）	中位子女数均完婚时母亲年龄（岁）
					第1个子女初婚年龄（岁）	第2个子女与第1个子女（年）	第3个子女与第2个子女（年）	第4个子女与第3个子女（年）	第5个子女与第4个子女（年）	第6个子女与第5个子女（年）	第7个子女与第6个子女（年）	第8个子女与第7个子女（年）			
1946年前	21.79	21.24	43.51	42.96	21.72	6.15	5.32	6.00	3.95	4.23	3.64	2.67	21.42	64.93	64.38
1947—1950年	21.51	21.7	43.59	43.78	22.08	5.11	5.29	4.66	4.13	3.14	2.40	6.00	15.06	58.65	58.84
1951—1955年	22.42	21.35	44.55	43.48	22.13	3.81	4.32	3.40	3.47	3.37	4.67	1.67	15.00	59.55	58.48
1956—1965年	24.94	23.39	46.56	45.01	21.62	3.82	3.71	5.21	3.79	5.22	2.75		12.74	59.3	57.75
1966—1971年	25.35	22.7	47.21	44.56	21.86	4.10	4.82	3.73	5.00				8.92	56.13	53.48
1972—1982年	27.57	25.21	50.33	47.97	22.76	3.48	4.21	2.50					3.48	53.81	51.45
1983—1989年	24.18	23.16	46.08	45.06	21.90								1.00	47.08	46.06
1990—1999年	25.22	24.37													
2000—2008年	28.55	27.17													
总体	25.14	23.52	47.14	45.52	22.00	4.23	4.46	4.74	3.82	3.96	3.62	3.44			

依照以上统计数据我们可以说，家庭收缩（若以第一个子女结婚为标准）开始得较早的受访者其家庭收缩完成的时间也较晚。如1946年前结婚者家庭收缩约始于43岁，而其收缩完成年龄超过64岁，表明其养育子女负担较重，至年老时才能完成所有子女的婚配。而1947—1965年结婚者其家庭收缩完成时的年龄比较接近，处于57—59岁之间。由于养育子女数量减少，70年代以后结婚者家庭收缩完成时的年龄明显降低，处于50岁上下的水平。80年代结婚者至中年时子女均已婚配。

我们下面可从不同年龄组受访者子女婚姻状况角度进一步认识家庭收缩过程。

表2－15是对各年龄组受访者所有子女婚姻状况的统计。未婚以外的四种类型均可视为已婚。35—39岁组和40—44岁组受访者的子女多数未婚。转变发生在50—54岁组，受访者子女已婚比例超过50%。至60—64岁组，其子女90%以上已婚。可见，理论上至60岁时，因绝大多数子女已婚，老年人进入“空巢”状态的可能性提高。

表2－15　　**子女婚姻状况构成**　　单位:%

年龄组（岁）	未婚	初婚	再婚	丧偶	离婚	已婚合计	样本量（个）
35—39	96.43	3.57	0.00	0.00	0.00	3.57	28
40—44	90.52	9.48	0.00	0.00	0.00	9.48	116
45—49	72.44	27.56	0.00	0.00	0.00	27.56	127
50—54	42.86	56.35	0.79	0.00	0.00	57.14	126
55—59	27.03	70.27	1.80	0.00	0.90	72.97	111
60—64	7.02	88.47	2.76	0.25	1.50	92.98	399
65—69	5.08	92.74	1.21	0.24	0.73	94.92	413
70—74	6.51	88.24	1.05	1.68	2.52	93.49	476
75—79	5.04	90.21	1.19	2.37	1.19	94.96	337
80—84	3.14	92.55	1.96	2.35	0.00	96.86	255
85＋	4.84	87.90	0.81	5.65	0.81	95.17	124
总体	16.68	79.66	1.35	1.23	1.07	83.31	2512

2. 分性别考察——以女儿为中心

正如前言，在子女中间，女儿出嫁对家庭收缩的影响最为直接，多子家庭的儿子婚后往往要与父母生活一段时间，独子（包括一子多女）则可能一直与父母共同生活下去（至少农村多数情形如此）。因而，我们不能将儿子结婚视为家庭收缩或进一步收缩的标志性事件。而除个别女儿招赘婚姻类型外，多数女儿婚后是要离开父母之家的。所以在此我们仅对女儿结婚对父母家庭的影响进行考察。

根据表2-16，将第一个女儿出嫁时父母的年龄与前面不分性别第一个子女初婚时父母的年龄结果进行比较，可以发现两者差异不大。

表2-16　　不同时期结婚的受访者第一个女儿初婚年龄　　单位：岁

结婚时期	父亲初育年龄	母亲初育年龄	女性初婚年龄	家庭收缩时父亲年龄	家庭收缩时母亲年龄	样本量（个）
1946年前	21.79	21.24	21.33	43.12	42.57	37
1947—1950年	21.51	21.7	22.20	43.71	43.9	35
1951—1955年	22.42	21.35	22.62	45.04	43.97	40
1956—1965年	24.94	23.39	21.63	46.57	45.02	79
1966—1971年	25.35	22.7	21.60	46.95	44.3	62
1972—1982年	27.57	25.21	23.63	51.2	48.84	68
1983—1989年	24.18	23.16	—	—	—	70
1990—1999年	25.22	24.37	—	—	—	65
2000—2008年	28.55	27.17	—	—	—	16
总体	25.14	23.52	21.94	45.02	41.6	472

一般来说，第一个女儿结婚时父母的年龄受两个因素所决定，一是父母初育时的年龄，二是第一个女儿初婚时的年龄。女儿结婚时父母的年龄实际是亲代初育年龄与子代初婚年龄的叠加。依据表2-16数据，1946年前结婚的受访者，第一个女儿出嫁时父母的实际年龄与1972—1982年相比，两者约相差8岁和6岁，即前者明显早于后者。而差异主要表现在前者初育相对较早。

（二）分家与家庭收缩

在我们看来，对有儿子，特别是有2个以上儿子的夫妇来说，儿子婚后分爨单过是家庭收缩的主要因素。为了对儿子分爨与否有比较完整的认识，我们在此主要考察65岁以上老年夫妇的儿子分家状况。

1. 儿子数量构成与分爨

表2－17中，无子老年人都有女儿。多数65岁以上受访者有2个及以上儿子，存在分爨生活的可能性。

表2－17　　65岁及以上受访者儿子数量构成　　单位:%

年龄组（岁）	0	1	2	3子及以上小计	2子及以上小计	样本量（个）
65—69	7.50	32.50	35.00	25.00	60.00	120
70—74	3.33	29.17	38.33	29.17	67.50	120
75—79	1.27	24.05	29.11	45.57	74.68	79
80—84	3.57	21.43	33.93	41.07	75.00	56
85+	3.33	23.33	36.67	36.67	73.34	30
总体	4.20	27.65	34.81	33.33	68.14	405

下面我们主要看一下有子受访者与儿子分爨生活或有分爨生活经历的比例（见表2－18）。

表2－18　　65岁及以上受访者儿子数量与分爨关系　　单位:%

年龄组（岁）	1子			2子			3子及以上		
	分过	未分过	样本量（个）	分过	未分过	样本量（个）	分过	未分过	样本量（个）
65—69	35.90	64.10	39	90.48	9.52	42	96.67	3.33	30
70—74	31.43	68.57	35	91.30	8.70	46	97.14	2.86	35
75—79	15.79	84.21	19	90.48	9.52	21	97.22	2.78	36
80—84	16.67	83.33	12	68.42	31.58	19	86.96	13.04	23
85+	14.29	85.71	7	54.55	45.45	110	81.82	18.18	11
总体	27.68	72.32	112	84.89	15.11	139	94.07	5.93	135

根据表 2－18，有 1 子的受访者多数未与儿子分开生活，但 65—69 岁和 70—74 岁低龄组分开生活比例相对较高，超过 30%。而有 2 子和 3 子及以上者则以分开生活居多。不过他们内部也有年龄组之分，如 2 子中，75—79 岁以下组超过 90% 与儿子有分的行为，85 岁及以上组则低于 60%；3 子及以上受访者中，75—79 岁以下组超过 96% 与儿子有分的经历，80—84 岁以上者则在 90% 以下。需要指出，有 2 子以上的受访者未与儿子分开过，并非他们与两个成年已婚儿子组成复合家庭，而是另一儿子在外地工作，老年人与在村居住的儿子生活；或者其他儿子分出生活，受访老年人与其中一个共爨生活。

2. 婚分间隔

在此我们考察亲子之间有分爨行为者的构成状况。

根据表 2－19，不同年龄组受访者的成年儿子数量并不高，处于 1.85—2.48 之间，75—79 岁及以上高龄组受访者儿子平均数相对较高。

表 2－19　65 岁及以上受访者儿子结婚与分爨间隔　单位：年

年龄组（岁）	第 1 个结婚儿子婚分间隔	第 2 个结婚儿子婚分间隔	第 3 个结婚儿子婚分间隔	第 4 个结婚儿子婚分间隔	第 5 个结婚儿子婚分间隔	平均成年儿子数量（个）
65—69	2.17	1.73	1.56	0.56	1.63	1.85
70—74	2.33	2.22	2.70	1.82	1.13	2.06
75—79	2.00	1.89	0.79	0.75	0.61	2.43
80—84	1.88	1.50	1.46	1.08	7.75	2.48
85 +	3.71	2.86	1.38	0.80	0.67	2.17
总体	2.24	1.96	1.74	1.12	2.40	2.14

应该说，除个别年龄组外，多数年龄组老年人前两个儿子的平均婚分间隔为 2 年左右。

根据表 2－20，与儿子有分爨行为的受访者中，儿子结婚当年亲子分开的份额最大。进一步看，若有 3 个儿子，第 3 个儿子结婚当年分开生活的整体水平超过 50%。当然，多数情况下，儿子婚后一般要与父母共同生活几个月。值得注意的是，不少农村从20世纪70年代开始，儿子准备结婚时，父母多可从集体经济组织或村委会得到一块宅基地，用于给结婚子女盖婚房。而新房多在村庄边缘地带，新宅和旧宅之间往往有一段距离。这也促使住在旧宅的父母与以新宅为家的儿子分成两个生活单位。

表2-20 65岁及以上受访者儿子婚分间隔构成 单位:%

	年龄组（岁）	结婚当年	结婚第二年	结婚2年以上不足3年	结婚3年以上不足4年	结婚4年以上不足5年	5年以上	1年左右小计	不足3年小计
第1个结婚儿子	65—69	34.78	19.57	17.39	8.70	6.52	13.04	54.35	71.74
	70—74	44.44	16.67	5.56	5.56	5.56	22.22	61.11	66.67
	75—79	42.86	9.52	9.52	23.81	4.76	9.52	52.38	61.90
	80—84	41.18	5.88	17.65	11.76	11.76	11.76	47.06	64.71
	85+	57.14	0.00	0.00	0.00	0.00	42.86	57.14	57.14
	总体	40.94	14.17	11.81	10.24	6.30	16.54	55.12	66.93
第2个结婚儿子	65—69	36.59	21.95	14.63	14.63	2.44	9.76	58.54	73.17
	70—74	43.24	13.51	5.41	16.22	10.81	10.81	56.76	62.16
	75—79	47.37	10.53	15.79	0.00	5.26	21.05	57.89	73.68
	80—84	38.89	5.56	33.33	16.67	0.00	5.56	44.44	77.78
	85+	42.86	14.29	0.00	14.29	0.00	28.57	57.14	57.14
	总体	40.98	14.75	13.93	13.11	4.92	12.30	55.74	69.67
第3个结婚儿子	65—69	52.78	13.89	16.67	5.56	2.78	8.33	66.67	83.33
	70—74	37.21	18.60	9.30	9.30	9.30	16.28	55.81	65.12
	75—79	68.97	13.79	6.90	6.90	0.00	3.45	82.76	89.66
	80—84	61.54	0.00	15.38	7.69	7.69	7.69	61.54	76.92
	85+	75.00	0.00	12.50	0.00	0.00	12.50	75.00	87.50
	总体	53.49	13.18	11.63	6.98	4.65	10.08	66.67	78.29

在三种类型中，就总体而言，一年左右分开者均超过50%。不足3年分开者超过65%，其中第2个和3个结婚儿子则分别达到

70%和78%。可见，受访者的儿子婚后短时间与父母分爨成为主导。

65岁以上受访者儿子的结婚时间多在20世纪60年代、70年代及其以后，农村形成了子代婚后短时间内即与父母分爨的格局，多子家庭这种状况尤其突出。

四 “空巢”家庭

家庭“空巢”实际是一种带有比喻性质的说法，意指由父母与子女所组成的家庭因子女成年具有独立生活能力而离家，像鸟类一样，幼鸟长大飞离原来被孵化、哺育之巢。对人类来说，空巢之“空”虽有“子去屋空”之意，但更多的是空寂，而非“无人居住”，因为老年父母仍然守着这个家室。

与传统时代多代同堂生活于一个屋檐之下，祖辈、亲代和孙辈同爨共食的热闹场景相比，“空巢”在一定程度上使生活单位显得孤零，只有夫妇朝夕相伴。我们认为，对于“空巢”家庭，很难用“好”与“不好”这类价值标准来衡量，在一定程度可以说它是利弊相连的。“利”表现为父母摆脱了抚育子女、孙子女之累，炊煮之劳大大减轻，得以过相对安静的生活。“弊”实际主要反映在老年“空巢”居住者身上，当生活自理能力降低时，日常饮食不得不勉为其难；而当社会参与能力、获得信息能力降低之时，独居颇显孤寂，甚至有凄楚之感。

我们在此不对具有情感色彩的“空巢”现象和问题进行分析，主要考察地区这种居住形式的状态和表现。

表2-21中，有子女的夫妇在子女均婚后以夫妇家庭形式居住，可视为“空巢”类型。可见，60—64岁组以下，“空巢”的构成并不规则，但65岁以上组基本上呈逐渐递减之势。

表 2 - 21　调查时子女均结婚的受访者"空巢"比例　单位:%

年龄组（岁）	夫妇家庭	其他核心家庭	直系家庭	轮养	单独居住	样本量（个）
40—44	50.00	25.00	25.00	0.00	0.00	4
45—49	25.00	12.50	62.50	0.00	0.00	8
50—54	62.50	0.00	37.50	0.00	0.00	16
55—59	39.13	0.00	60.87	0.00	0.00	23
60—64	46.79	2.75	42.20	2.75	5.50	109
65—69	42.57	0.00	31.68	10.89	14.85	101
70—74	32.98	2.13	27.66	12.77	24.47	94
75—79	36.36	0.00	27.27	18.18	18.18	55
80—84	10.42	0.00	39.58	35.42	14.58	48
85 +	0.00	0.00	50.00	33.33	16.67	24
总体	35.89	1.45	36.51	12.66	13.49	482

需要指出，调查时点受访者的居住方式，并不完全代表其子女均婚或儿子分爨后的居住方式，也难据此确定调查对象中有"空巢"生活经历者的"空巢"时点。

在前面的分析中，我们曾计算过不同结婚时期受访者子女全部结婚时的年龄，考虑到儿子并非一结婚就与父母分爨，我们认为，若将所有儿子结婚时父母的年龄加上儿子与父母的平均婚分间隔时间，即为有分爨行为受访者的"空巢"时间。

表 2 - 22 对空巢时夫妇年龄所作统计是以平均水平为基础的。1965 年前结婚者，进入"空巢"状态的平均年龄超过或接近 60 岁。1966—1982 年结婚者的平均空巢年龄低于 60 岁，在 55 岁上下。而 1983 年之后结婚者的平均空巢年龄均在 50 岁以下，中年"空巢"现象开始显现（见表 2 - 22）。

表 2-22　不同时期结婚的受访者所有子女均婚和离家时的年龄

结婚时期	中位子女数均完婚时父亲年龄（岁）	中位子女数均完婚时母亲年龄（岁）	平均婚分间隔（年）	"空巢"时父亲年龄（岁）	"空巢"时母亲年龄（岁）
1946 年前	64.93	64.38	2	66.93	66.38
1947—1950 年	58.65	58.84	2	60.65	60.84
1951—1955 年	59.55	58.48	2	61.55	60.48
1956—1965 年	59.3	57.75	2	61.3	59.75
1966—1971 年	56.13	53.48	2	58.13	55.48
1972—1982 年	53.81	51.45	2	55.81	53.45
1983—1989 年	47.08	46.06	2	49.08	48.06

五　家庭的解体

按照一般家庭生命周期理论，家庭解体以丧偶或离婚这一事件为标志。而在目前我国多数农村，中老年人尽管有离婚行为，但总体上由此所导致的家庭解体比例并不高。丧偶应是家庭解体的主要因素。这一认识是否符合调查地区农村的状况？

在我们看来，对调查地区以丧偶为标志的家庭解体的认识有两种方式，一种是回溯性调查，这种调查多数情况下须依赖受访者子女的回忆，即对已去世父母的去世时间进行排序，前者的去世时间即是后者的家庭解体时间，其时存留父母一方的年龄即是他或她在家庭解体时的年龄。但这种调查难以将父母婚育和与子女分爨等生命事件状态揭示得很清楚，在对生命周期全面信息调查时不宜被采用。另一种是直接针对老年人进行调查，在家庭解体分析中仅对已丧偶的调查对象加以统计。其丧偶时间和年龄即是家庭解体的时间和解体时本人的年龄。但以此难以说明一个地区的家庭真实的解体状态，因为在当地还有一些夫妇健在的老年人，他们的家庭尚不能称为解体。因而，基于一种调查很难得到这种“两全”信息。在此只就第二种方法所获得的信息做一分析。

（一）不同年龄组受访者丧偶状况

本项调查数据显示，调查村庄受访男性丧偶起始于45岁组，女性起始于55岁组。而男性在45岁、50岁和55岁年龄组丧偶比例分别占3.03%、1.85%和1.69%；女性55岁组丧偶者仅为1.3%。男女丧偶率增长是在60岁及以上年龄组（见图2-1）。

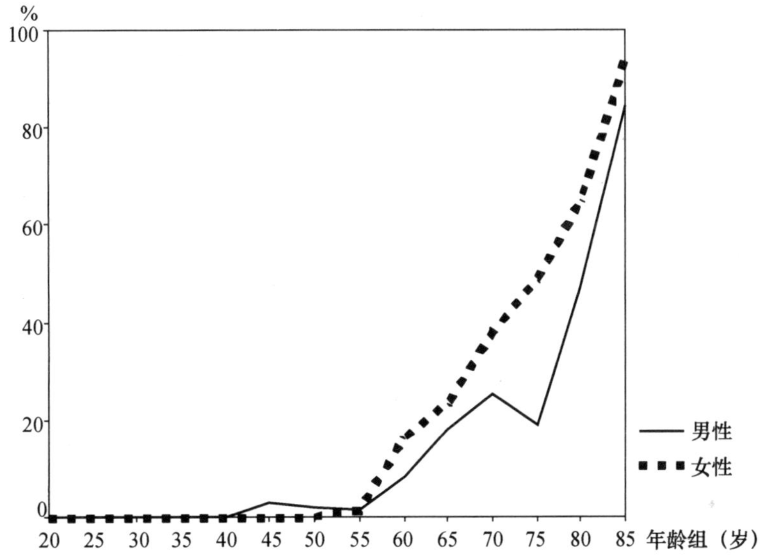

图2-1　不同年龄组受访者丧偶比例

下面我们着重看一下60岁以上组受访者的婚姻状态构成（见表2-23）。

表2-23　60岁及以上受访者婚姻状态构成　单位:%

	年龄组（岁）	初婚有配偶	再婚有配偶	丧偶	离婚	样本量（个）
男性	60—64	88.31	0.00	10.39	1.30	77
	65—69	72.86	1.43	25.71	0.00	70
	70—74	54.69	4.69	39.06	1.56	64
	75—79	52.00	12.00	36.00	0.00	25

续表

	年龄组（岁）	初婚有配偶	再婚有配偶	丧偶	离婚	样本量（个）
男性	80—84	38.46	0.00	61.54	0.00	26
	85 +	8.33	0.00	91.67	0.00	12
	总体	64.96	2.55	31.75	0.73	274
女性	60—64	69.23	3.08	27.69	0.00	65
	65—69	59.26	3.70	37.04	0.00	54
	70—74	40.35	3.51	54.39	1.75	57
	75—79	31.37	0.00	66.67	1.96	51
	80—84	12.12	9.09	78.79	0.00	33
	85 +	0.00	0.00	100.00	0.00	15
	总体	43.64	3.27	52.36	0.73	275

根据表 2－23，男性在 75—79 岁组时 50% 以上尚处于初婚有配偶状态，80—84 岁组超过 38%，只有 85 岁及以上组才明显降低，不足 10%。

60—64 岁及以上各年龄组女性有偶率低于男性，其中 75—79 岁组降至三分之一以下，85 岁及以上组则均处于丧偶状态。

若仅考察结过一次婚的 60 岁及以上受访者，男女有偶率特别是 80—84 岁组以下有偶率均比表 2－23 增加，其中男性 75—79 岁组有配偶比例仍超过 60%，80—84 岁组超过 40%；女性 75—79 岁以下组变动较小，仍在 1/3 以下（见表 2－24）。

表 2－24　结过一次婚的 60 岁及以上受访者婚姻状态构成　单位：%

性别	年龄组（岁）	有配偶	丧偶	离婚	样本量（个）
男性	60—64	88.31	10.39	1.30	77
	65—69	75.00	25.00	0.00	68
	70—74	61.72	36.21	1.72	58
	75—79	61.90	38.10	0.00	21
	80—84	43.48	56.52	0.00	23
	85 +	10.00	90.00	0.00	10
	总体	69.26	29.57	0.78	257

续表

性别	年龄组（岁）	有配偶	丧偶	离婚	样本量（个）
女性	60—64	72.58	27.42	0.00	62
	65—69	61.54	38.46	0.00	52
	70—74	44.00	56.00	0.00	50
	75—79	32.65	65.31	2.04	49
	80—84	13.79	82.76	0.00	29
	85 +	0.00	100.00	0.00	14
	总体	46.48	52.73	0.39	256

（二）平均丧偶年龄

要对不同年龄组老年人家庭解体时间（包括形式解体）有所认识，须在其丧偶基础上进一步确定其丧偶年龄。这里，主要对60岁及以上各年龄组男女受访者的丧偶年龄加以观察（见表2－25）。

表2－25　　分性别60岁及以上受访者丧偶年龄　　单位：岁

年龄组（岁）	男性			女性		
	平均丧偶年龄	中位丧偶年龄	样本量（个）	平均丧偶年龄	中位丧偶年龄	样本量（个）
60—64	50.38	50.50	8	51.61	54.00	18
65—69	60.11	63.00	18	58.90	62.00	20
70—74	58.88	66.00	25	60.13	61.00	31
75—79	62.00	73.00	9	64.12	68.50	34
80—84	69.19	71.00	16	66.00	70.00	26
85 +	64.09	70.00	11	64.40	62.00	15
总体	61.23	65.00	87	61.34	62.00	144

不同年龄组受访者丧偶年龄有较大差异，基本呈现出低龄组平均丧偶年龄相对较低的特征，但并非均如此。我们看到，本项调查中，无论男女，80—84岁组的丧偶年龄高于85岁及以上组。但我们据此很难给出一个统一的家庭解体时夫妇一方的年龄。或许可将丧偶比例

相对较高的80—84岁组平均丧偶年龄作为一个参考值，该年龄组男性平均丧偶年龄为69.19岁，女性为66岁。

六 结语和讨论

本章试图从家庭生命周期和夫妇生命历程结合的角度探讨家庭的建立、扩展、维系、收缩、“空巢”和解体的表现。一方面，由于中国农村家庭存在传统的家庭建立方式——夫妇初婚时多不单独生活，因而我们很难将结婚视为新家庭形成的起始点，依据规范的家庭生命周期理论来认识，应通过具有补充意义的夫妇生命历程理论对此进行分析。另一方面，中国农村家庭在20世纪50年代中期之后又逐渐显现出核心化的趋向，多子家庭亲子分爨逐渐普遍化，这使中国家庭变动的一些环节或阶段又契合家庭生命周期理论。

中国社会自20世纪40年代以来发生了一系列重要的变革，这直接影响了民众的婚姻、生育和家庭行为，男女初婚年龄在法律、政策和婚姻登记制度约束之下升高，育龄夫妇生育子女数量从20世纪70年代初期开始被生育控制政策所抑制，而亲子分爨、兄弟分家行为则因父母对家庭生存资料的控制弱化而增多。与此同时，农村父母进入老年阶段仍主要依赖子女养老，这在一定程度上使亲子同居家庭得到维系。由于社会变革具有阶段性，我们在分析中力求将受访者结婚的时期和年龄组分析结合起来，兼顾到人们所生活的社会环境和其生理性年龄变动对家庭生育周期的影响。

本项调查涉及河北农村1946年前至当代多个时期民众的家庭延续、变动历程。总的来看，20世纪50年代中期之前结婚者，保持了较多的早婚和多育习惯，也即家庭扩展延续过程较长。相应地，所有子女结婚离家时，父母则已进入老年，亦即存在老年“空巢”的可能性。而1956年以后至1965年结婚者，早婚率降低；多育行为在20世纪70年代受到抑制，但他们生育了相对理想数量的子女，以有3个子女居多；父母55岁左右时，子女多已婚配；至所有子女完婚并离开家庭，父母年龄接近60岁，属低龄老年“空巢”。1966年以后，特别是70年代初期进入婚龄者，在晚婚政策约束下，他们不得不推迟结婚时间；与此同时，生育控制政策在很大程度上矫正了多育观念，少育行为表现出来，家庭扩展的时间缩短，相应地家庭收缩过程变短。父母中年时子女便多已婚配，并可能进入“空巢”阶段。而80年代初期结婚的夫妇，在独生子女政策未被严格推行的农村环境中，生育2个子女占多数，子女均婚时他们的平均年龄尚不足50岁，中年即处于“空巢”状态者将更为普遍。

第三章　家庭生命周期、夫妇生命历程与家庭结构变动

家庭生命周期、夫妇生命历程与家庭结构之间存在密切关系。不同“周期”、“生命”阶段家庭成员的数量和家庭功能有变动，家庭结构也有区别。以往家庭结构研究多以时期数据为基础，即对特定时点的家庭结构进行分析，进而与其他时期加以比较，以便对局部或整体的家庭结构及其变动有所认识。这实际是对处于不同生命周期家庭类型的混合认识和“静态”考察。本章拟对年龄、结婚时间和生存环境相似的一批人主要生命阶段所生活的家庭类型进行分析，旨在将“静态”的家庭结构考察“动态化”。它有助于认识家庭人口事件及其变动对家庭结构的影响，把握家庭功能的阶段性特征。

一　生命历程事件完整者不同阶段的家庭结构

考察一批夫妇生命历程事件完整者不同阶段所生活的家庭有助于认识微观家庭的变动特征。此处的“完整”具有相对性，指夫妇婚后经历了生育、抚养子女、子女均婚和丧偶等基本生命事件。当然，他们中有的生命历程事件并非绝对的完整，如只生育了一个子女者就没有生育第二个子女或末子女的生命阶段，相应地也缺少第二个子女和末子女的婚配事件。但在我们看来，他们也属于生命历程事件完整之列者。

下面主要分析60岁及以上生命历程完整的亲代者在不同生命阶段所生活的家庭类型（见表3-1）。

表3-1　生命历程事件完整亲代受访者不同阶段所生活的家庭类型　单位：%

不同年龄组受访者生命阶段	核心家庭	直系家庭	复合家庭	多婚姻单位家庭小计	单人户	缺损家庭	轮养	其他	家庭规模	样本量（个）
80岁及以上组										
婚前	68.42	15.79	1.75	17.54	12.28			1.75	4.12	57
初婚	17.54	70.18	12.28	82.46					4.79	57
第一个子女出生时	45.61	42.11	12.28	54.39					5.09	57
第二个子女出生时	55.56	35.19	9.26	44.45					5.28	54
末胎子女出生时	69.57	30.43		30.43					7.28	46
第一个子女结婚时	59.65	40.35		40.35					6.00	57
第二个子女结婚时	41.51	50.94	7.55	58.49					6.58	53
最后一个子女结婚时	28.26	56.52	6.52	63.04	8.70				3.74	46
现在（2008年，下同）	0.00	47.37		47.37	19.30		33.33		2.82	57
70—79岁组										
婚前	67.11	15.79	2.63	18.42	10.53	2.63		1.32	4.07	76
初婚	17.11	69.74	13.16	82.9					4.76	76
第一个子女出生时	39.47	51.32	9.21	60.53					5.05	76
第二个子女出生时	52.17	40.58	7.25	47.83					5.26	69
末胎子女出生时	68.18	31.82		31.82					6.89	66
第一个子女结婚时	53.33	46.67		46.67					6.64	75

续表

不同年龄组受访者生命阶段	核心家庭	直系家庭	复合家庭	多婚姻单位家庭小计	单人户	缺损家庭	轮养	其他	家庭规模	样本量（个）
第二个子女结婚时	50.75	47.76	1.49	49.25					5.48	67
最后一个子女结婚时	18.18	62.12	10.61	72.73	9.09				3.64	66
现在		39.47		39.47	43.42		17.11		2.32	76
60—69 岁组										
婚前	71.43	22.45	2.04	24.49		4.08			4.67	49
初婚	8.16	71.43	20.41	91.84					5.39	49
第一个子女出生时	40.00	56.00	4.00	60.00					4.80	49
第二个子女出生时	55.81	41.86	2.33	44.19					4.81	43
末胎子女出生时	74.36	25.64		25.64					6.03	39
第一个子女结婚时	45.83	52.08	2.08	54.16					5.25	48
第二个子女结婚时	32.56	58.14	9.30	67.44					4.95	43
最后一个子女结婚时	23.68	57.89	7.89	65.78	10.53				3.55	38
现在		46.94		46.94	34.69		18.37		2.63	49

（一）变动描述

尽管结婚时间不同，三个年龄组受访者不同生命阶段所生活的家庭及其变动趋向却有相似或相近的表现。

婚前他们均以生活在核心家庭为主，即与父母一起生活。在多婚姻单位家庭生活者 70—79 岁组和 80 岁及以上组不足 20%，60—69 岁约占 1/4，这些多婚姻单位家庭以父母和祖父母形成的直系家庭占多数，也有少部分为父母与一个已婚儿子同居共爨。

初婚时均以在直系家庭生活为主，其中 80 岁及以上组、70—79 岁组和 60—69 岁组分别为 70.18%、69.74% 和 71.43%；复合家庭约占 15%；核心家庭不足 20%。若将复合家庭包括在内，初婚后在多婚姻单位家庭生活者分别为 82.46%、82.90% 和 91.84%。可见，大多数老年受访者新婚时并未建立自己独立的家庭，单独生活者均不足 20%；60 岁组更低，低于 10%。

第一个孩子出生时仍以生活在多婚姻单位家庭为主，但出现明显下降，80 岁及以上、70—79 岁和 60—69 岁组分别为 54.39%、60.53% 和 60.00%，减少幅度为 34.04%、26.98% 和 34.67%；核心家庭则分别升至 45.61%、39.47% 和 40.00%，增幅为 161.17%、130.68% 和 390.20%。这是核心家庭增加幅度最大的阶段，表明第一个孩子出生时，原来与父母（公婆）共同生活者开始分爨，组成自己的家庭。但就总体而言，此时独立生活仍未成为多数已婚者的选项。

第二个孩子出生时，核心家庭成为最大的家庭类型，三个年龄组均超过 50%，这是前一时期分爨行为延续的结果；多婚姻单位家庭则低于 50%。

最后一个孩子出生时三个年龄组核心家庭均成为主导家庭，达到 70% 上下，是各时期的峰值；直系家庭降至 30% 左右的水平；复合家庭已经消失。

第一个孩子结婚时核心家庭有所下降，但在 80 岁及以上组和 70—79 岁组中，它仍属最大的家庭类型，分别为 59.65% 和 53.33%；60 岁组则降为 45.83%。三个年龄组多婚姻单位家庭分别增至 40.35%、46.67% 和 54.16%，较前一阶段（末胎子女出生时）提高 32.60%、46.67% 和 111.23%，低龄组较高龄组增长幅度大。核心家庭降低是因为初婚儿子娶妻之后选择与父母共同生活，直接降低了核心家庭构成。初婚女儿以嫁出为主，对父母所生活的家庭结构影响很小，若独女且出嫁，影响则会表现出来。由此也可见，受访者第一个孩子结婚时与自己当年结婚时相比，在多婚姻单位家庭生活的比例已有较大幅度下降。

第二个孩子结婚时，80 岁及以上组多婚姻单位家庭重新成为最大的家庭类型，达58.49%；60—69岁组则进一步升至67.44%；70—79岁组核心家庭和多婚姻单位家庭基本持平，分别为50.75%和49.25%。多婚姻单位家庭增加同样是儿子结婚与父母共同生活所导致。

最后一个孩子结婚时三个年龄组多婚姻单位家庭分别升至63.04%、72.73%和65.78%。进一步统计可知，处于“空巢”状态者分别为28.26%、18.18%和23.68%。可见，子女均婚后处于“空巢”状态者为少数。

截至调查时，80岁及以上组以生活在直系家庭比例为最大，其次为轮养，分别为47.37%和33.33%。70—79岁组年龄以单独生活为最大，占43.42%；其次为直系家庭，占39.47%；最后为轮养，占17.11%。60—69岁组受访者在直系家庭生活的比例为46.94%，单独生活为34.69%，轮养为18.37%。

（二）变动特征

1. 多婚姻单位家庭抑或单婚姻单位家庭

多婚姻单位家庭以直系家庭为主。由图3-1可见，三个年龄组受访者中多婚姻单位家庭的时期构成变化基本相同。初婚时超过80%生活在这类家庭，之后逐渐降低；至末孩出生时降至最低；以后再度上升，末孩结婚时升至第二个峰值，但明显低于本人初婚时；丧偶后再度降低，不过未降至最低值。末孩结婚时亲代于多婚姻单位家庭生活的比例没有达到本人初婚时的水平，对此可有两个解释，一是由于时期不同，两代初婚者与父母分爨的愿望有强弱之别，即亲代弱于子代；二是对父母来说，子代中既包括儿子也有女儿，在儿女双全家庭中，只有儿子结婚会对父母的家庭结构产生直接影响，女儿嫁出则影响较小。

夫妇在单婚姻单位家庭（主要是核心家庭）生活的比例与直系家庭有基本相反的变动。其时期曲线只有一个峰值，即末孩出生时达到最高（见图3-2）。

我们从三个年龄组老年受访者生命历程事件与家庭结构关系变动中可以总结出以下几点认识：老年亲代当年初婚时保持着从父居习惯，即初婚夫妇以父母（公婆）之家为生存载体，多数并未建立独立

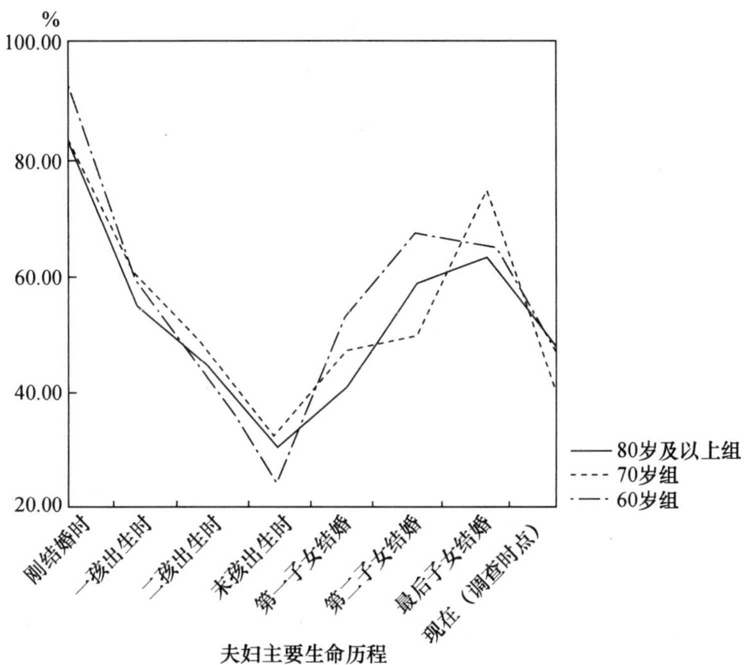

图 3-1　生命历程事件完整者在多婚姻单位家庭生活的变化

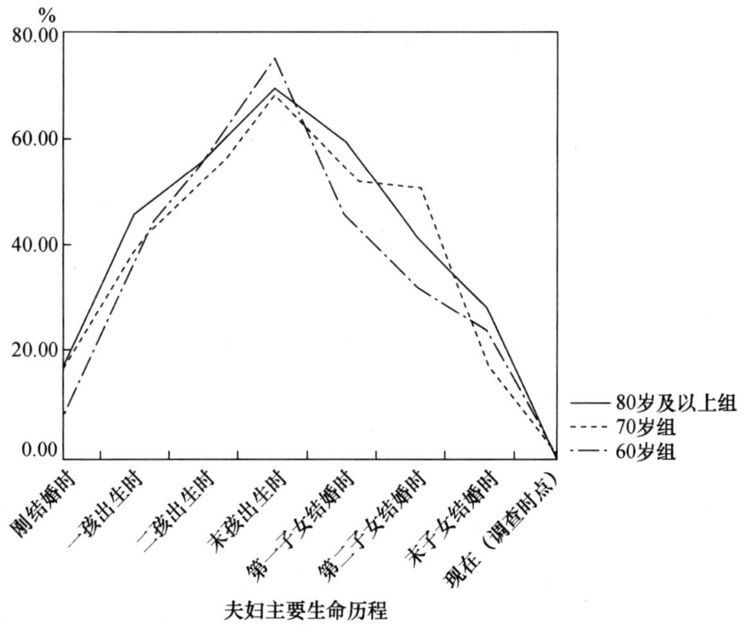

图 3-2　生命历程事件完整者在核心家庭生活的变化

的生活单位。第一个孩子出生之初是独立生活增幅最大的时期，表明已婚者生育子女后建立核心家庭的愿望增强。至第二个孩子出生时独立生活比例出现重要转折，各年龄组亲代组成自己核心家庭的比例超过50%。实际上，第一个孩子出生后至第二个孩子出生前是已婚者与父母分爨生活频度最大的时期。可见，调查村庄不同生命阶段的家庭结构基本上在直系家庭和核心家庭两种类型之间摆动，而不是以核心家庭一种类型为基础扩展和收缩。

2. 不同生命阶段家庭规模变动

家庭规模大小与家庭结构有密切关系。一般来说，相对复杂家庭的人口规模要大于简单家庭的规模。

但值得注意的是，本项调查中，直系家庭比例最高时期——初婚阶段，家庭规模并非最大。相反，各个年龄组均以末胎生育时家庭规模最大。

三个年龄组受访者不同生命阶段家庭人口规模与多婚姻单位家庭所占比例呈反向变化。家庭人口规模的峰值位于末孩出生时，而其时核心家庭比例也处于峰值。我们认为，多育时代，人口出生数可以抵消家庭分解所减少的人口数，并使特定时期平均家庭规模超过分解之前。比如，已婚夫妇和一个子女（3 口人）原来与父母（或公婆）2 人组成直系家庭，共5 口人。分爨后，夫妇一家变成3 口人；但若生育5 个子女，至最后一个子女出生时则增加为7 口人。当然，这有一个前提，即复杂家庭以直系家庭为代表，而非复合家庭类型。当生育水平降低时，核心家庭对“分解”的抵消作用则会降低。60 岁组即有这种表现（见图3 -3）。

由于多婚姻单位家庭占一定比例，受访者刚结婚时至第二个子女结婚前家庭规模均保持在较高水平。

3. 夫妇所生活家庭类型的“不变”与“变”比较

经历完整生命历程事件（子女均已婚配且丧偶）的老年人，其所生活的家庭类型有无发生变化？即从其初婚直至丧偶（或至调查时已经丧偶）这一过程中，他们是在一种类型的家庭中生活下去，还是发生了转化。从前面阶段构成看，家庭类型变化很大。它意味着，多数夫妇在不同生命阶段难以保持一种类型，而在核心家庭和直系家庭中转化。

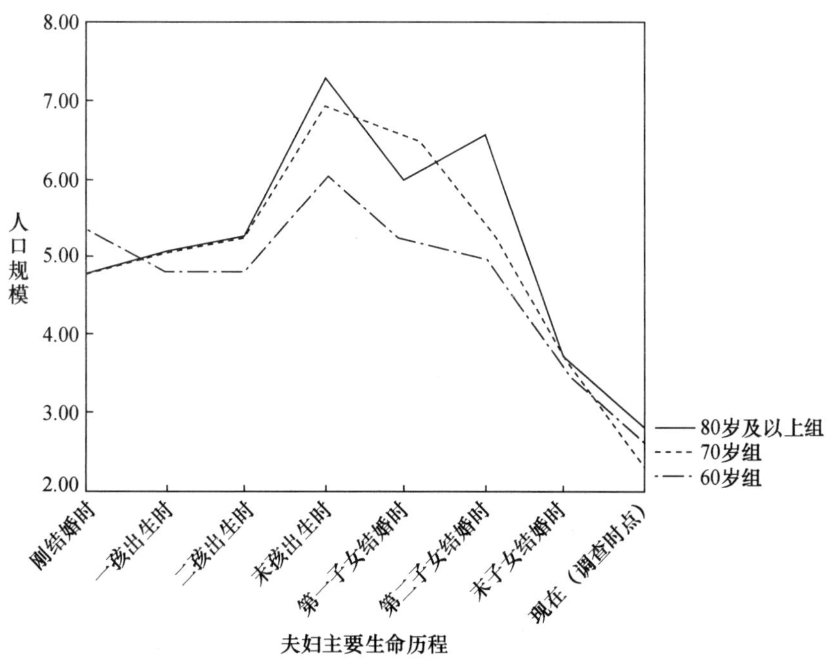

图3－3　生命历程事件完整者家庭平均人口规模变化

表3－2　生命历程完整老年人家庭类型的“保持”与“变化”比较 单位：%

年龄组（岁）	时限	一直保持多婚姻单位家庭	一直保持单婚姻单位家庭	未发生变动家庭小计	发生类型转化	样本量（个）
60—69	自本人初婚至现在（丧偶后）	8.16		8.16	91.84	49
	自本人初婚至末孩结婚时	14.29	2.04	16.33	83.67	
70—79	自本人初婚至现在（丧偶后）	10.53		10.53	89.47	76
	自本人初婚至末孩结婚时	21.05	5.26	26.31	73.69	
80岁及以上	自本人初婚至现在（丧偶后）	5.26		5.26	94.74	57
	自本人初婚至末孩结婚时	14.04	3.51	17.55	82.46	

表3-2中有两项统计指标，一是截至受访者丧偶后、调查时其所生活家庭类型的变化；二是截至子女均婚时，受访者家庭是否发生过变动。

第一种情形下，三个年龄组受访者发生类型转换的比例分别为91.84%、89.47%和94.74%，只有少数受访者一直生活于多婚姻单位家庭中。第二种情形下，三个年龄组发生转化的比例分别为83.67%、73.69%和82.46%，可见多数家庭发生了类型转变。但有14%以上的受访者一直生活在多婚姻单位家庭。

一般来说，亲代受访者家庭最后一次重要转化发生于所有子女结婚至本人丧偶时，由于本调查中没有受访者丧偶时的家庭类型数据，在此以调查时点的信息来替代，借此可以认识受访者目前所生活家庭是从先前何种类型家庭转化过来。

表3-3中，子女均婚至调查时点，多婚姻单位家庭延续所占比例最大，三个年龄组超过或接近1/3。

表3-3　从子女均婚到调查时点老年人居住方式的变化　单位：%

年龄组（岁）	“空巢”家庭转变为多婚姻单位家庭	“空巢”家庭转变为单人户	“空巢”家庭转变为轮养	多婚姻单位家庭延续	多婚姻单位家庭转变为单人户	多婚姻单位家庭转变为轮养	单人户转变为多婚姻单位家庭	单人户延续下来	单人户转变为轮养	样本量（个）
60—69	12.24	8.16	2.04	32.65	20.41	16.33	2.04	6.12		49
70—79	5.26	9.21	2.63	34.21	26.32	14.47		7.89		76
80岁及以上	10.53	5.26	7.02	35.09	14.04	21.05	1.75		5.26	57

第二种为多婚姻单位家庭向单人户和轮养转变，是老年人所生活家庭分解的表现。80岁及以上组为35.09%，70—79岁组为40.79%，60—69岁组为36.74%。

“空巢”家庭和单人户转变为多婚姻单位家庭。它实际是独立生活的老年人重新依附已婚子女生活。80 岁及以上组为 12.28%，70—79 岁组为 5.26%，60—69 岁组为 14.28%。

如果我们将多婚姻单位延续、“空巢”和单人户向多婚姻单位家庭转化视为受访者维系或向与已婚子女共同生活居制靠拢的话，那么，多婚姻单位家庭向轮养和单人户转化以及单人户延续和单人户向轮养转化则是老年人对传统居住方式的脱离。这其中既有主动选择，如老年人愿意独立生活；也有被动接受，如轮养。

值得注意的是，老年亲代的轮养状态由三种类型转化过来：“空巢”、直系家庭为主的多婚姻单位家庭和单人户，而从多婚姻单位家庭转化为轮养的比例最大。它表明，多子家庭中，原来跟随一个已婚儿子（如最小的儿子）生活的老年人，随着年龄进一步提高，对子代的照料需求增大，难以在一个儿子家继续生活下去，轮养成为较普遍的做法。“空巢”和单人生活的多子老年人生活不能自理时，只能依赖儿子们轮养。可见，这种转变是家庭养老功能维系、子代履行赡养和照料义务的重要体现。

但应该看到，至调查时点，80 岁及以上组中超过 50% 的受访者生活在非多婚姻单位家庭，70—79 岁组为 60.52%。这表明，多数老年人终老于多婚姻单位家庭的局面已经基本改变。当然，子女仍是父母赡养费用的主要提供者，家内养老变更为家际养老。

4. 子女以何种方式离开父母

子女长大之后，以何种方式离开父母？从理论上讲可以有多种。

这里着重考察 80 岁及以上组受访者，他们的子女绝大多数已经结婚，故此更有说明意义（见图 3－4、图 3－5）。

我们在问卷中设计有六个选项：（1）上学；（2）当兵；（3）分家；（4）结婚；（5）外出工作；（6）其他。结果如下：

儿子与父母分开生活的方式中比例最大者为分家，其次为结婚。两者之和超过 80%。女儿 90% 以上为结婚离家，因上学或外出工作分开者比例很低。已婚儿子选择“分家”作为离开父母的方式，就意味着他并非结婚即与父母分爨，而有一个过渡期；女儿中除个别有可能在家招女婿外，绝大多数为嫁出，结婚成为她们离开娘家的显性事件。

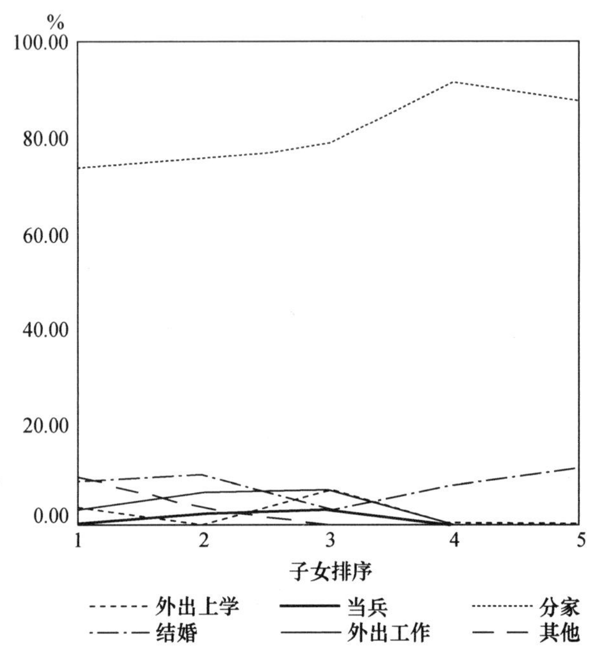

图3－4　80岁及以上组受访者儿子与父母分开生活原因

这种差异导致结婚儿子和女儿对父母家庭类型的影响并不相同。儿子结婚，将姻缘关系成员娶入，原有家庭类型将发生改变，特别是儿子初婚与父母生活在一起的情形下更会产生这样的效果。① 女儿嫁出，仅使娘家的人口规模缩小，多数情况下不会导致该家庭发生类型改变，除非只有母女或父女二人组成的单亲或缺损核心家庭，女儿外嫁则会使父或母成为生活单位单人户。

在多子家庭，儿子结婚、儿媳被娶入，不仅使家庭规模扩大，而且家庭类型变得复杂。但这种状态保持的时间并不长。

---

① 王跃生：《家庭结构转化和变动的理论分析——以中国农村的历史和现实经验为基础》，《社会科学》2008年第7期。

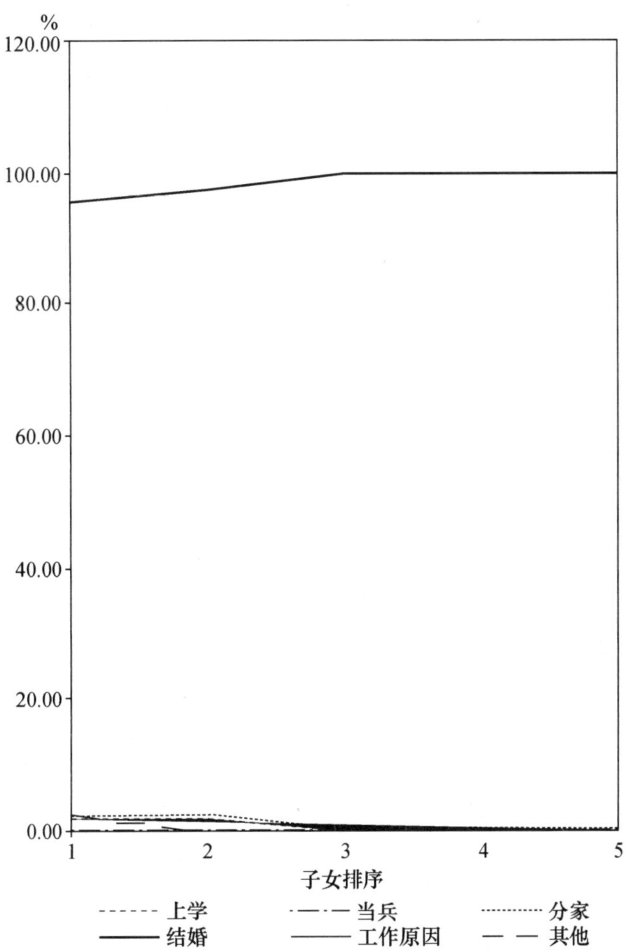

图3-5 80岁及以上组受访者女儿与父母分开生活原因

二 生命历程完整者不同阶段的家庭类型

本次所调查的样本中，既有年龄组差异，也有亲子代之不同，生活历程完整者中还有结过一次婚与两次及以上婚的区别。这里我们着重就两种情况进行分析：一是生命历程事件完整且只有一次婚姻行为者；二是亲子代生命阶段具有可比性者。

（一）生命历程完整且只结过一次婚者所生活家庭的变化

这一群体有三个限制条件：子女均婚、已丧偶、只有一次婚姻行为。那么生命历程完整的老年亲代样本中，婚姻次数如何构成（见表3－4）。

表3－4　受访亲代生命历程完整者婚姻次数构成　单位:%

年龄组（岁）	1次	2次	3次	样本量（个）
60—69	97.96	2.04	100.00	49
70—79	86.84	11.84	1.32	76
80岁及以上	85.96	14.04		57

生命历程完整的受访者中，85%以上只有一次婚姻行为。去除有2次及以上婚姻行为者后，生命历程完整者不同生命阶段的家庭结构又有何表现？

在此将包含结过两次婚、生命历程完整样本（总样本）与去除有两次及以上婚姻行为后的样本（只结过一次婚的样本）结果进行比较。

两者趋向基本一致。差别在于，只结过一次婚者于多婚姻单位家庭生活的比例较总样本高。它意味着有两次及以上婚姻行为者，与父母和子女分爨生活的可能性相对要高一些。其中，第一个子女结婚时两者的多婚姻单位家庭比例相差4.55个百分点，前者较后者高11.28%（见图3－6）。

70岁组与80岁及以上组有相似的表现。初婚时即有不同，相差8.01个百分点；末子女出生时相差幅度最大，为11.85%（见图3－7）。

只结过一次婚者，不同生命阶段在多婚姻单位家庭生活比例相对较高，其在核心家庭生活的比例会相应减少（这里不再赘述）。

（二）子女均婚、丧偶样本与子女均婚、夫妇健在样本比较

亲代样本中，有一部分为夫妇健在但子女均已结婚者，可以说他们已经历了主要的生命历程事件。前面的分析中，未将其纳入观察视野。

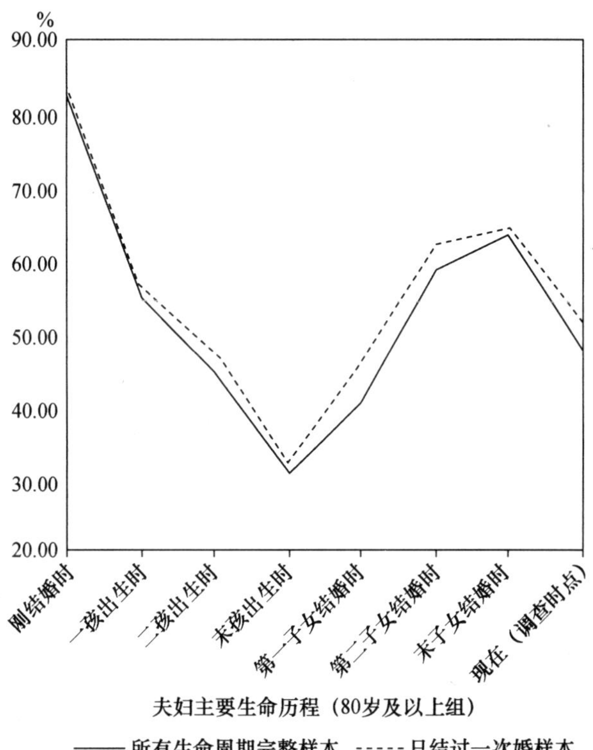

图 3-6　多婚姻单位家庭中只结过一次婚、生命历程完整样本与所有生命历程完整样本构成比较

那么，他们在不同生命阶段所生活的家庭类型与已丧偶者相比有何异同？

需要指出的是，80 岁及以上组子女均婚夫妇健在样本较少；70 岁组子女均婚夫妇健在样本和子女均婚丧偶样本分别为 75 个和 76 个。故此，这里只分析 70 岁组。

整体看，初婚至末子女出生时，夫妇健在者于多婚姻单位家庭生活的比例高于丧偶者，不过两者的走向相似；而第一个子女结婚至末子女结婚时，丧偶者在多婚姻单位家庭生活比例则高于夫妇健在者。特别是末子女结婚时，丧偶者和夫妇健在者于多婚姻单位家庭生活比例分别为 72.73% 和 45.45%；而在调查时点分别为 39.47% 和 16.00%。可见夫妇健在者子女完婚之后更倾向于独立生活；丧偶者对子女照料和赡养的依赖程度提高，共同居住比例增大。核心家庭考察对此会揭示得更清楚（见图 3 -8）。

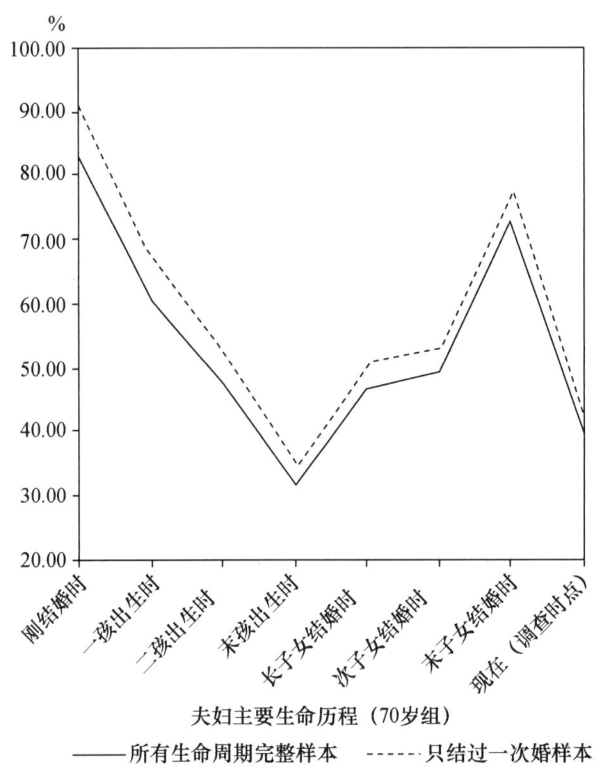

图 3 -7　多婚姻单位家庭中只结过一次婚、生命历程完整样本与所有生命历程完整样本构成比较

两者之间的差异表现为，末孩出生时丧偶群体在核心家庭生活的比例达到峰值（68.18%），之后明显下降，至所有子女均婚时仅为 18.18%；从末孩出生至所有子女结婚，夫妇健在者于核心家庭生活的比例均在 50% 以上，至调查时更达到 72%（见图 3 -9）。

（三）不同年龄组受访者初婚及生育阶段家庭类型比较

60 岁以上亲代夫妇或其中一方多走完生命周期的主要阶段（多数人的子女均婚）；子代以 30—40 岁年龄组为主，在计划生育控制环境下，多结束生育，其子女有的已婚配，未婚配者所占比例较大。这种情况下，亲子不同年龄组之间是否有可比性？我认为，彼此初婚和生育阶段的居住方式是可以比较的。

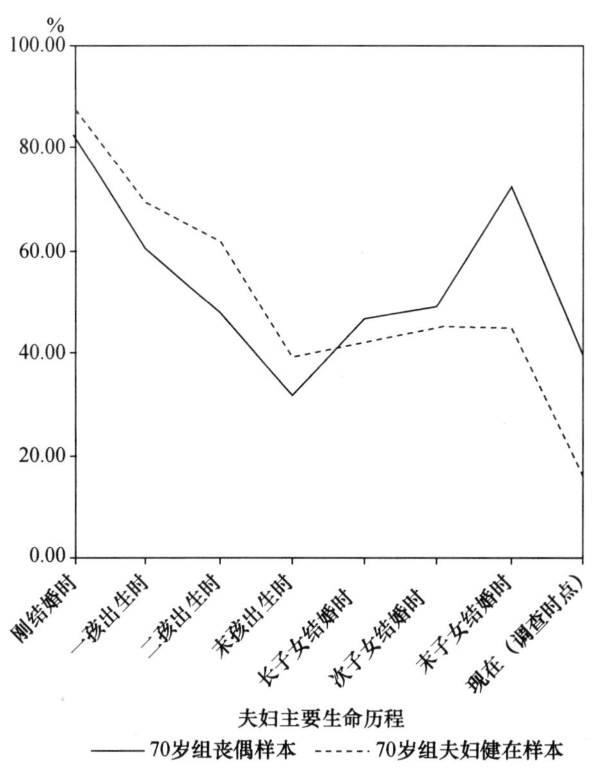

图 3-8　多婚姻单位家庭中子女均婚、夫妇健在样本与子女均婚、丧偶样本构成比较

初婚时，各年龄组受访者在多婚姻单位家庭生活的比例均超过80%，其中 60 岁组及以下则超过 90%，40 岁和 30 岁组分别为99.38% 和 98.67%；第一个孩子出生时，80 岁、70 岁和 60 岁组多婚姻单位家庭比例均在 60% 以上，40 岁组只有 52.47%，30 岁组有所上升；第二个孩子出生时，80 岁组和 70 岁组仍保持在 50% 以上，60 岁、50 岁和 40 岁组明显降低，30 岁组又有提高。我们对这种差异的解释是，高龄组初婚时有一部分人的亲代去世，婚后只能组成夫妇家庭；

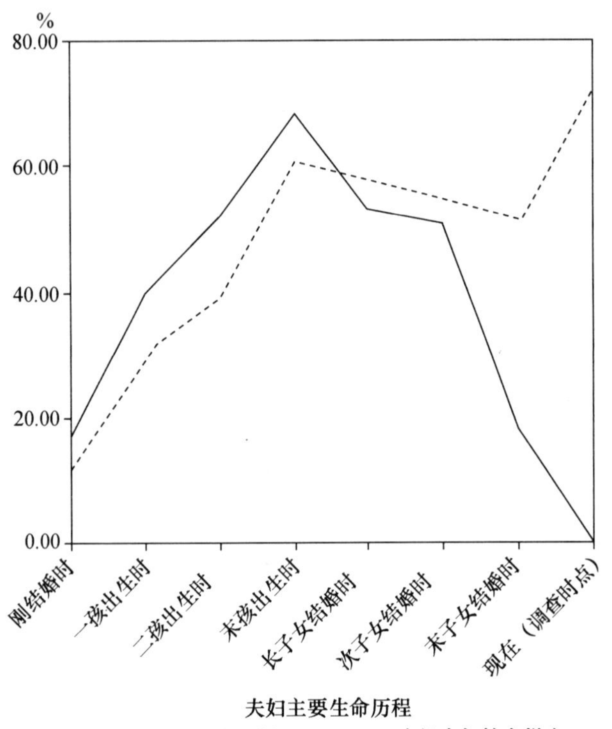

图 3－9　核心家庭中子女均婚、夫妇健在样本与子女均婚、丧偶样本构成比较

而低龄组结婚时父母或父母一方多在世，有条件与父母共同生活。第一个孩子和第二个孩子出生时，高龄组受访者在多婚姻单位家庭生活比例高与不同年龄组分开生活的频度差异有关。50 岁和 40 岁组受访者弟兄数量相对较多，结婚即分家成为新的习俗，故此，其婚后、生第一个孩子或生第二个孩子后分家比例要高于高龄组。30 岁组在多婚姻单位家庭生活比例有所上升的原因是，由于生育控制，其兄弟数量减少，独子比例增加，婚后、生育后与父母不分爨的情形增加（见图 3－10）。

图 3－11 即可揭示这一特征。

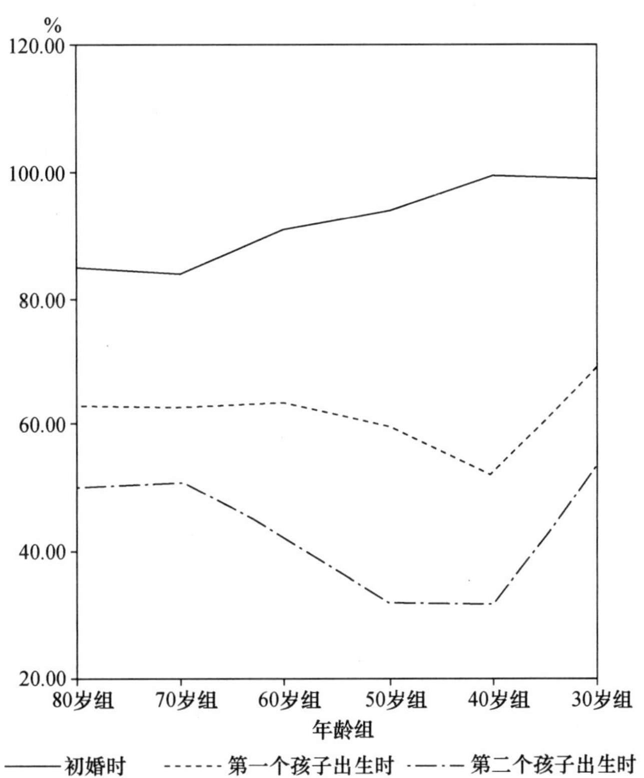

图 3－10　多婚姻单位家庭不同年龄组三个生命阶段构成比较

80 岁及以上组受访者有与父母分开生活经历者占 42%；随着年龄组降低逐渐上升，至 40 岁组超过 80%；30 岁组则有所回落，降为 63.33%。这与独子家庭比例增多有关。

我们进一步看一下不同年龄组兄弟一个（独子）所占比例（见图 3－12）。

独子比例以 30 岁组为最高（38.67%），40 岁组最低（19.75%）。这印证了我们的推断：在农村，独子比例高低影响夫妇不同生命阶段所生活的家庭类型。

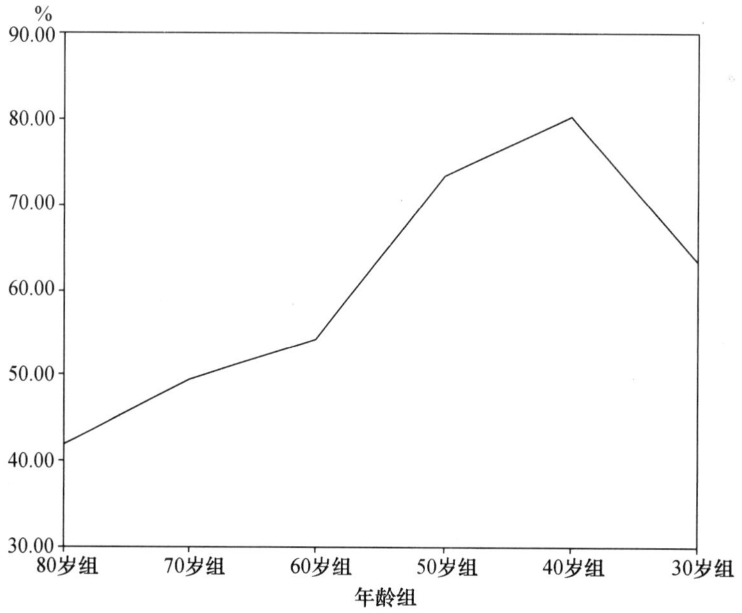

图 3－11　不同年龄组受访者与父母分开生活比例

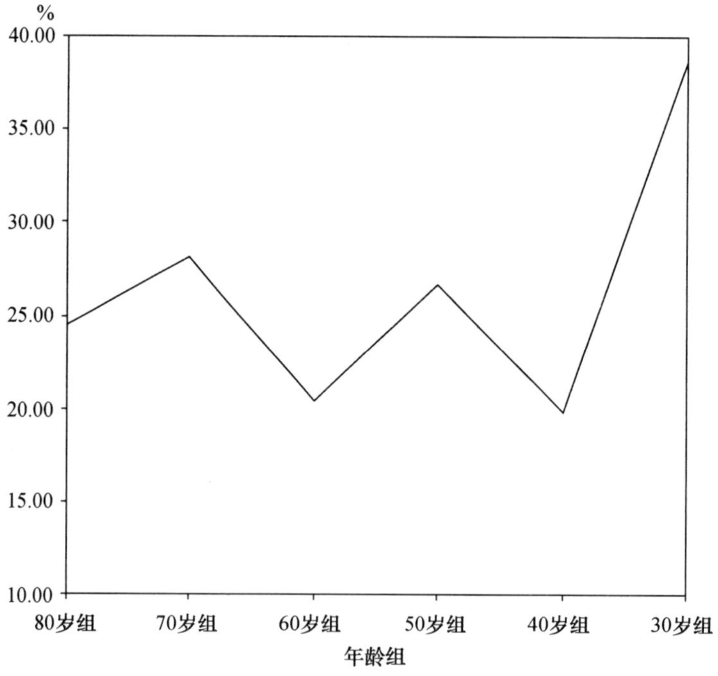

图 3－12　不同年龄组受访者独子所占比例

三　夫妇生命历程与家庭结构关系的地区差异

正如前述，这三个村庄分别位于冀中、冀西北和冀东，经济发展水平和风俗有一定差异。冀中村庄离大城市较远，民众世代相守，流动较少，一直以农业为主，风尚相对保守一些；冀东村庄也以农业为主，但它靠近唐山市区，相对比较开放；冀西北村庄位于口外，明清和近代从内地迁入者较多，传统文化的影响和约束程度相对较低，老年人的家庭地位和影响力不如其他地区。新中国成立以来集体经济制度对各地传统习惯的冲击很大，农民的生活方式、家庭成员地位受到影响。这是否会导致民情有趋同表现，进而使家庭生存方式的差异降低？这些都需要作具体观察。

根据图 3 – 13 可知，三地村庄受访者于多婚姻单位家庭生活的比例有基本相似的变动趋向，差异也很明显。赤城县农村受访者所有生命阶段在多婚姻单位家庭生活比例均低于赵县和唐山丰润区。第一个孩子出生时即降至 43% 以下；最低值为第一个子女结婚时，只有 23%。这表明，该地已婚者与父母分开生活频度要高于其他两县。相比而言，赵县与丰润农村的状况更为接近，各个生命阶段，赵县亲代在多婚姻家庭生活的比例稍高于丰润。末子女出生时丰润最低值为 23.91%，赵县为 36%。

图 3 – 14 显示，同综合数据一样，三地亲代受访者不同生命阶段于核心家庭生活的状态及其变动基本相似，与直系家庭生活构成变动相互对应。赤城受访者从第一个孩子出生到第二个子女结婚期间，于核心家庭生活比例均超过 55%，其中第二个子女出生到第一个子女结婚，均超过 60%；至末子女结婚时，于核心家庭生活者仍超过 40%。赵县受访者仅在末子女出生时核心家庭超过 50%（为 63.16%），丰润为第二个子女、末子女出生时和第一个子女结婚时核心家庭比例超过 50%（分别为 58.82%、76.09% 和 55.56%）。值得注意的是，丧偶之后，赤城受访者单独生活者占 54.29%，赵县和丰润分别为 33.33% 和 20.37%。

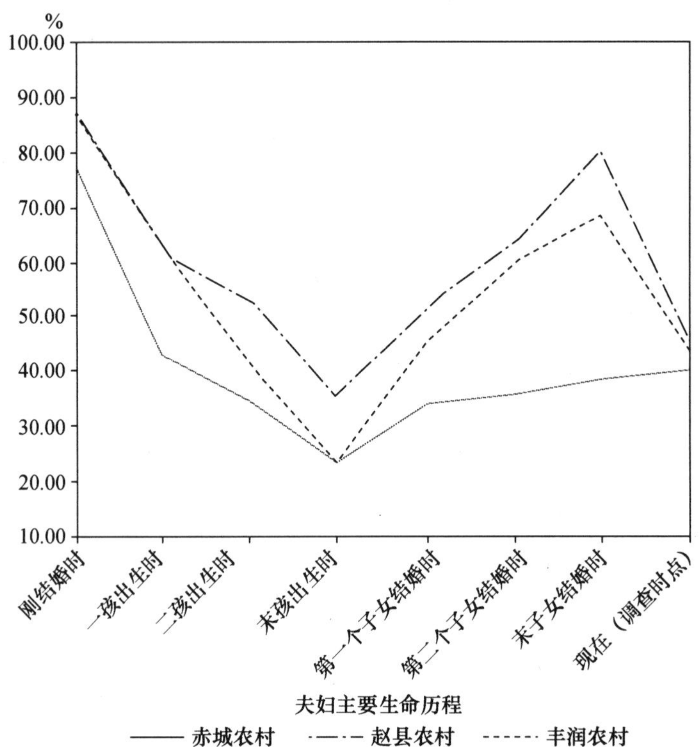

图 3－13　三地生命历程事件完整的老年亲代不同阶段多婚姻单位家庭构成比较

可见，经历集体经济制度的洗礼，各地农民不同生命阶段所生活的家庭类型虽有相似的变动趋向，但差异也很明显，主要表现在赤城与赵县、丰润农村之间。我们认为，赤城的独特状态与其习尚有关。一些年老妇女丧偶后因得不到子女赡养而再嫁。根据三地数据，我们发现，亲代之中，赤城结婚一次和两次以上者分别占 86.14% 和 13.86%，赵县为 96.00% 和 4.00%，丰润为 93.66% 和 6.34%。亲代生命周期完整者中，赤城结过一次婚和两次及以上婚的样本分别为 80% 和 20%，赵县为 93.55% 和 6.44%，丰润为 88.99% 和 11.11%。两种统计显示出赤城老年受访者有两次及以上婚姻经历者明显高于赵县，也高于丰润。

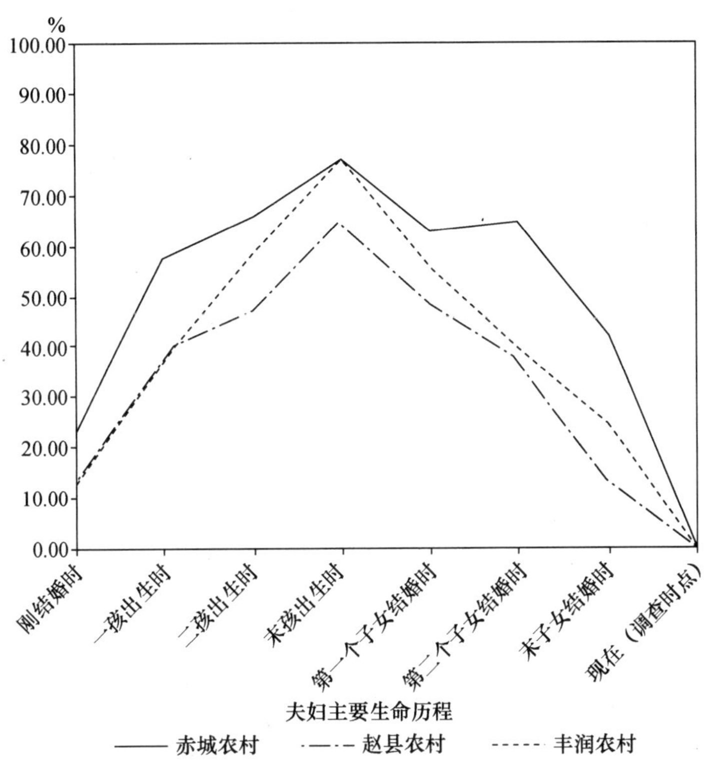

图 3-14　三地生命历程事件完整的老年亲代不同阶段核心家庭构成比较

四　结语和讨论

本章以家庭生命周期为基础，以夫妇生命历程事件为主线，分析调查地区农村受访者不同生命阶段微观家庭的结构类型及其变动：

（一）生命阶段完整者所生活家庭的变动

80 岁及以上组、70—79 岁组和 60—69 岁组生命历程事件完整者初婚时多数遵循从父居习惯；第一个孩子出生时核心家庭增幅最大，但独立生活仍未成为多数人的选项；第二个孩子出生后受访者所生活的家庭类型发生根本转折，核心家庭成为主导家庭；末胎生育时，核心家庭处于峰值状态，三个年龄组受访者在核心家庭生活的比例接近或超过 70%；第一个子女结婚时，多婚姻单位家庭再次上升，但核心家庭仍是最大类型；第二个子女结婚时，各年龄组的核心家庭和直系家庭所占比例互有高低；最后一个子女结婚时，多婚姻单位家庭重又形成峰值，处于“空巢”状态者不足 30%。

经历完整生命历程事件（子女均已婚配且丧偶）的老年人从初婚至丧偶，其所生活的家庭约 90% 发生了类型转化；至末子女结婚时，发生转化的比例有所降低，但仍占 80% 左右。有 14% 的受访者一直生活在多婚姻单位家庭。

从子女均婚至调查时点，受访者所生活家庭的类型状态有三种，一是多婚姻单位家庭延续，约为 1/3；二是多婚姻单位家庭向单人户或轮养转化；三是“空巢”家庭和单人户转变为多婚姻单位家庭。而至调查时点，70—79 岁组和 80 岁及以上年龄组受访者生活在非直系家庭所占比例最大（超过 50%），表明当代河北农村老年人终老于直系家庭的局面已经或正在改变。

（二）不同群体各生命阶段所生活家庭类型比较

只有一次婚姻经历的受访者在不同生命阶段所生活的家庭类型与有多次婚姻的样本相比，并无明显变化。这意味着两个群体之间主要生命阶段居住方式基本相同。

子女均婚、夫妇健在者与子女均婚、丧偶者相比，初婚至末子女出生时，夫妇健在者中多婚姻单位家庭比例高于丧偶者，不过两者的变动趋向相似；而第一个子女结婚至末子女结婚，丧偶者在多婚姻单位家庭生活比例则高于夫妇健在者。它表明夫妇健在受访者当子女均婚之后更倾向于独立生活。

对亲子代 30—80 岁以上组受访者初婚和第一个子女、第二个子女出生时所生活家庭类型进行比较后显示：初婚时，各个年龄组于多婚姻单位家庭生活的比例均在 80% 以上，60 岁组及以下则超过 90%。它表明，尽管不同年龄组受访者的结婚时点或时期不一，但初婚时与父母共同生活的习惯在很大程度上得到遵守。进一步看，这些受访者之间居住方式具有差异的原因是，高龄组初婚时有一部分亲代去世，结婚时只能组成夫妇家庭；而低龄组结婚时父母或父母一方在世，有条件与父母共同生活。第一个孩子和第二个孩子出生时，高龄组受访者在多婚姻单位生活比例高则与不同年龄组受访者与父母分开生活的频度较低有关。50 岁和 40 岁组受访者兄弟数量相对较多，婚后、生第一个孩子或生第二个孩子后分家比例高于 60 岁及以上组。30 岁组中独子家庭（只有一个儿子）增加，婚后和生育后与父母同居共爨的比例有所扩大，从而在一定范围内提高了多婚姻单位家庭的份额 。

（三）不同地区夫妇生命历程与家庭结构关系比较显示

三地村庄受访者于多婚姻单位家庭生活的比例有基本相似的变动趋向，但差异也很明显。赤城农村亲代受访者所有生命阶段在多婚姻单位家庭生活的比例均低于赵县和丰润，第一个孩子出生时即降至 43% 以下；最低值为第一个子女结婚时，只有 23% 。这表明，该地已婚者婚后和生育后与父母分开生活频度高于其他两县区。相比而言，赵县与丰润更为接近。我们认为，经历集体经济制度的洗礼，各地农民不同生命阶段所生活的家庭结构虽有基本相似的趋向，但差异也很明显。赤城县农村的独特性主要与当地亲子之间分家行为较赵县和丰润农村更为普遍有关。

随着夫妇生育子女数量减少，夫妇生命历程事件也会相应降低。如只有一个子女的夫妇，其生命事件可简化为夫妇结婚、子女出生、子女结婚和配偶死亡四个标志性事件，不过子女离家的形式将会多样化。若在这一基础上核心家庭成为夫妇不同生命阶段的主要生存载体，那么家庭成员变动对家庭关系和功能的影响将会更加显著。这有待进一步观察和研究。

第四章　家庭生命周期与代际关系

家庭生命周期以一对夫妇的生命事件及其演进为考察对象，即它聚焦于夫妇所形成的生活单位，家庭扩展和收缩的生命事件均围绕着夫妇展开。在这种分析方式之下，被观照的家庭是一个孤立单位，其与上代和下代成员（特别是关系密切、非同居的直系成员）的代际关系有被忽视的倾向，它与民众实际生活状态不太符合。这里，我们想对调查地区农村家庭生命周期或夫妇主要生命阶段的代际关系作一探讨，以便将家庭自身的“生态环境”或载体特征揭示出来。

一　基本说明

无疑，即使按照严格或正统的家庭生命周期理论，家庭内部不同生命阶段的代际关系考察是不可缺少的。不过，它似乎主要存在于家庭的扩展和收缩阶段。夫妇在第一阶段组成家庭是“二人世界”的建立，家内代际关系并不存在。直到第一个子女出生才出现亲子代际关系（亲代养育子代），收缩则以子女离开这个母家庭为表现形式。至“空巢”阶段，家内代际关系再度消失。因而从一定程度上讲，家庭生命周期中的代际关系及其变动主要存在于家庭扩展和收缩阶段，其他阶段的代际关系则在一定程度上被隐匿了。

我们认为，在中国农村，夫妇家庭生命周期的所有阶段均存在比较密切的代际关系，而这些代际关系都有具体的功能。当然不同阶段代际关系的表现形式有别，有些阶段以夫妇与上代人的代际关系为主（赡养老人功能），有些阶段则为与下代人的代际关系突出（抚育未成年子女）。这种代际关系不仅存在于家内，而且体现在家际（如赡养老人，或老年人帮助子女照料孙子女、料理家务等）。即使是“空巢”之后，多数夫妇仍与子女存在密切的“主动”关系和“被动”关系。主动关系为父母与子女之间有不同形式的互助，被动关系则为当父母丧失劳动能力之后要依赖子女提供生活费用。也应承认，在社会变革或变迁过程中，不同生命周期阶段的代际关系形式和内容也在发生变化。

笔者在一项研究中曾经指出：代际关系是有具体内容的，它包括代际义务、代际责任、代际权利、代际亲情、代际交换等，亦即家庭代际关系是义务、责任、权利、亲情和交换行为的复合体，体现了亲子之间抚幼养老、婚丧嫁娶等家庭核心功能。代际关系内容在两代成员之间有很强的生命周期特征。①

本章将以调查数据为基础，分析家庭生命周期不同阶段的代际关系及其特征。我们认为，从家庭生命周期和夫妇生命历程方面考察代际关系的纵向变动，对中老年或经历主要生命事件的受访者来说，至少要形成三代人之间的关系：受访者父母（上代）、受访者本人（本代）和受访者下一代（子代）。上代与本代、本代与子代实际上形成两组亲子关系，这是我们分析的重点。当然，家庭生命周期不同阶段还有上代与子代之间的关系，在这里表现为祖孙隔代关系。在家庭扩展过程中，这一关系是存在的。不过，本项分析中，它并非最重要的关系，故不作为考察的要点。

二　夫妇主要生命阶段的代际关系表现

夫妇不同生命阶段的代际关系内容和功能是有差异的。这主要与夫妇本代及其上代和下代成员的年龄有关。本代在不同年龄阶段劳动能力有别，其所承担的家庭责任和义务有不同。年轻时作为家庭主要劳动力，因而也具有助他能力，抚育年幼子女，并与中年父母形成交

---

① 王跃生：《中国家庭代际关系内容及其时期差异——历史与现实相结合的考察》，《中国社会科学院研究生院学报》2011年第3期。

换关系；中年时要承担赡养老年父母之责；年老后劳动能力逐渐丧失，则要从子代那里获得生活资料，形成他助关系。这一定程度上是家庭代际关系的自然属性，或者说是最本质的代际关系。当与家庭成员有关的社会保障体系建立之后，家庭代际关系的一些功能就会弱化，甚至消失。不过现阶段农村，传统的代际关系内容和功能仍在很大程度上保持着。

（一）夫妇婚姻建立时居住方式

中国社会中，特别是农村，夫妇婚姻缔结时主要靠父母（或公婆）提供住房等基本物质条件；同时按照农村的惯习，为子女完婚是父母不可推卸的责任，否则会有失职之嫌，除非父母在子女婚前已经去世。

我们通过受访者夫妇初婚时的居住方式对此加以认识（见表4－1）。

表4－1　受访者初婚时居住地构成　单位：%

年龄组（岁）	男方父母家	女方父母家	男方、女方父母家均有住所	独立居住	样本量（个）
20—24	100.00	0.00	0.00	0.00	1
25—29	75.00	8.33	0.00	16.67	12
30—34	62.79	13.95	2.33	20.93	43
35—39	87.50	2.68	0.89	8.93	112
40—44	68.09	3.19	1.06	27.66	94
45—49	78.46	0.00	0.00	21.54	65
50—54	74.07	0.00	0.00	25.93	54
55—59	80.85	2.13	0.00	17.02	47
60—64	88.73	4.23	0.00	7.04	142
65—69	77.42	7.26	0.00	15.32	124
70—74	80.17	2.48	0.00	17.36	121
75—79	86.84	0.00	0.00	13.16	76
80—84	86.44	0.00	1.69	11.86	59
85+	81.48	0.00	0.00	18.52	27
总体	80.45	3.28	0.41	15.86	977

受访者结婚初期居住在父母家实际是指他（她）与父母（公婆）同居共爨。独立居住的含义比较多样，主要指夫妇婚后即形成独立的生活单位。就居住地而言，既然受访者是村庄居民，表明他们中绝大多数结婚初期并非与当时健在父母异地而居。若在同一村庄，这些夫妇婚后独立生活，原因有二，一是新婚成为其与父母分爨别居的起点；二是结婚时父母已经去世，故结婚即形成独立生活单位（在预期寿命较低的时期，如新中国成立前这种情形并非个别现象）。

根据表 4 - 1，我们看到，55—59 岁以上组受访者结婚时独立居住的比例均不超过 20%，而与父母（或公婆）同住处于主导地位；50—54 岁以下组中有多个年龄组的受访者结婚时单独居住比例超过 20%，不过与父母（或公婆）同住仍占主导地位。这种居住方式表明，不同年龄组多数受访者初婚时在亲代主导的家庭生活，亦即结婚不是多数人独立生活的起点。尽管农村新中国成立以来经历多次重要的制度变革，新婚者与亲代共同生活这一模式并没有实质变化。我们认为，它与本代婚后仍与亲代同村居住这一基本格局有关，即祖居村庄仍是本代婚后生活的基本载体，而非迁移至外地生活。值得注意的是，在 40—44 岁、45—49 岁和 50—54 岁组，超过 20% 的受访者婚后单独居住，此种现象产生的原因与这些年龄组受访者兄弟数量较多，家庭住房紧张，新婚所建住房多在村庄周边有关。新老宅距离相对远一些，共爨不便，故办完婚事即有可能单独生活。在 55—59 岁以上年龄组，兄弟数量多的问题同样存在，但那时因家庭财力有限和集体经济组织（大队、生产队）对宅基地控制较紧，建新房的可能性较低，新婚夫妇不得不与父母挤在一个院落。而 25—29 岁年龄组受访者的兄弟数量减少，独子比例较大，新婚时独立生活的可能性降低。

（二）从夫妇家庭扩展过程中所获帮助看代际关系

按照家庭生命周期理论，夫妇婚后生育子女，家庭便进入扩展过程。我们认为，虽然这一扩展主要基于核心家庭，但亲代与子代夫妇共同生活的直系家庭也会因子代夫妇生育行为发生——孙子女出生而使家庭规模扩展，家庭代际延伸。因而，在我们看来，家庭扩展是受访者夫妇所生活或依托家庭的扩展，并不局限于是否形成自己的独立家庭。

家庭扩展中的代际关系可从多个角度考察。我们主要就受访者所生育子女由谁帮助照料来说明。

1. 受访者子女年幼时所获照料帮助比较

按照中国社会习惯和家庭内部分工模式，照料小孩主要由女性成员承担。所以在问卷的回答选项中，我们将父亲和母亲分开。

根据表4-2，除受访者夫妇外，母亲（包括婆婆）是本代子女幼小时的主要照料人。一个值得注意的现象是，65—69岁以上受访者从父母，特别是母亲那里获得的帮助相对较低，整体看约占1/3；55—59岁以下则较高。这种差异也许因为高龄组受访者的父母去世较早，失去提供这种帮助的条件；也许因为其父母所生子女较多，本人及兄弟成婚后所生育的子女也较多，父母难以分身照料。而一般情况下，与父母同居共爨的受访者，从母亲那里获得的照料帮助更多一些。

表4-2　受访者所生子女年幼时谁帮助照看过　　单位：%

年龄组（岁）	父亲	母亲	岳父	岳母	年龄较大的女儿	姐妹	无别人	其他	样本量（个）
25—29	0.00	90.00	0.00	0.00	0.00	0.00	10.00	0.00	10
30—34	11.11	69.84	0.00	1.59	0.00	0.00	11.11	6.35	63
35—39	5.49	77.47	1.65	2.75	0.00	0.00	12.09	0.55	182
40—44	3.35	82.12	0.00	0.56	0.56	0.00	13.41	0.00	179
45—49	0.00	68.71	2.04	2.72	0.00	0.00	26.53	0.00	147
50—54	4.00	60.00	0.80	0.00	0.00	0.00	35.20	0.00	125
55—59	3.74	52.34	0.00	0.00	0.00	0.00	40.19	3.74	107
60—64	1.93	41.79	0.48	1.45	4.11	0.00	47.10	3.14	414
65—69	1.41	29.51	0.00	1.64	4.68	0.00	62.53	0.23	427
70—74	2.82	38.51	0.00	3.83	5.44	0.81	45.97	2.62	496
75—79	1.68	34.64	0.00	0.56	5.03	1.12	56.98	0.00	358
80—84	2.65	30.30	0.00	0.00	7.58	0.00	57.20	2.27	264
85+	4.92	40.98	0.00	0.00	2.46	0.00	50.00	1.64	122
总体	2.73	45.53	0.31	1.55	3.66	0.28	44.42	1.52	2895

这种关系形式在地区之间是否有差异?

就受访者母亲所提供的照料而言，三县之间的差异主要表现在赤城县与赵县、丰润区之间。赤城县总体水平最低，不足25%，而赵县和丰润区均超过50%。分年龄组看，赵县25—55岁组受访者中母亲提供的子女照料超过50%，25—50岁组受访者认为母亲这方面的帮助超过80%；丰润区也基本上处于这一水平。赤城县受访者认为母亲在育儿方面所提供的帮助仅40—44岁组超过60%，其他均低于50%。这表明，即使在同一区域内，不同县份之间代际关系在亲代向本代子女提供照料方面是有差异的（见表4-3）。我们认为，在中国农村，育儿帮助是代际关系的一项重要功能体现，具有很强的交换意义。亲代若没有为子代提供这方面的必要帮助，将会影响子代未来为年老亲代提供赡养和照料的积极性，乃至出现推诿现象。这在一定程度上也是对当代赤城县农村子代对老年亲代赡养质量不高原因的揭示。

表4-3　三地受访者年幼子女照料提供者比较　单位:%

地区	年龄组（岁）	父亲	母亲	岳父	岳母	年龄较大的女儿	姐妹	无别人	其他	样本量（个）
赤城县	30—34	10.00	45.00	0.00	0.00	0.00		35.00	10.00	20
	35—39	0.00	42.42	0.00	6.06	0.00		51.52	0.00	33
	40—44	4.44	64.44	0.00	2.22	2.22		26.67	0.00	45
	45—49	0.00	43.90	0.00	9.76	0.00		46.34	0.00	41
	50—54	0.00	26.67	2.22	0.00	0.00		71.11	0.00	45
	55—59	6.06	12.12	0.00	0.00	0.00		75.76	6.06	33
	60—64	0.00	19.77	0.00	2.33	2.33		75.58	0.00	86
	65—69	0.00	12.24	0.00	0.00	6.80		80.95	0.00	147
	70—74	0.64	21.79	0.00	7.05	9.62		58.97	1.92	156
	75—79	0.00	18.52	0.00	1.85	2.78		76.85	0.00	108
	80—84	0.00	5.26	0.00	0.00	3.51		91.23	0.00	57
	85+	0.00	30.30	0.00	0.00	0.00		69.70	0.00	33
	总体	0.87	23.57	0.12	2.73	4.09		67.74	0.86	804

续表

地区	年龄组（岁）	父亲	母亲	岳父	岳母	年龄较大的女儿	姐妹	无别人	其他	样本量（个）
赵县	25—29	0. 00	100. 00	0. 00	0. 00	0. 00	0. 00	0. 00	0. 00	5
	30—34	10. 00	80. 00	0. 00	0. 00	0. 00	0. 00	0. 00	10. 00	20
	35—39	6. 25	84. 38	3. 13	3. 13	0. 00	0. 00	3. 13	0. 00	96
	40—44	4. 76	90. 48	0. 00	0. 00	0. 00	0. 00	4. 76	0. 00	84
	45—49	0. 00	82. 43	4. 05	0. 00	0. 00	0. 00	13. 51	0. 00	74
	50—54	10. 87	82. 61	0. 00	0. 00	0. 00	0. 00	6. 52	0. 00	46
	55—59	0. 00	68. 18	0. 00	0. 00	0. 00	0. 00	31. 82	0. 00	44
	60—64	1. 56	41. 15	0. 00	2. 08	6. 77	0. 00	43. 23	5. 21	192
	65—69	0. 00	25. 35	0. 00	4. 23	0. 70	0. 00	69. 72	0. 00	142
	70—74	2. 88	44. 23	0. 00	3. 85	2. 88	1. 44	41. 35	3. 37	208
	75—79	1. 67	48. 33	0. 00	0. 00	5. 00	0. 00	45. 00	0. 00	120
	80—84	6. 00	39. 00	0. 00	0. 00	6. 00	0. 00	43. 00	6. 00	100
	85 +	0. 00	53. 49	0. 00	0. 00	6. 98	0. 00	37. 21	2. 33	43
	总体	2. 90	54. 00	0. 51	1. 79	2. 98	0. 26	35. 35	2. 21	1174
丰润区	25—29	0. 00	75. 00	0. 00	0. 00	0. 00	0. 00	25. 00	0. 00	4
	30—34	13. 04	82. 61	0. 00	4. 35	0. 00	0. 00	0. 00	0. 00	23
	35—39	7. 55	86. 79	0. 00	0. 00	0. 00	0. 00	3. 77	1. 89	53
	40—44	0. 00	84. 00	0. 00	0. 00	0. 00	0. 00	16. 00	0. 00	50
	45—49	0. 00	68. 75	0. 00	0. 00	0. 00	0. 00	31. 25	0. 00	32
	50—54	0. 00	73. 53	0. 00	0. 00	0. 00	0. 00	26. 47	0. 00	34
	55—59	6. 67	73. 33	0. 00	0. 00	0. 00	0. 00	13. 33	6. 66	30
	60—64	3. 68	56. 62	1. 47	0. 00	1. 47	0. 00	34. 56	2. 21	136
	65—69	4. 35	52. 17	0. 00	0. 72	6. 52	0. 00	35. 51	0. 72	138
	70—74	5. 30	49. 24	0. 00	0. 00	4. 55	0. 76	37. 88	2. 27	132
	75—79	3. 08	35. 38	0. 00	0. 00	6. 92	3. 08	51. 54	0. 00	130
	80—84	0. 93	35. 51	0. 00	0. 00	11. 21	0. 00	52. 34	0. 00	107
	85 +	13. 04	36. 96	0. 00	0. 00	0. 00	0. 00	47. 83	2. 17	46
	总体	4. 15	53. 99	0. 22	0. 22	4. 15	0. 55	35. 52	1. 21	915

我们下面再分受访者性别对这一问题进一步观察。

对同一问题进行分性别考察，意在探究受访者对父母和公婆提供子女照料帮助的评价或判断上是否存在差异。我们认为，在受访者子女照料帮助问题上，作为儿子的受访者和作为儿媳的受访者可能会有差异。特别是儿子对父母所提供照料的估价与儿媳对公婆所提供照料的估价可能会有不同，即存在相对客观或低估之别。

就表4－4数据而言，作为儿子的受访者认为母亲提供了照料帮助的比例超过50%，而作为儿媳的受访者认为婆婆提供的照料不足1/3。当然，调查中并未采用夫妇两个问卷调查方法，难以准确度量夫妇对同一问题看法的异同，这只是对不同性别受访者样本分别统计所得出的结果。

表4－4　不同性别受访者所生子女年幼时谁帮助照看过　单位:%

性别	年龄组（岁）	父亲（公公）	母亲（婆婆）	岳父	岳母	年龄较大的女儿	姐妹	无别人	其他	样本量（个）
男性	25—29	0.00	88.89	0.00	0.00	0.00	0.00	11.11	0.00	9
	30—34	7.69	73.08	0.00	1.92	0.00	0.00	9.62	7.69	52
	35—39	5.03	77.65	1.68	2.79	0.00	0.00	12.29	0.56	179
	40—44	3.43	81.71	0.00	0.57	0.57	0.00	13.71	0.00	175
	45—49	0.00	68.79	2.13	2.84	0.00	0.00	26.24	0.00	141
	50—54	4.00	60.00	0.80	0.00	0.00	0.00	35.20	0.00	125
	55—59	3.88	54.37	0.00	0.00	0.00	0.00	37.86	3.88	103
	60—64	2.80	42.52	0.93	1.87	6.07	0.00	43.46	2.33	214
	65—69	2.87	34.45	0.00	0.48	5.26	0.00	56.46	0.48	209
	70—74	2.36	50.39	0.00	0.79	5.91	0.39	36.61	3.54	254
	75—79	1.79	33.04	0.00	0.89	3.57	0.00	60.71	0.00	112
	80—84	3.57	23.21	0.00	0.00	12.50	0.00	55.36	5.36	112
	85＋	1.79	51.79	0.00	0.00	0.00	0.00	44.64	1.79	56
	总体	3.04	53.96	0.52	1.09	3.33	0.06	36.22	1.78	1741
女性	30—34	27.27	54.55		0.00	0.00	0.00	18.18	0.00	11
	35—39	33.33	66.67		0.00	0.00	0.00	0.00	0.00	3
	40—44	0.00	100.00		0.00	0.00	0.00	0.00	0.00	4
	45—49	0.00	66.67		0.00	0.00	0.00	33.33	0.00	6

续表

性别	年龄组（岁）	父亲（公公）	母亲（婆婆）	岳父	岳母	年龄较大的女儿	姐妹	无别人	其他	样本量（个）
	55—59	0.00	0.00		0.00	0.00	0.00	100.00	0.00	4
	60—64	1.00	41.00		1.00	2.00	0.00	51.00	4.00	200
	65—69	0.00	24.77		2.75	4.13	0.00	68.35	0.00	218
	70—74	3.31	26.03		7.02	4.96	1.24	55.79	1.65	242
	75—79	1.63	35.37		0.41	5.69	1.63	55.28	0.00	246
	80—84	1.97	35.53		0.00	3.95	0.00	58.55	0.00	152
	85 +	7.58	31.82		0.00	4.55	0.00	54.55	1.52	66
	总体	2.25	32.78		2.25	4.16	0.61	56.81	1.12	1152

不过，男女受访者有一个共同点是，本代从母亲或公婆那里所获照料帮助均存在年龄组差异。男性55岁以下组受访者认为母亲提供过帮助的比例都超过50%，60—64岁以上组受访者认为子女得到母亲照料的比例多在50%以下；女性45—49岁组以下多认为婆婆提供了照料，而50岁以上组波动较大，多低于40%。这一差异产生的原因，正如前面所言，可能与60岁以上受访者已婚兄弟较多，生育的子女也多，父母（公婆），主要是婆婆难以分身照料有关，也有可能为母亲（婆婆）去世较早所致。

2. 受访者从亲代所获帮助比较

在此，我们对不同性别受访者婚后从父母或公婆那里所获几种主要帮助作一比较（见表4－5）。

表4－5　不同性别受访者婚后父母（公婆）为其提供的主要帮助

单位：%

性别	年龄组（岁）	照料小孩	料理家务	做农活	没有帮助	其他	样本量（个）
男性	25—29	45.45	18.18	27.27	9.09	0.00	11
	30—34	61.76	11.76	23.53	2.94	0.00	34
	35—39	70.09	3.74	20.56	5.61	0.00	107
	40—44	73.33	4.44	14.44	7.78	0.00	90
	45—49	61.29	8.06	11.29	19.35	0.00	62

续表

性别	年龄组（岁）	照料小孩	料理家务	做农活	没有帮助	其他	样本量（个）
	50—54	61. 11	5. 56	12. 96	20. 37	0. 00	54
	55—59	52. 27	4. 55	20. 45	22. 73	0. 00	44
	60—64	57. 89	5. 26	7. 89	23. 68	5. 26	76
	65—69	41. 43	4. 29	5. 71	34. 29	14. 29	70
	70—74	42. 86	12. 70	14. 29	20. 63	9. 52	63
	75—79	60. 00	0. 00	0. 00	32. 00	8. 00	25
	80—84	44. 00	4. 00	4. 00	28. 00	20. 00	25
	85 +	66. 67	0. 00	0. 00	16. 67	16. 67	12
	总体	58. 61	5. 93	13. 35	17. 80	4. 30	674
女性	30—34	14. 29	0. 00	71. 43	14. 29	0. 00	7
	35—39	50. 00	0. 00	50. 00	0. 00	0. 00	2
	40—44	33. 33	0. 00	66. 67	0. 00	0. 00	3
	45—49	100. 00	0. 00	0. 00	0. 00	0. 00	2
	55—59	0. 00	0. 00	0. 00	66. 67	33. 33	3
	60—64	56. 25	1. 56	9. 38	31. 25	1. 56	64
	65—69	33. 96	3. 77	5. 66	47. 17	9. 43	53
	70—74	43. 86	8. 77	5. 26	36. 84	5. 26	57
	75—79	45. 10	3. 92	5. 88	25. 49	19. 61	51
	80—84	54. 55	3. 03	9. 09	24. 24	9. 09	33
	85 +	46. 67	6. 67	13. 33	20. 00	13. 33	15
	总体	45. 36	4. 12	9. 97	31. 96	8. 59	290

男性受访者中，近60%认为父母在小孩照料方面对其帮助更大。父母所付出的不同类型帮助合计约占80%，表明多数父母在儿子婚后孙子女抚育过程中给予了较多的劳务性帮助。不过，也有约18%的受访者认为父母没有提供帮助。女性受访者虽然认为公婆在照料小孩方面对其帮助最大，但所占比例明显低于男性受访者；认为公婆没有提供帮助的比例超过30%。不同性别受访者对同一问题回答中表现出差异，即作为儿子的受访者和作为儿媳的受访者对父母和公婆提供帮助的评价和判断有不同，其原因与上面的分析相似。

虽然三地受访者均认为父母或公婆在照料小孩方面对其帮助最大，但所占比例有较大差异。赵县总体水平达到58.31%，丰润区超过60%，赤城县不足40%。但也应注意，赤城县受访者认为父母或公婆提供过照料小孩、料理家务和做农活三类主要帮助的数据合计也超过60%，表明当地亲代对子代有劳务帮助者占多数，当然它低于赵县和丰润区的水平，后两地分别为75.70%和77.64%（见表4-6）。

表4-6　三地受访者婚后父母（公婆）为其提供的主要帮助比较

单位：%

地区	年龄组（岁）	照料小孩	料理家务	做农活	没有帮助	其他	样本量（个）
赤城县	25—29	0.00	0.00	50.00	50.00	0.00	2
	30—34	54.55	0.00	36.36	9.09	0.00	11
	35—39	44.44	0.00	27.78	27.78	0.00	18
	40—44	50.00	7.69	30.77	11.54	0.00	26
	45—49	55.00	10.00	15.00	20.00	0.00	20
	50—54	26.32	10.53	15.79	47.37	0.00	19
	55—59	20.00	13.33	26.67	33.33	6.67	15
	60—64	44.44	3.70	11.11	29.63	11.11	27
	65—69	29.73	5.41	8.11	40.54	16.22	37
	70—74	37.14	11.43	11.43	25.71	14.29	35
	75—79	36.36	0.00	0.00	36.36	27.27	22
	80—84	33.33	0.00	8.33	33.33	25.00	12
	85+	42.86	0.00	0.00	28.57	28.57	7
	总体	38.49	5.95	15.87	29.37	10.32	252
赵县	25—29	75.00	0.00	25.00	0.00	0.00	4
	30—34	57.14	0.00	35.71	7.14	0.00	14
	35—39	71.70	3.77	24.53	0.00	0.00	53
	40—44	82.50	5.00	10.00	2.50	0.00	40
	45—49	64.29	10.71	10.71	14.29	0.00	28
	50—54	87.50	0.00	12.50	0.00	0.00	16
	55—59	58.82	0.00	5.88	35.29	0.00	17
	60—64	50.00	5.00	10.00	33.33	1.67	60
	65—69	30.43	6.52	4.35	43.48	15.22	46

续表

地区	年龄组（岁）	照料小孩	料理家务	做农活	没有帮助	其他	样本量（个）
	70—74	49.06	9.43	13.21	22.64	5.66	53
	75—79	65.38	3.85	0.00	15.38	15.38	26
	80—84	45.83	8.33	12.50	25.00	8.33	24
	85 +	60.00	0.00	0.00	20.00	20.00	10
	总体	58.31	5.37	12.02	19.44	4.86	391
丰润区	25—29	33.33	33.33	33.33	0.00	0.00	6
	30—34	50.00	25.00	25.00	0.00	0.00	16
	35—39	78.95	5.26	13.16	2.63	0.00	38
	40—44	77.78	0.00	11.11	11.11	0.00	27
	45—49	68.75	0.00	6.25	25.00	0.00	16
	50—54	73.68	5.26	10.53	10.53	0.00	19
	55—59	66.67	0.00	26.67	6.67	0.00	15
	60—64	71.70	1.89	5.66	18.87	1.89	53
	65—69	55.00	0.00	5.00	35.00	5.00	40
	70—74	40.63	12.50	3.13	40.63	3.13	32
	75—79	46.43	3.57	10.71	32.14	7.14	28
	80—84	63.64	0.00	0.00	22.73	13.64	22
	85 +	60.00	10.00	20.00	10.00	0.00	10
	总体	62.73	4.97	9.94	19.57	2.80	322

（三）受访者子女成年后结婚前的代际关系

在河北农村，20 世纪 90 年代之前，受访者及其成年子女均以农耕为主，婚前与父母共同生活。而在 80 年代初期之前的集体经济时代，家庭成年劳动力均为集体经济组织的劳动者，可谓共同以农耕作为谋生方式；一户为一个分配单位，亲子代收入和消费一体。但在 20 世纪 90 年代初期之后，农村成年但尚未婚配的子代外出从事非农务工行为增多。这里我们将对不同年龄组受访者本人和成年子代婚前的经济关系作一考察。

我们看到，65 岁以上受访者子女婚前收入全部交给父母的比例超过 85%，而自己掌管者多低于 10%。60 岁以下子女收入全部上交比例低于80%，自己掌管的比例有所上升。我们认为，这与子代外出从事非农工作增多有关。不过，不论就整体还是从多数年龄组看，亲代与成年未婚子代收入一体均占主流（见表4－7）。

表4－7　　受访者子女婚前收入支配方式　　单位:%

年龄组（岁）	全部交父母	部分交父母	全部自己掌管	样本量（个）
40—44	77.78	0.00	22.22	9
45—49	51.52	24.24	24.24	33
50—54	75.00	11.11	13.89	72
55—59	69.14	9.88	20.99	81
60—64	77.17	9.78	13.04	368
65—69	88.66	2.84	8.51	388
70—74	87.19	2.70	10.11	445
75—79	90.00	1.88	8.13	320
80—84	93.39	1.65	4.96	242
85＋	90.68	1.69	7.63	118
总体	85.32	4.57	10.11	2076

那么，受访者儿子和女儿婚前收入支配方式有无区别？一般来说，在农耕为主且共同劳动环境中，成年子女之间应无差异，即他们都是父母为主导家庭的劳动者，缺少家庭外的独立收入。而最近20年中，成年未婚子女外出务工增多，是否会发生收入支配方式的变化？下面我们看一下不同时期受访者子女之间收入支配的异同。

我们曾经设想，由于女性的婚姻形式多为出嫁，就当代而言，娘家父母所付出的婚姻花费较少（传统时代嫁女厚妆奁的习俗已基本消失）。而当女性成年后有了在外工作的机会时，自己支配收入的意识也许较强。儿子因父母要为其准备结婚条件：建房、备办彩礼、婚礼等，花费不菲，他可能不得不把在家庭外收入的主要部分交给父母，以增强父母操办婚事的财力。

然而，表4－8数据表明，整体上，女儿与父母收入一体的比例高于儿子约5个百分点。这种情形也许可从两个方面解释，一是女儿婚前独立支配自己在外所获收入的意识较儿子弱，她们更为顾家；二是调查地区农村，受访者的女儿相比儿子在外务工的比例较低，收入独立支配的机会较儿子少。

表4－8　受访者子女婚前收入支配方式比较　单位：%

子女	年龄组（岁）	全部交父母	部分交父母	全部自己掌管	样本量
儿子	40—44	50.00	0.00	50.00	2
	45—49	46.15	30.77	23.08	13
	50—54	75.86	10.34	13.79	29
	55—59	69.23	10.26	20.51	39
	60—64	74.86	9.50	15.64	179
	65—69	84.29	3.14	12.57	191
	70—74	84.65	4.19	11.16	215
	75—79	86.88	2.50	10.63	160
	80—84	93.33	0.83	5.83	120
	85＋	85.19	3.70	11.11	54
	总体	82.83	4.99	12.18	1002
女儿	40—44	85.71	0.00	14.29	7
	45—49	55.00	20.00	25.00	20
	50—54	74.42	11.63	13.95	43
	55—59	69.05	9.52	21.43	42
	60—64	79.37	10.05	10.58	189
	65—69	92.89	2.54	4.57	197
	70—74	89.52	1.31	9.17	229
	75—79	93.13	1.25	5.63	160
	80—84	93.44	2.46	4.10	122
	85＋	95.31	0.00	4.69	64
	总体	87.62	4.19	8.19	1074

关于这一点，我们可从受访者子女婚前外出经历加以印证（见表4－9）。

表4－9　受访者子女婚前外出务工、上学、参军经历比较　单位：%

子女	年龄组（岁）	有	无	样本量
儿子	40—44	100.00	0.00	3
	45—49	42.86	57.14	14
	50—54	37.93	62.07	29
	55—59	35.90	64.10	39
	60—64	27.62	72.38	181
	65—69	13.99	86.01	193
	70—74	12.56	87.44	215
	75—79	13.13	86.88	160
	80—84	21.31	78.69	122
	85＋	20.37	79.63	54
	总体	19.41	80.59	1010
女儿	40—44	37.50	62.50	8
	45—49	28.57	71.43	21
	50—54	25.58	74.42	43
	55—59	16.67	83.33	42
	60—64	13.16	86.84	190
	65—69	5.03	94.97	199
	70—74	6.11	93.89	229
	75—79	1.25	98.75	160
	80—84	1.60	98.40	125
	85＋	3.13	96.88	64
	总体	7.58	92.42	1082

我们看到，65—69岁以上受访者的女儿很少有外出工作和上学等经历，而儿子则超过10%。55—59岁以下受访者子女有外出经历者均明显增加，儿子超过1/3，女儿则仅在40—44岁组受访者中达到这个水平。

综合以上，我们可以得出这样的认识，受访者婚后初期多数并没有建立独立的生活单位，而以父母原有家庭为生存载体；在养育子女过程中，受访者从亲代，特别是母亲（婆婆）那里获得的照料帮助最多，同时在家务料理和家庭经济活动中，亲代也为其作出劳务性贡献；受访者成人后、结婚前多数与亲代保持经济一体格局。

三 受访者子代婚配期间及初婚后的代际关系

相对于受访者本代，本次调查的问卷中设计了较多与受访者子代婚姻有关的问项。我们主要想借此认识子代在婚姻缔结过程中与亲代（受访者）的关系表现。

（一）受访者子代婚姻年龄

表4－10显示，在调查地区农村，40—44岁组的受访者即有结婚的子女，而40岁以下受访者有子女已婚则属个别现象。

表4－10　不同年龄组受访者子女平均初婚年龄　单位：岁

年龄组（岁）	儿子		女儿		总体	
	平均初婚年龄	样本量（个）	平均初婚年龄	样本量（个）	平均初婚年龄	样本量（个）
40—44	23.00	3	20.29	8	20.89	11
45—49	22.64	14	21.67	21	22.06	35
50—54	22.97	29	22.21	43	22.51	72
55—59	22.87	39	21.64	42	22.23	81
60—64	23.05	181	22.61	190	22.82	371
65—69	23.32	193	21.58	199	22.43	392
70—74	23.00	215	21.52	229	22.23	444
75—79	23.71	160	21.18	160	22.44	320
80—84	24.12	122	21.57	125	22.83	247
85＋	24.26	54	21.33	64	22.67	118
总体	23.37	1010	21.69	1081	22.50	2091

我们看到，就平均初婚年龄看，受访者儿子以23岁以上结婚居多，且40—44岁、45—49岁、50—54岁、55—59岁、60—64岁、65—69岁和70—74岁各年龄组受访者的儿子平均初婚年龄很接近，表现出较强的稳定性。

各年龄组受访者女儿的平均初婚年龄则以21岁以上为主，相对稳定于21.5岁。

可见，受访者子女的平均初婚年龄高于法定婚龄。而75岁以上受访者儿子结婚时还受到晚婚政策的制约。

（二）受访者在子女婚配过程中的财力付出

这一问题有多种观察视角，我们主要从是否建婚房和婚姻整体花费上来认识。

前面已经看到，调查地区农村受访者的成年子女婚前多数没有自己独立支配的收入，而是与父母经济一体。这种经济关系下，子代婚姻由父母操办就有了逻辑前提。

1. 为结婚儿子或招赘女儿建新房状况

我们看到，为儿子结婚建过新房的受访者超过60%。其中45—65岁组这一比例最大，在70%—93%之间。进一步分析可知，除40—44岁组外，受访者为儿子结婚建新房的比例变动与其年龄组成反比，即受访者年龄组越高，建房比例越低，反之亦然。它表明，随着农民家庭经济条件的改善，为儿子结婚建新房逐渐普遍。当然，这也与外部压力的作用有关，即有新房越来越成为男性婚姻缔结的必要条件，父母不敢怠慢。而为招赘女儿所建新房的总体比例不足10%（见表4－11）。

表4－11　受访者是否为儿子或招赘女儿盖过婚房　单位:%

子女	年龄组（岁）	是	否	样本量（个）
儿子	40—44	33.33	66.67	3
	45—49	92.86	7.14	14
	50—54	82.76	17.24	29
	55—59	76.92	23.08	39
	60—64	70.72	29.28	181
	65—69	75.26	24.74	190
	70—74	68.87	31.13	212
	75—79	57.14	42.86	154
	80—84	33.88	66.12	121
	85＋	30.19	69.81	53
	总体	63.25	36.75	996

续表

子女	年龄组（岁）	是	否	样本量（个）
女儿	40—44	0.00	100.00	3
	45—49	0.00	100.00	1
	50—54	25.00	75.00	8
	55—59	0.00	100.00	6
	60—64	17.86	82.14	28
	65—69	10.00	90.00	20
	70—74	6.45	93.55	31
	75—79	0.00	100.00	26
	80—84	0.00	100.00	11
	85 +	0.00	100.00	7
	总体	7.80	92.20	141

2. 受访者子女婚配费用贡献构成

在农村，由于多数家庭亲代与成年子代婚前收入混为一体，因而很难精确计量子代婚姻花费中亲子之间究竟谁的贡献大。一般而言，在早婚流行的时代，子女尚未成为劳动力即被父母安排谈婚论嫁，所需费用主要为父母劳动积累或以家庭遗产为基础。而若子女晚婚，则有两种表现，第一种情况是，子女成年后（十五六岁）即开始参与耕作、做生意等谋生性活动，集体经济时代则通过在生产队劳动而挣得工分。如果该子女延迟至二十三四岁结婚，那么，父母主导的家庭所积累的财富（当然数量有限）中有不少属于子女的贡献。第二种情况是，子女接受教育的时间延长，若要完成高中教育，毕业后则在十八九岁。20 世纪 90 年代之后即有这种表现。与此同时，结婚年龄降低，子女婚前对家庭财富积累的贡献减少。当然，实际情形比较多样，有些家庭的子女初中毕业即外出务工，则会增大其对家庭收入的贡献（见表 4－12）。

表 4-12　不同年龄组受访者子女结婚费用亲子代贡献构成　单位:%

子女	年龄组（岁）	自己和配偶	子女本人	其他子女帮助	其他	样本量（个）
儿子	40—44	100.00	0.00	0.00	0.00	2
	45—49	100.00	0.00	0.00	0.00	12
	50—54	100.00	0.00	0.00	0.00	24
	55—59	87.88	12.12	0.00	0.00	33
	60—64	88.36	8.22	1.37	2.05	146
	65—69	88.39	10.97	0.00	0.65	155
	70—74	89.62	7.10	0.55	2.73	183
	75—79	74.36	16.24	7.69	1.71	117
	80—84	82.35	14.12	0.00	3.53	85
	85+	84.62	15.38	0.00	0.00	39
	总体	86.31	10.43	1.51	1.76	796
女儿	35—39	100.00	0.00		0.00	1
	40—44	100.00	0.00		0.00	5
	45—49	86.67	6.67		6.67	15
	50—54	76.47	14.71		8.82	34
	55—59	88.46	7.69		3.85	26
	60—64	83.87	4.84		11.29	124
	65—69	85.71	10.32		3.97	126
	70—74	82.89	7.24		9.87	152
	75—79	64.52	21.51		13.98	93
	80—84	78.05	15.85		6.10	82
	85+	80.95	0.00		19.05	42
	总体	80.57	10.14		9.29	700

我们对子代婚姻花费的统计建立在受访者本人判断基础上，其中也许会有对本代贡献夸大的成分，或者有子代的贡献被隐匿或低估的情形。

可见，在受访者看来，其子女结婚花费主要由亲代承担。值得注意的是，50—54 岁以下组受访者的儿子对其婚姻费用的贡献为 0，意味着费用全部由父母提供。其原因可能是，这些儿子婚前或者没有稳定的收入，或者虽有收入但被自己消费掉了，并没有交给父母。在当地田野调查时，不少受访者对我们讲，儿子虽在外务工，但挣得少，还不够他们自己消费。在这种情况下，如果儿子又在相对比较低的年龄结婚（刚到法定婚龄），那么我们相信他们对自己婚事费用的贡献是有限的。而55—59岁组受访者儿子中有一定比例为自己贡献，他们多为在外地有正式工作者，并且定居于城市，父母不必花钱为其在村庄建房。

（三）受访者与已婚子女居住方式

对于受访者调查时点与已婚子女的居住方式，我们设计的问项比较简单，一是共同生活，二是分爨生活。

在调查地区农村，儿子婚姻方式以娶妻为主，并与父母同村居住。因而考察他们婚后与父母的分合状况最有意义。有已婚儿子的受访者，与儿子共同生活的总比例不到20%。但不同年龄组差异较大，45—49岁组和50—54岁组中年受访者与儿子共同生活比例超过50%。这与其儿子尚处初婚阶段有关（见表4-13）。

表4-13　不同年龄组受访者与已婚儿子和女儿居住方式比较　单位：%

子女	年龄组（岁）	共同生活	分爨生活	样本量（个）
儿子	40—44	0.00	100.00	3
	45—49	71.43	28.57	14
	50—54	58.62	41.38	29
	55—59	30.77	69.23	39
	60—64	23.76	76.24	181
	65—69	13.47	86.53	193
	70—74	11.16	88.84	215
	75—79	13.13	86.88	160
	80—84	18.03	81.97	122
	85+	29.63	70.37	54
	总体	18.91	81.09	1010

续表

子女	年龄组（岁）	共同生活	分爨生活	样本量（个）
女儿	40—44	0.00	100.00	8
	45—49	4.76	95.24	21
	50—54	2.33	97.67	43
	55—59	0.00	100.00	42
	60—64	2.63	97.37	190
	65—69	3.02	96.98	199
	70—74	1.31	98.69	229
	75—79	1.25	98.75	160
	80—84	4.00	96.00	125
	85 +	1.56	98.44	64
	总体	2.22	97.78	1082

受访者与已婚子女的“合”、“分”生活方式在三地之间有何异同?

就总体而言，赤城县亲子合爨生活比例最低，不足15%；赵县最高，超过20%；丰润区接近20%。我们看到，除个别年龄组外，亲子分爨的比例都超过50%。

表4－14　　三地不同年龄组受访者与已婚儿子合分经历　　单位:%

地区	年龄组（岁）	共同生活	分爨生活	样本量（个）
赤城县	40—44	0.00	100.00	1
	45—49	25.00	75.00	4
	50—54	45.45	54.55	11
	55—59	18.18	81.82	11
	60—64	13.16	86.84	38
	65—69	6.25	93.75	64
	70—74	11.48	88.52	61
	75—79	9.30	90.70	43
	80—84	8.33	91.67	24
	85 +	42.86	57.14	14
	总体	13.28	86.72	271

续表

地区	年龄组（岁）	共同生活	分爨生活	样本量（个）
赵县	40—44	0.00	100.00	1
	45—49	100.00	0.00	5
	50—54	100.00	0.00	9
	55—59	36.84	63.16	19
	60—64	22.78	77.22	79
	65—69	18.18	81.82	66
	70—74	10.58	89.42	104
	75—79	19.23	80.77	52
	80—84	24.00	76.00	50
	85 +	27.78	72.22	18
	总体	22.08	77.92	403
丰润区	40—44	0.00	100.00	1
	45—49	80.00	20.00	5
	50—54	33.33	66.67	9
	55—59	33.33	66.67	9
	60—64	31.25	68.75	64
	65—69	15.87	84.13	63
	70—74	12.00	88.00	50
	75—79	10.77	89.23	65
	80—84	16.67	83.33	48
	85 +	22.73	77.27	22
	总体	19.64	80.36	336

根据表4-14，除40—44岁组外（三县均各只有1个样本），不同年龄组受访者与已婚儿子“合”、“分”居住方式呈现出这样的特征，60—64岁及以下低龄组和80—84岁及以上高龄组与已婚儿子共爨比例相对较高，而65—69岁、70—74岁、75—79岁年龄组则比较低。我们认为，低龄组受访者与已婚儿子同住比例高有两个原因，一是结婚时间相对较短，二是少生时代夫妇只有一个儿子的比例提高

（在农村习惯下，父母与独子合爨生活的比例较高），低龄老年受访者生活自理能力强且所育子女相对较多，故独立生活比例较高。进入高龄阶段，受访者生活自理能力降低，不得不与一个儿子共同生活。甚至出现受访者夫妇中年和低龄老年阶段与儿子分爨生活、至生活自理能力降低的高龄阶段再合爨的情形。不过对有多个儿子的老年人来说，与诸子分爨之后很难回到与一个儿子重新合爨的直系家庭之中，而是被诸个儿子轮养。

在当代，父母与已婚子女共同生活并非只有同吃、同住、同收支一种模式。我们想知道，那些与儿子共同生活的受访者采用的具体做法是什么。

亲子共同生活样本中，同吃、同住、同收支占主导地位，其次是同吃同住分收支，同吃分住分收支居第三位，分吃同住分收支居第四位，同吃分住同收支居第五位。“三同”是家庭生活一体化的表现，同吃同住分收支多表现为两代已婚者都有收入，户主及其配偶并不要求非户主的子代夫妇将收入上交。多数情形为亲代是家庭生活的主导者，子代夫妇从事相对独立的经济活动，并不将自己的收入交给亲代掌管。这些家庭的经济条件相对较好，故共同生活的亲子夫妇之间不必斤斤计较。同吃分住同收支多为一家有两处宅院，如父母住在老宅，儿子夫妇在新宅，形成分住同爨局面。同吃分住分收支家庭的居住格局与同吃分住同收支相似，也多为分住的子代主要收入自己掌管。分吃同住分收支虽住在一起，实际上已经形成两个伙食单位。受访者所以说亲子未分，可能因为住在一院，有时会有临时性共爨做法，独立生活界限比较模糊（见表4－15）。

表4－15　　受访者与同住子女吃住和收支安排方式　　单位：%

年龄组（岁）	同吃同住同收支	同吃同住分收支	同吃分住同收支	同吃分住分收支	分吃同住分收支	样本量（个）
45—49	72.73	9.09	0.00	18.18	0.00	11
50—54	50.00	22.22	5.56	22.22	0.00	18
55—59	50.00	25.00	16.67	0.00	8.33	12

续表

年龄组（岁）	同吃同住同收支	同吃同住分收支	同吃分住同收支	同吃分住分收支	分吃同住分收支	样本量（个）
60—64	54.17	31.25	2.08	8.33	4.17	48
65—69	77.42	12.90	0.00	6.45	3.23	31
70—74	70.37	11.11	0.00	11.11	7.41	27
75—79	78.26	8.70	4.35	0.00	8.70	23
80—84	76.00	16.00	0.00	4.00	4.00	25
85 +	58.82	23.53	11.76	5.88	0.00	17
总体	65.57	18.87	3.30	8.02	4.25	212

（四）子代婚后与本代形成的“交换”关系

调查地区农村，受访者的儿子婚后多数仍在村庄生活。当然，在离村非农就业增多的情况下，子代婚后在城市就业并定居在城里的情形也在增多，但目前亲子同村居住这一基本局面尚未改变。因而，无论同居还是分爨，亲代对子代需求的帮助关系依然存在。在此，我们着重考察受访者帮助子代照顾小孩的状况。

这一分析视角与前面受访者本代子女幼小时从亲代那里所获帮助有相似之处。不过对本代来说，前者是本代“接受”上代的帮助，此处是本代向子代“提供”的帮助，均由受访者本人来估价。

受访者对儿子和女儿生育子女后所给予的帮助因男娶女嫁这种婚姻方式而有不同，亦即受访者对孙子女的照料远高于外孙子女，这是婚嫁制度所造成的差异，并非有意“厚此薄彼”所导致。

就整体水平而言，受访者照看孙子女在一半及以上者超过60%，其中45—49岁组以上、70—74岁组以下受访者中给予一半以上照料者多超过65%，与男性受访者对亲代为其幼小子女的照料付出估价有相似之处（见表4－16）。

表4－16　不同年龄组受访者帮助子女照看小孩情况　单位:%

子女性别	年龄组（岁）	几乎全部	超过一半	大约一半	所获帮助在一半及以上小计	少于一半	没有	样本量（个）
儿子	45—49	33.33	0.00	33.33	66.66	22.22	11.11	9
	50—54	23.81	38.10	9.52	71.43	14.29	14.29	21
	55—59	21.05	15.79	15.79	52.63	26.32	21.05	38
	60—64	25.29	22.94	19.41	67.64	17.65	14.71	170
	65—69	24.19	25.81	17.20	67.20	15.59	17.20	186
	70—74	19.70	26.11	17.24	63.05	16.75	20.20	203
	75—79	10.67	21.33	23.33	55.33	22.67	22.00	150
	80—84	6.84	28.21	14.53	49.58	29.91	20.51	117
	85＋	15.38	11.54	17.31	44.23	25.00	30.77	52
	总体	18.59	23.86	18.16	60.61	20.06	19.32	946
女儿	40—44	0.00	0.00	0.00	0.00	0.00	100.00	2
	45—49	0.00	0.00	20.00	20.00	13.33	66.67	15
	50—54	13.51	5.41	5.41	24.33	27.03	48.65	37
	55—59	5.26	0.00	0.00	5.26	36.84	57.89	38
	60—64	4.44	5.56	8.89	18.89	14.44	66.67	180
	65—69	4.64	8.25	3.09	15.98	12.37	71.65	194
	70—74	1.84	4.15	5.99	11.98	11.52	76.50	217
	75—79	3.29	6.58	3.95	13.82	17.76	68.42	152
	80—84	0.81	12.10	7.26	20.17	16.94	62.90	124
	85＋	1.67	0.00	11.67	13.34	6.67	80.00	60
	总体	3.43	6.08	6.08	15.59	15.00	69.41	1019

以上分析表明，受访亲代在子代婚姻缔结过程中仍发挥着重要的操办作用，包括住房在内的大项婚姻花费仍主要由本代承担。而婚后尽管亲子分爨普遍，亲代在儿媳生育之后仍承担着重要的照料责任。可见，这一传统代际关系模式在调查地区农村基本上得到了保留。

四　家庭“空巢”和解体期亲子代际关系
——以老年人为观察对象

对有子女的夫妇来说，其所生活的家庭“空巢”与否取决于多种因素，如子女数量、子女婚后分爨的时间。此外，它还与夫妇的年龄有关，在多子女生育和子代结婚若干年再与父母分爨的时代，“空巢”时夫妇的年龄多在50岁甚至60岁以上；而少子女生育和子代婚分间隔缩小的时代，夫妇中年时即可能进入“空巢”阶段，这在前面的分析中已经有所涉及。而夫妇中一方去世，家庭因而出现解体，其时在世者的年龄也因预期寿命变动而有不同。在此，我们不对夫妇处于“空巢”和解体的年龄作具体统计分析，拟对现阶段夫妇“空巢”和解体比例较高的老年人（60岁及以上）与子代的关系加以探讨，以弥补家庭生命周期分析对老年夫妇或夫妇一方生活方式考察的不足。

（一）60岁及以上老年人与子代关系

1. 受访老年人居住方式所体现的代际关系

尽管农村老年夫妇或丧偶老年人与子代共同生活的比例相对较高，但当代这种状况正在发生改变。下面我们从两个角度进行观察（见表4－17）。

表4－17　60岁及以上受访老年人以户为单位的居住方式　单位：%

年龄组（岁）	核心家庭	夫妇家庭	直系家庭	单人户	轮养	单人轮养	双人轮养	夫妇和单人户合计	样本量（个）
60—64	53.52	42.96	38.03	6.34	2.11	2.11	0.00	49.3	142
65—69	45.98	39.52	29.03	14.52	10.49	4.84	5.65	54.04	124
70—74	38.01	32.23	24.79	25.62	11.57	6.61	4.96	57.85	121
75—79	38.15	27.63	27.64	15.79	18.42	13.16	5.26	43.42	76
80—84	15.25	11.86	38.97	11.86	33.9	27.12	6.78	23.72	59
85+	0	0.00	51.86	14.81	33.33	29.63	3.70	14.81	27
总体	39.53	32.24	32.43	14.75	13.3	9.29	4.01	46.99	549

可见，老年人虽然在核心家庭居住的比例最高，但其所生活的却是该类中的夫妇家庭，即与子女分开生活为主。夫妇家庭在年龄组之间呈现随年龄增长而降低的特征，60—64 岁组夫妇家庭超过 40%，而 80 岁组则降至 11.86%。我们认为，这不完全是高龄组老年人需要子女照料所致（当然有这方面的因素），而与老年人丧偶比例增加有关。

老年人与已婚子女共同生活总体上接近 1/3，年龄组之间差异明显，60—64 岁组低龄老人和 80 岁以上高龄老年人与已婚子女共同生活比例相对较高，而 65—75 岁组则相对较低。我们认为，低龄组老年人中，有的子女刚结婚，尚未进入普遍离开母家庭阶段；高龄组老年人对已婚子女照料依赖增强，故所居类型中有相对高比例的直系家庭；中龄组老年人多与子女分爨，且身体尚好，独立生活成为趋向。

单人户老年人的构成比例 70—74 岁组最高；低龄组老年人有配偶比例高，较少单独生活。

轮养随年龄增长而增加，至 80 岁以上组，1/3 的老年人以轮养方式生活。

我们可将夫妇家庭和单人户视为单独生活的类型，在总受访老年人中，45% 以上单独生活。其中 65—69 岁组和 70—74 岁组最高。

不同地区受访老年人居住方式比较（见表 4-18）。

表 4-18　三地受访老年人生活方式比较　单位:%

地区	年龄组（岁）	核心家庭	夫妇家庭	直系家庭	单人户	轮养	单人轮养	夫妇轮养	夫妇和单人户小计	样本量（个）
赤城县	60—64	70.37	55.56	22.22	7.41	0.00	0.00	0.00	62.96	27
	65—69	54.05	37.84	21.62	21.62	2.70	0.00	2.70	59.46	37
	70—74	48.57	40.00	17.14	31.43	2.86	0.00	2.86	71.43	35
	75—79	54.55	40.91	27.27	18.18	0.00	0.00	0.00	59.09	22
	80—84	30.77	23.08	23.08	30.77	15.38	7.69	7.69	53.85	13
	85+	0.00	0.00	57.14	28.57	14.29	14.29	0.00	28.57	7
	总体	51.06	39.01	23.40	21.99	3.55	1.42	2.13	60.99	141

续表

地区	年龄组（岁）	核心家庭	夫妇家庭	直系家庭	单人户	轮养	单人轮养	夫妇轮养	夫妇和单人户小计	样本量（个）
赵县	60—64	50.00	40.32	41.94	6.45	1.61	1.61	0.00	46.77	62
	65—69	31.91	31.91	38.30	17.02	12.77	6.38	6.38	48.94	47
	70—74	35.19	29.63	27.78	27.78	9.26	5.56	3.70	57.41	54
	75—79	30.77	19.23	30.77	23.08	15.38	15.38	0.00	42.31	26
	80—84	12.50	12.50	33.33	8.33	45.83	37.50	8.33	20.83	24
	85 +	0.00	0.00	50.00	20.00	30.00	30.00	0.00	20.00	10
	总体	34.08	28.70	35.87	16.59	13.45	10.31	3.14	45.29	223
丰润区	60—64	49.06	39.62	41.51	5.66	3.77	3.77	0.00	45.28	53
	65—69	55.00	50.00	25.00	5.00	15.00	7.50	7.50	55.00	40
	70—74	31.25	28.13	28.13	15.63	25.00	15.63	9.38	43.75	32
	75—79	32.14	25.00	25.00	7.14	35.71	21.43	14.29	32.14	28
	80—84	9.09	4.55	54.55	4.55	31.82	27.27	4.55	9.09	22
	85 +	0.00	0.00	50.00	0.00	50.00	40.00	10.00	0.00	10
	总体	37.30	31.35	35.14	7.03	20.54	14.05	6.49	38.38	185

根据表4－18，三地被调查农村的老年夫妇“空巢”比例赤城县最高，整体水平接近40%；赵县和丰润区比较接近，占30%左右。解体家庭（以单人户为代表）也以赤城县为最高，超过20%；丰润区最低，只占约7%；赵县居于两者之间。若将“空巢”家庭和单人户合计，赤城县约占60%，赵县和丰润区分别为45.29%和38.38%。

下面我们再以人为统计单位观察，老年人居住构成的变化。

若以人（相对于调查对象所形成的“户”）为统计和分析对象，夫妇健在的受访者由1个样本变成2个样本。在表4－19中，最明显的变动表现为，夫妇家庭比例提高，单人户下降。老年人在“空巢”和“单人户”生活的总比例上升。它表明，调查地区农村老年“空巢”和单人居住现象成为一种与直系家庭并存的现象。若将轮养从直系家庭中去除，那么可见，老年单独居住或流动居住成为主流。这是代际关系的一种重要变化。若结合前面婚姻缔结和家庭扩展中的代际关系表现，我们得出的一个认识是，在婚姻缔结和家庭扩展阶段，代际关系保持了较强的传统模式；而子代完婚之后，父母以“空巢”和解体形式生活成为主要方式，表现出一定的现代趋向（见表4－19）。

表4－19　60岁及以上受访老年人以人为单位的居住方式　单位：%

年龄组（岁）	核心家庭	夫妇家庭	直系家庭	单人户	轮养	单人轮养	双人轮养	夫妇和单人户小计	样本量（个）
60—64	56.04	46.38	37.20	4.35	2.42	1.45	0.97	50.72	207
65—69	52.38	47.09	27.51	10.05	10.05	3.17	6.88	57.14	189
70—74	48.07	41.44	23.20	18.78	9.94	4.42	5.52	60.22	181
75—79	48.72	40.17	23.08	11.97	16.24	8.55	7.69	52.14	117
80—84	22.97	16.22	35.14	9.46	32.43	21.62	10.81	25.68	74
85＋	3.45	3.45	48.28	13.79	34.48	27.59	6.90	17.24	29
总体	47.30	40.15	29.86	10.92	11.92	6.40	5.52	51.07	797

2. 不同婚姻状态老年人居住方式

考察受访老年人调查时的婚姻状况可以从理论层面揭示他们在家庭生命周期的“空巢”和解体阶段的生存特征。

根据表4－20，75—79岁组是受访老年人婚姻状态的转折组，70—74岁及以下组有配偶者占多数，75岁及以上组以丧偶为主的婚姻解体成为多数，80—84岁组有配偶者不足30%，85岁及以上有配偶则成为个别现象。

表4－20　受访老年人的婚姻状况　单位：%

年龄组（岁）	有配偶小计	初婚有配偶	再婚有配偶	丧偶	离婚	婚姻解体小计	样本量（个）
60—64	80.99	79.58	1.41	18.31	0.70	19.01	142
65—69	69.36	66.94	2.42	30.65	0.00	30.65	124
70—74	52.06	47.93	4.13	46.28	1.65	47.93	121
75—79	42.11	38.16	3.95	56.58	1.32	57.9	76

续表

年龄组（岁）	有配偶小计	初婚有配偶	再婚有配偶	丧偶	离婚	婚姻解体小计	样本量（个）
80—84	28.81	23.73	5.08	71.19	0.00	71.19	59
85 +	3.70	3.70	0.00	96.30	0.00	96.3	27
总体	57.19	54.28	2.91	42.08	0.73	42.81	549

从上面统计中可见，“初婚有配偶”和“丧偶”是受访者婚姻状态的两种主要类型。下面我们主要分析一下这两种类型的受访者所生活的家庭类型（见表4－21）。

表4－21　初婚有配偶和丧偶老年受访者居住家庭类型比较　单位:%

婚姻状态	年龄组（岁）	夫妇家庭	标准核心家庭	缺损核心	三代直系	二代直系	四代直系	隔代直系	直系家庭小计	单人户	单人轮养	夫妇轮养	样本量（个）
初婚有配偶	60—64	52.21	11.50	0.00	25.66	5.31	2.65	2.65	36.27	0.00		0.00	113
	65—69	56.63	4.82	0.00	19.28	4.82	0.00	3.61	27.71	2.41		8.43	83
	70—74	65.52	8.62	1.72	12.07	3.45	0.00	0.00	15.52	1.72		6.90	58
	75—79	65.52	13.79	3.45	0.00	3.45	0.00	0.00	3.45	0.00		13.79	29
	80—84	50.00	0.00	0.00	21.43	7.14	0.00	7.14	35.71	0.00		14.29	14
	85 +	0.00	0.00	0.00	0.00	0.00	0.00	0.00	0	0.00		100.00	1
	总体	57.05	8.72	0.67	18.46	4.70	1.01	2.35	26.52	1.01		6.04	298
丧偶	60—64			7.69	42.31	0.00	0.00	3.85	46.16	34.62	11.54		26
	65—69			10.53	28.95	5.26	0.00	0.00	34.21	39.47	15.79		38
	70—74			1.79	23.21	10.71	0.00	0.00	33.92	50.00	14.29		56
	75—79			6.98	27.91	13.95	2.33	0.00	44.19	27.91	20.93		43
	80—84			4.76	11.90	23.81	2.38	2.38	40.47	16.67	38.10		42
	85 +			0.00	19.23	26.92	7.69	0.00	53.84	15.38	30.77		26
	总体			5.19	24.68	13.42	1.73	0.87	40.7	32.47	21.65		231

由表4－21我们看到，初婚有配偶中的受访者以“空巢”形式居

住的比例超过 50%。除 85 岁及以上组（只有 1 个样本）外，各年龄组的“空巢”比例均在 50% 及以上，它表明目前调查地区农村健在的老年夫妇“空巢”居住形式成为主流；而他们在不同类型直系家庭生活的比例处于第二位；轮养居住居第三位，且高龄较低龄者高。个别夫妇健在的老年受访者单人生活（只有 3 个样本），可能是短期分居。

受访者中的丧偶老年人从一级家庭类别看，在直系家庭生活的比例最高，但除 85 岁以上组外各年龄组这一居住方式并不居多数。而从二级类型看，丧偶者所生活的最大家庭类型为单人户，总数中接近 1/3 的丧偶受访者单独生活。相对看，70—74 岁及以下低龄组较高，均超过 1/3。丧偶者的第三种主要居住类型为轮养。这表明，从生命周期角度看，老年人丧偶之后真正以解体的形式——单独（单人户）生活的比例不足 1/3。不过，若将轮养也视为一种解体形式，两者合计为 54.12%。可见，调查地区农村老年人在解体家庭生活的比例开始占微弱多数，当然与已婚子女同生活仍是一种不可忽视的形式，现代趋向与传统方式并存的居住特征比较突出。

（二）从生活费用来源看代际关系

一般家庭生命周期研究主要从居住方式和形态着眼，将不同阶段的夫妇生活单位视为一个经济活动相对独立的家庭个体。在城市和福利保障制度比较健全的社会中，多数夫妇能做到这一点。而现阶段中国农民夫妇，特别是老年夫妇及夫妇一方，谁是其生活费用来源的提供者？

1. 总体状况

就整体看，子女是老年受访者生活费用的主要提供者。但 65—69 岁组及以下低龄老年人，非子女提供的比例约占 50%。其中 60 岁组靠自己工作者超过 65%，与退休金合计达 70.42%。70 岁以上老年人多数靠子女提供生活费用。这意味着目前农村老年人在失去劳动能力之后，子女仍是他们主要的经济支持者。可见，中青年子代反哺老年亲代这一传统做法并没有实质变化（见表 4－22）。

表 4－22　受访老年人生活费用来源　单位：%

年龄组（岁）	子女	配偶	孙子女	自己的工作	退休金	政府低保	其他	样本量（个）
60—64	19.72	9.86	0.00	65.49	4.93	0.00	0.00	142
65—69	50.81	9.68	0.00	33.06	5.65	0.00	0.81	124
70—74	66.94	3.31	0.00	24.79	1.65	3.31	0.00	121
75—79	85.53	3.95	2.63	5.26	1.32	0.00	1.32	76
80—84	86.44	0.00	1.69	1.69	1.69	8.47	0.00	59
85 +	85.19	0.00	0.00	3.70	0.00	11.11	0.00	27
总体	56.65	6.01	0.55	30.97	3.28	2.19	0.36	549

那么，这种代际关系在三地之间有何异同？

三地被调查农村之间，主要差异表现为，赤城县依靠子女提供生活费用的比例不足40%，而赵县则接近70%，丰润区约为56%。生活费用依赖自己供给的比例也以赤城县为最高，若将其与依赖配偶提供合计，为55.32%；赵县两项合计为25.56%；丰润区为36.76%。赤城县老年人生活自理比例高并非当地经济发展水平较其他地区发达，老年人支配经济资源的能力强所致，而与当地亲子关系比较淡薄有关。当地老年父母即使在劳动能力降低之后，仍不得不勉为其难，自食其力。这表明，老年亲代对子代养老的依赖处于有制度约束与无制度约束之间。法律规定子代有赡养老年亲代的义务，但赡养的起始时间和赡养水平则难以用制度加以规范，至少现阶段有这种表现（见表4－23）。

表 4－23　三地受访 60 岁及以上老年人生活费用来源比较　单位：%

地区	年龄组（岁）	子女	配偶	孙子女	自己的工作	退休金	政府低保	其他	样本量（个）
赤城县	60—64	0.00	14.81	0.00	81.48	3.70	0.00	0.00	27
	65—69	29.73	13.51	0.00	51.35	2.70	0.00	2.70	37
	70—74	40.00	8.57	0.00	51.43	0.00	0.00	0.00	35
	75—79	68.18	9.09	4.55	18.18	0.00	0.00	0.00	22
	80—84	69.23	0.00	0.00	7.69	0.00	23.08	0.00	13

续表

地区	年龄组（岁）	子女	配偶	孙子女	自己的工作	退休金	政府低保	其他	样本量（个）
赤城县	85 +	85.71	0.00	0.00	0.00	0.00	14.29	0.00	7
	总体	39.01	9.93	0.71	45.39	1.42	2.84	0.71	141
赵县	60—64	27.42	8.06	0.00	59.68	4.84	0.00	0.00	62
	65—69	74.47	6.38	0.00	14.89	4.26	0.00	0.00	47
	70—74	87.04	1.85	0.00	7.41	0.00	3.70	0.00	54
	75—79	92.31	0.00	3.85	0.00	0.00	0.00	3.85	26
	80—84	87.50	0.00	4.17	0.00	4.17	4.17	0.00	24
	85 +	90.00	0.00	0.00	0.00	0.00	10.00	0.00	10
	总体	68.61	4.04	0.90	21.52	2.69	1.79	0.45	223
丰润区	60—64	20.75	9.43		64.15	5.66	0.00		53
	65—69	42.50	10.00		37.50	10.00	0.00		40
	70—74	62.50	0.00		25.00	6.25	6.25		32
	75—79	92.86	3.57		0.00	3.57	0.00		28
	80—84	95.45	0.00		0.00	0.00	4.55		22
	85 +	80.00	0.00		10.00	0.00	10.00		10
	总体	55.68	5.41		31.35	5.41	2.16		185

在前面亲代对本代、本代对子代经济贡献中我们已经看到，赤城县农村这种关系功能弱于赵县和丰润区。而此处亲代年老之后依赖子代提供生活费用的比例也低于赵县和丰润区，这表明亲子之间存在异时交换关系：亲代在中青年阶段给予子代较多的劳务等帮助，那么年老之后才可能从子代那里获得较多的赡养支持。

2. 基于婚姻状态的亲子经济关系

我们下面将受访者分为初婚有配偶和丧偶两种类型做一分析。

表 4-24 初婚有配偶和丧偶老年受访者生活费用来源 单位:%

婚姻状态	年龄组（岁）	子女	配偶	孙子女	自己的工作	退休金	政府低保	其他	样本量（个）
初婚有配偶	60—64	11.50	10.62		72.57	5.31	0.00	0.00	113
	65—69	37.35	13.25		42.17	6.02	0.00	1.20	83
	70—74	55.17	5.17		36.21	3.45	0.00	0.00	58
	75—79	72.41	10.34		10.34	3.45	0.00	3.45	29
	80—84	71.43	0.00		7.14	7.14	14.29	0.00	14
	85+	100.00	0.00		0.00	0.00	0.00	0.00	1
	总体	36.24	9.73		47.65	5.03	0.67	0.67	298
丧偶	60—64	53.85	3.85	0.00	38.46	3.85	0.00		26
	65—69	81.58	0.00	0.00	13.16	5.26	0.00		38
	70—74	80.36	1.79	0.00	10.71	0.00	7.14		56
	75—79	93.02	0.00	4.65	2.33	0.00	0.00		43
	80—84	92.86	0.00	2.38	0.00	0.00	4.76		42
	85+	84.62	0.00	0.00	3.85	0.00	11.54		26
	总体	82.68	0.87	1.30	9.96	1.30	3.90		231

根据表 4-24，就初婚有配偶受访老年人而言，生活费用来源在年龄组之间差异较大，60—64 岁组自己工作所占比例较高，65—69 岁组自己工作和配偶提供合计所占比例仍超过 50%。70—74 岁组发生转变，依赖子女成为主要方式。

各年龄组丧偶者均以子女提供生活费用为主，当然高龄老年人靠子女提供费用的比例高于低龄老年人。从生命周期上讲，丧偶老年人已进入家庭解体阶段。由于丧偶老年人中女性高于男性，女性在有配偶时，其中一部分尚可依赖丈夫提供生活费用；一旦丧偶，依赖子女供养成为刚性需求。可见，尽管丧偶老年人与子女共同生活的比例并不占多数，但子代对其供养关系仍然保持着。

3. 几个主要家庭类型中老年人生活费用来源比较

表 4－25 单人户、夫妇户、轮养和直系家庭老年人生活费用来源比较

单位：%

家庭类型	年龄组（岁）	子女	配偶	孙子女	自己的工作	退休金	政府低保	其他	样本量（个）
单人户	60—64	44.44	11.11	0.00	44.44		0.00		9
	65—69	72.22	0.00	0.00	27.78		0.00		18
	70—74	77.42	3.23	0.00	6.45		12.90		31
	75—79	83.33	0.00	8.33	8.33		0.00		12
	80—84	85.71	0.00	0.00	0.00		14.29		7
	85 +	100.00	0.00	0.00	0.00		0.00		4
	总体	75.31	2.47	1.23	14.81		6.17		81
夫妇家庭	60—64	13.11	19.67		57.38	9.84	0.00	0.00	61
	65—69	26.53	12.24		51.02	8.16	0.00	2.04	49
	70—74	53.85	5.13		41.03	0.00	0.00	0.00	39
	75—79	71.43	14.29		9.52	0.00	0.00	4.76	21
	80—84	57.14	0.00		14.29	14.29	14.29	0.00	7
	总体	34.46	12.99		44.63	6.21	0.56	1.13	177
直系家庭	60—64	24.53	0.00	0.00	73.58	1.89	0.00		53
	65—69	61.11	13.89	0.00	19.44	5.56	0.00		36
	70—74	66.67	0.00	0.00	26.67	6.67	0.00		30
	75—79	100.00	0.00	0.00	0.00	0.00	0.00		21
	80—84	91.30	0.00	4.35	0.00	0.00	4.35		23
	85 +	85.71	0.00	0.00	7.14	0.00	7.14		14
	总体	61.58	2.82	0.56	31.07	2.82	1.13		177
轮养家庭	60—64	100.00			0.00	0.00	0.00		3
	65—69	84.62			7.69	7.69	0.00		13
	70—74	100.00			0.00	0.00	0.00		14
	75—79	92.86			0.00	7.14	0.00		14
	80—84	90.00			0.00	0.00	10.00		20
	85 +	77.78			0.00	0.00	22.22		9
	总体	90.41			1.37	2.74	5.48		73

就总体看，依赖子女提供生活费用的老年人中，轮养比例最高，90%以上靠子女提供生活费用；其次是单人户，超过75%；最后为直系家庭的老年人，超过60%；夫妇家庭最低，占1/3多一点，不过其中70岁以上受访者中，50%以上依赖子女提供生活费用。可见，相对来说，真实的“空巢”家庭老年人支配生活资源的能力相对较强（见表4－25）。

根据以上分析我们得出这样的认识，调查地区农村老年人在“空巢”和丧偶之后，特别是年至70岁以上，并不能依赖尚不完善或水平较低的社会养老险维系生存。子女，特别是儿子是生活费用的主要提供者，传统社会子代反哺亲代的模式得以保持。但地区之间，老年亲代对子代的赡养依赖有程度之别，它与亲代中年阶段对子代的劳务支持有关，表现出亲子代际之间存在异时交换关系。老年人居住方式所显示的代际关系最大变动为，有子女老年人尽管与一个已婚子女维持直系家庭的居住形式还占较大比例，但已不是主流，“空巢”、单人户和轮养这三种居住方式合计超过半数，这在一定程度上表明代际关系的传统方式在发生变化，至少“空巢”和单人户增多的现象表明，农村老年亲代和中青年子代代际关系有了某种现代趋向。当然，与保障制度相对完善的城镇社会老年人独居成为多数有所不同，农村独居老人对子代仍有很强的经济依赖。

五　结语

农村夫妇（此处称为本代）在不同生命周期和生命历程阶段与亲代（上代）和子代（下代）保持着较密切的代际关系。这种代际关系既表现在家庭内部，也在不同代际成员所形成的居住、生活单元之间表现出来。前者为家内代际关系，后者为家际代际关系。

根据本项研究，不同年龄组受访者初婚时多与父母（公婆）居住在一起，尽管40岁以下组这种居住形式有所降低（独居稍微增加），但基本状态依然保持着。这表明，亲代家庭是农村夫妇缔结婚姻初期的主要依托。在调查地区农村，本代分立门户、独立生活并非起始于婚姻缔结或婚礼举办之际。

父母（亲代）在本代生育子女、家庭扩展期间，为其提供了年幼子女照料、家务料理等方面的劳务支持。当然不同地区之间有一定区别，赤城县子代所获帮助低于赵县和丰润区。

当受访者子女（子代）成年进入谈婚论嫁阶段，本代仍延续着传统惯习为子女操办婚事，建房成为主要付出所在。子代所有婚姻花费中，父母的贡献最大。同时，已婚子代结婚初期多与亲代同居。多子家庭，父母与已婚儿子分爨成为最普遍的做法，但代际之间的交换关系依然保持着。

当受访夫妇进入老年阶段，就调查地区来看，多数人以“空巢”（有偶阶段）和单人（丧偶后）方式生活，与已婚子女维系直系家庭仍占较大比例，一定程度上形成“合爨”与“独居”并存的局面。老年父母独居并不意味他们失去劳动能力后具有经济上的自立能力。子代是多数老年父母，特别是 70 岁以上老年人生活费用的主要提供者。子代反哺亲代的传统代际关系在分居各爨的现代家庭形态下依然保持着。值得注意的是，这种反哺水平与父母中年阶段对子代的劳务帮助多少有直接关系，分县区数据对此有一定揭示。

第五章　家庭周期和阶段转变中成员角色变动

家庭不仅有外在形态或类型之分，而且有内容之别。其内容很大程度上指同居共爨的不同代际成员及其角色地位。尽管当代社会中家庭成员的法律地位平等，但不同性别、年龄和代际成员在家庭事务中的责任和决策权力会有不同，我们可称之为家庭角色及其差异。家庭的周期变动和阶段转型常常使家庭成员的角色发生改变，特别是不同代际成员之间会有这种表现。我们认为，考察家庭形态的周期和阶段变动的同时，关注夫妇在其中的角色变化，将会加深对家庭生命周期和夫妇生命历程内涵的了解。本章将从不同时期家庭户主、当家人等角度认识夫妇在家庭中的角色变化。

一　家庭成员角色和权力的说明

家庭成员的具体角色和权力有多种体现。我们在此主要从两个方面考察：一是户主担当之人，二是家庭经济掌管之人。

（一）关于户主及其担当之人

户主实际是官方对以家庭为单位的住户进行户口登记、户籍管理的产物：每户需有负责之人，以因应官方事务，可以说户主对外是家庭的代表；对内是家庭主事之人，家庭成员及家庭总体的收入和消费由户主掌管，传统时代常称户主为家长。因而，户主非任何成员都能担当，至少是对家庭事务有管理能力的成年人为之。

中国近代之前，法律中对户主身份有一定要求，户主和家长往往是一体的。户主多由父家长出任，家长与户主常为一人，故对户主未专门规定。唐代，“凡是同居之内，必有尊长”[①]。尊长一般情况下即是户主。按照开元二十五年户令：“诸户主皆以家长为之”[②]。而名籍确定下来后，不得随意改动。大历四年八月规定：“名籍一家，辄请移改，诈冒规避，多出此流。自今已后，割贯改名，一切禁断”。[③]

清末《大清民律草案》第1324条规定：家长以一家中之最尊长者为之；第1325条规定：最尊长者，于不能或不愿管家政时，由次长者代理之；第1327条规定：家政统于家长。[④] 光绪三十四年（1908年）《调查户口章程》第12条规定：户主指现主家政者而言。[⑤] 清末宣统三年《户籍法》第101条规定：因继承宗祧而成为户主者，须于一月内呈报于户籍吏；第106条规定：因分家而成为户主者，须于十日内呈报户籍吏。[⑥]

民国期间，户籍法律对户主多有定义：1930年所制定的《民法》第1123条规定：家置家长，同家之人除家长外均为家属。虽非亲属，而以永久共同生活为目的同居一家者，视为家属。可见此处的“家”与“户”有共同之处。第1134条规定：家长由亲属团体推定之，无推定时以家中之最尊辈者为之；尊卑同者，以年长者为之；最尊或最长者不能或不愿管理家务时，由其指定家属一人代理之。第1125条规定：家务由家长管理，但家长得以家务之一部，委托家属处理。[⑦] 1946年，民国将1931年《户籍法》修订颁布。关于户籍的认定，第4条规定：户口之查记，得为户之编造，凡在同一处所同一主管人之下共同生活或营共同事业者为一户，以家长或主管人为户长。[⑧]

民国时地方户口管理基本上以国家规定为依据。民国初年《福建

---

① 《唐律疏议》卷12，户婚律。

② 《文献通考》卷10，户口考。

③ 《唐会要》卷85，《籍账》。

④ 《大清民律草案》，杨立新点校，吉林人民出版社2000年版，第170页。

⑤ 张庆五：《旧中国户籍法规资料》，中国人民公安大学、包头市公安局编印，1986年，第92页。

⑥ 同上书，第13页。

⑦ 中国法规刊行社编审委员会编：《六法全书》，上海书店1991年影印，第97页。

⑧ 张庆五辑：《旧中国户籍法规资料》，中国人民公安大学、包头市公安局印，1986年，第92页。

地方保卫团清查户口章程》中户主的确立原则为：有尊辈同居者以尊辈为户主；兄弟同居者以兄为户主；家无男丁或有而未成年者以妇女为户主。①

新中国成立之后，户口管理规则中户内成员的家长和尊长意识淡化，强调户主为家庭主事之人。1951 年《城市户口管理暂行条例》第 3 条规定：凡同一主管人，共同生活，同处食宿者，不论其人数多少，关系如何，均称一户。一般住户，以其主管人为户主。如系单人合住者，以其居住较久或有固定职业者为户主。1958 年，《中华人民共和国户口登记条例》第 5 条规定：户口登记以户为单位。同主管人共同居住一处的立为一户，以主管人为户主。单身居住的自立一户，以本人为户主。居住在机关、团体、学校、企业、事业等单位内部和公共宿舍的户口共立一户或者分别立户。户主负责按照本条例的规定申报户口登记。

需要指出，虽然多数情况下户主与家庭实际主事之人是一体的，但不可否认，两者不一致的情形也是存在的。如户主是亲代或祖辈年长之人，而实际主事之人是子代甚至孙辈等年富力强、在家庭经济活动中起主导作用的人。户主因此而有“形式”和“实际”之分。“形式”户主一般体现在户籍册上，“实际”户主则表现在家庭事务管理之上。

（二）家庭经济掌管之人

家庭是一个居住和生活单位，在传统农业社会中对多数人来说它还是一个就业场所（通过自耕或佃耕、家庭手工业等方式来谋生），当代社会其成员在家庭外就业逐渐成为主流，但家庭仍是一个消费单位。家庭成员的生存水平取决于这个消费单位的经营和管理状况。作为消费单位，就需要有负责管理之人。具体来说，家庭整体或主要成员的收入由谁支配？家庭支出由谁定夺？

在一般情况下，家庭收入多由户主或实际主事之人支配。传统社会尤其如此。而当代农村以土地经营为主的家庭经济正在或已经发生变化，出现了中老年亲代耕垦田亩、子代外出从事非农务工或经营的

---

① 许世英：《治闽公牍》卷上。

差异。那么，成年且已经婚配但尚未分爨的子代是否将非农收入交给亲代？这显然并非仅有一种模式。

总体来说，在由父母与未成年子女所组成的核心家庭中，家庭成员的角色差异不大，可谓形成了没有多大差异的模式：父母是户主或家庭事务的掌管者，子女处于依附状态。而在至少两代人结婚、有两个及以上的婚姻单位的直系家庭和复合家庭中，户主出任、事务管理和收入支配则并非均由长辈决定一种模式。我们想通过这种考察，对不同周期阶段的家庭，特别是家庭夫妇和亲子地位的变化，认识家庭代际关系、功能和时期特征。

二　婚前家庭的户主及管理者

我们主要从受访者所生活家庭的户主和收支掌管者角度认识不同年龄组受访者在婚前家庭的地位。要对此有所把握，首先必须弄清受访者婚前所生活的家庭类型。考虑到北方农村男娶女嫁为主导的现实，这里仅对男性受访者婚前家庭进行分析。

男性受访者婚前多数生活在核心家庭之中，即他们与父母或父母一方共同生活；其次是直系家庭，他们所生活的直系家庭多为父母和祖父母所形成，也有一部分为父母与已婚兄弟所形成；受访者婚前单独生活只在65岁以上组稍高一些，我们认为，这与高年龄组受访者结婚时父母早亡有一定关系，多数情况下并非受访者与父母分爨生活所致（见表5-1）。

表5-1　不同年龄组男性受访者婚前所生活的家庭类型　单位:%

年龄组（岁）	核心家庭	直系家庭	复合家庭	单人户	残缺家庭	其他	样本量（个）
20—24	100.00	0.00	0.00	0.00	0.00	0.00	1
25—29	100.00	0.00	0.00	0.00	0.00	0.00	11
30—34	86.11	13.89	0.00	0.00	0.00	0.00	36
35—39	76.36	20.91	1.82	0.91	0.00	0.00	110

续表

年龄组（岁）	核心家庭	直系家庭	复合家庭	单人户	残缺家庭	其他	样本量（个）
40—44	72.53	24.18	2.20	1.10	0.00	0.00	91
45—49	80.95	17.46	0.00	0.00	0.00	1.59	63
50—54	85.19	11.11	0.00	1.85	0.00	1.85	54
55—59	81.82	18.18	0.00	0.00	0.00	0.00	44
60—64	71.43	23.38	0.00	3.90	0.00	1.30	77
65—69	77.14	11.43	1.43	10.00	0.00	0.00	70
70—74	62.50	20.31	3.13	10.94	3.13	0.00	64
75—79	68.00	24.00	4.00	4.00	0.00	0.00	25
80—84	61.54	19.23	3.85	15.38	0.00	0.00	26
85 +	50.00	25.00	0.00	25.00	0.00	0.00	12
总体	75.15	18.71	1.32	4.09	0.29	0.44	684

下面我们再从不同时期角度对受访者居住家庭类型加以观察。

由表 5－2 可见，整体而言，不同时期结婚的受访者婚前不仅于核心家庭生活比例最高，而且时期差异表现为结婚越早者在核心家庭生活比例越低，原因是 1955 年结婚者在直系家庭生活的比例超过 20%。值得注意的是，1946 年结婚者不仅在直系家庭和复合家庭生活的比例相对较高，而且还有较高比例的人生活在单人户中，其比例接近 20%。我们认为，这并非因为他们外出务工、落脚于外乡所致（当然不否认其中有这种情形），很可能与 20 世纪三四十年代死亡率较高有关，受访者婚前父母即已去世，成为孤儿，单独或依附叔伯等近亲生活。

表 5－2　　不同时期男性受访者婚前所生活的家庭类型　　单位：%

结婚时期	核心家庭	直系家庭	复合家庭	单人户	残缺家庭	其他	样本量（个）
1946—1949 年	46.88	28.13	6.25	18.75	0.00	0.00	32
1950—1954 年	65.22	26.09	0.00	8.70	0.00	0.00	23
1955—1964 年	72.41	20.69	3.45	3.45	0.00	0.00	29
1965—1970 年	72.22	16.67	2.22	7.78	1.11	0.00	90

续表

结婚时期	核心家庭	直系家庭	复合家庭	单人户	残缺家庭	其他	样本量（个）
1971—1981 年	75. 34	19. 18	0. 00	2. 74	1. 37	1. 37	73
1982—1988 年	79. 03	14. 52	0. 00	4. 84	0. 00	1. 61	124
1989—1998 年	72. 41	24. 83	1. 38	1. 38	0. 00	0. 00	145
1999 年	81. 02	16. 79	1. 46	0. 73	0. 00	0. 00	137
2000 年	93. 55	3. 23	0. 00	3. 23	0. 00	0. 00	31
总体	75. 15	18. 71	1. 32	4. 09	0. 29	0. 44	684

那么，不同年龄组受访者婚前所生活的核心家庭和直系家庭户主由谁担当?

作为男性受访者，若回答婚前配偶为户主，那么他很可能是被招赘者，即其妻子为婚前家庭的户主，至于回答岳父为户主者无疑更应是上门女婿。

我们先看受访男性婚前所生活的核心家庭户主由谁担当。各个年龄组均以父亲为户主占最大比例。但父亲为户主的比例以 55—59 岁及以下组为高，基本上都超过 80% 或接近 80%；而 60—64 岁及以上组父亲为户主多在 70% 以下。值得注意的是，受访者本人为户主比例与父亲为户主比例变动有对应性。60—64 岁及以上多数年龄组中，本人为户主的比例超过 20%。我们认为，这与该年龄组父母预期寿命相对较低，有的在子代结婚前已去世有关。当然，在世父母身体不好或劳动能力下降，或者父亲去世、母亲在世，已经成年的儿子（受访本人）婚前也可能充当户主。另一现象是，65—69 岁以上组有一定比例户主为其他亲属。通过核对“说明”（按照调查规则要求，将“其他”作为选项时应予注明），发现他们多是受访者的长兄。这类家庭的户主由子代担当很可能是父亲去世所致（见表 5 -3）。

直系家庭也以父亲为户主的比例最大，其次是母亲，再次为受访者本人。在 70—74 岁、75—79 岁和 80—84 岁年龄组受访者中有一定比例的直系家庭户主为祖父，表明这些三代直系家庭由第一代人做户主。此外，80—84 岁和 85 岁及以上组受访者中，婚前直系家庭中其他亲属做户主的比例相对较高，他们也以长兄为主。

表 5－3　　受访男性婚前核心家庭和直系家庭的户主　　单位:%

家庭类型	年龄组（岁）	本人	配偶	父亲	母亲	岳父	祖父	其他亲属	样本量（个）
核心家庭	25—29	0. 00	0. 00	90. 91	9. 09	0. 00	0. 00	0. 00	11
	30—34	6. 45	0. 00	87. 10	3. 23	0. 00	0. 00	3. 23	31
	35—39	2. 38	0. 00	91. 67	5. 95	0. 00	0. 00	0. 00	84
	40—44	13. 64	0. 00	77. 27	3. 03	1. 52	0. 00	4. 55	66
	45—49	5. 88	0. 00	90. 20	3. 92	0. 00	0. 00	0. 00	51
	50—54	13. 04	0. 00	78. 26	6. 52	0. 00	0. 00	2. 17	46
	55—59	2. 78	0. 00	88. 89	2. 78	0. 00	0. 00	5. 56	36
	60—64	21. 82	0. 00	67. 28	5. 45	0. 00	0. 00	5. 45	55
	65—69	20. 37	0. 00	57. 41	7. 41	0. 00	1. 85	12. 96	54
	70—74	27. 50	2. 50	60. 00	2. 50	0. 00	0. 00	7. 50	40
	75—79	23. 53	5. 88	64. 71	0. 00	0. 00	0. 00	5. 88	17
	80—84	18. 75	0. 00	62. 50	6. 25	0. 00	0. 00	12. 50	16
	85 +	16. 67	0. 00	66. 67	0. 00	0. 00	0. 00	16. 67	6
	总体	12. 65	0. 39	77. 24	4. 67	0. 19	0. 19	4. 67	513
直系家庭	30—34	0. 00	0. 00	100. 00	0. 00		0. 00	0. 00	5
	35—39	0. 00	0. 00	86. 96	13. 04		0. 00	0. 00	23
	40—44	0. 00	0. 00	86. 36	13. 64		0. 00	0. 00	22
	45—49	0. 00	0. 00	100. 00	0. 00		0. 00	0. 00	11
	50—54	16. 67	0. 00	66. 67	16. 67		0. 00	0. 00	6
	55—59	0. 00	0. 00	100. 00	0. 00		0. 00	0. 00	8
	60—64	16. 67	0. 00	77. 78	0. 00		0. 00	5. 56	18
	65—69	37. 50	12. 50	25. 00	12. 50		0. 00	12. 50	8
	70—74	7. 69	0. 00	53. 84	15. 38		15. 38	7. 69	13
	75—79	0. 00	0. 00	66. 67	16. 67		16. 67	0. 00	6
	80—84	20. 00	0. 00	40. 00	0. 00		20. 00	20. 00	5
	85 +	0. 00	0. 00	66. 67	0. 00		0. 00	33. 33	3
	总体	7. 03	0. 78	76. 56	8. 59		3. 13	3. 91	128

三　结婚后、分家前家庭的户主及管理者

结婚是形成夫妇婚姻单位的始点；但在中国多数农村，它并非家庭建立的始点。我们在前面分析中对此已有讨论。下面通过家庭构成

分布曲线我们会更清楚地认识这一点。

根据图 5－1，不同年龄组受访者婚后在直系家庭生活的比例多超过 70%，其中 60 岁及以下年龄组在 80%、90% 以上。考虑到这一情形，加之核心家庭的成员角色比较明晰，故此我们主要分析直系家庭的成员地位。

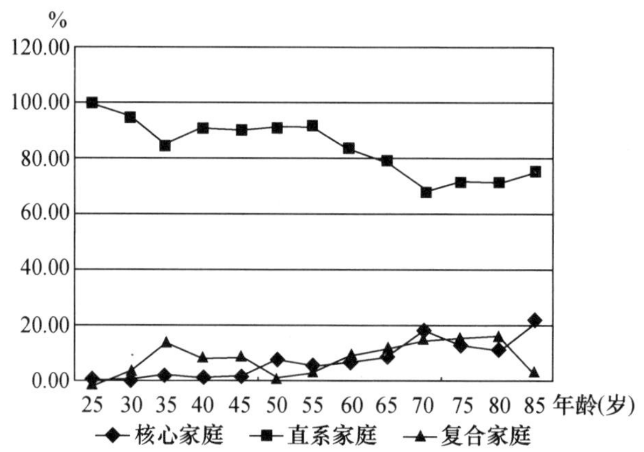

图 5－1 受访者初婚时所生活的家庭类型

（一）婚后、分家前直系家庭户主构成

需要指出，这里的婚后、分家前的时段与前面“结婚后”的时段有所不同，后者强调刚结婚时的状态，至少是在结婚后一年之内。而在此处的分析中，我们增加了“分家”这一具有限定意义的事件。它意味着，该期长度既有与“结婚后”的限定相一致之处，如结婚后即分家；也有差异表现，如受访者结婚多年仍与父母共同生活。我们在此更多地强调受访者婚后与父母维持直系家庭形态时户主担当之人。当然，有个别家庭会有户主变动，如刚结婚时为父亲担当，过一段时间父亲去世，或者父母虽健在但已年老，希望已成家的儿子（受访者）承担起户主之任。不过多数情况下，户主的变动往往是在分家这一事件发生之后。

与前面仅统计男性受访者不同，这里对男女受访者均作统计。

我们认为，一般情况下，当受访男性回答户主由本人出任和女性回答户主由配偶充任是一致的，故在此将两者合并统计。同样，男性回答户主由父母担任与女性回答户主由公婆担任也是一致的，因而这些数据可以合并计算。

我们看到，不同年龄组受访者婚后、分家前所生活直系家庭户主的主要担当者是父母（包括公婆），特别是父亲（包括公公）。差异是，60 岁及以上年龄组受访者所生活家庭的户主由父辈担当的比例低于 55 岁组及以下组。我们认为，这与父亲或公公不在户内有关（很可能当时已经去世，该家庭形成直系家庭的原因是母亲和婆婆在世）。本人或配偶担任户主比例最高的年龄组集中于 75—79 岁以上组，超过 40%。另一值得注意的现象是，75—79 岁及以上受访者家庭也有相对高比例的“其他亲属”为户主，其中兄长等所占较多，表明高龄组受访者兄弟数量相对较多，当父亲不在户内时，则由他们出任户主（见表 5 -4）。

表 5 -4　　婚后、分家前直系家庭户主构成　　单位:%

年龄组（岁）	本人及配偶	父亲	母亲	祖父母	其他亲属	样本量（个）
25—29	12.50	75.00	12.50	0.00	0.00	8
30—34	4.00	84.00	8.00	0.00	4.00	25
35—39	14.49	78.26	5.80	0.00	1.45	69
40—44	23.64	69.09	5.45	0.00	1.82	55
45—49	13.16	84.21	2.63	0.00	0.00	38
50—54	22.22	66.67	11.11	0.00	0.00	27
55—59	23.33	70.00	3.33	0.00	3.33	30
60—64	32.26	53.76	4.30	0.00	9.68	93
65—69	35.21	57.75	1.41	0.00	5.63	71
70—74	40.98	49.18	4.92	0.00	4.92	61
75—79	46.34	36.59	7.32	2.44	7.32	41
80—84	40.74	40.74	0.00	0.00	18.52	27
85 +	50.00	35.00	0.00	5.00	10.00	20
总体	28.80	60.96	4.59	0.35	5.30	565

（二）家庭收入掌管之人

一般来说，家庭收入掌管者多为户主。但在中国农村社会的不同时期，家庭中一直有形式户主和实际户主之分。所谓形式户主是指户籍登记册籍上一般将父亲等年长男性登记为户主，即使父辈年老依然如此，借以表明长辈是家庭事务的代表之人，并获得村集体和邻居认可。而家庭收入掌管者往往是家庭日常经济事务的管理之人，它往往是长辈、壮年和家庭主要劳动力的统一体。当长辈年老且退出家庭主要劳动力行列后，虽然他仍然为户主，但往往将家庭经济事务掌管之权交给子辈成员。因而，直系家庭子代掌管收入的比例会高于其作为户主的比例。这是一种推测，实际状况如何，请看表5－5。

表5－5　不同年龄组受访者婚后、分家前直系家庭收入掌管者　单位：%

年龄组（岁）	本人及配偶	父亲	母亲	父母协商	父母小计	祖父母	儿子	父子协商	家人共同协商	其他	样本量（个）
25—29	37.50	37.50	12.50	0.00	50.00	0.00	0.00	12.50	0.00	0	8
30—34	40.00	40.00	16.00	0.00	56.00	0.00	0.00	0.00	4.00	0	25
35—39	20.29	52.17	17.39	1.45	71.01	0.00	1.45	2.90	4.35	0	69
40—44	25.46	45.45	20.00	1.82	67.27	0.00	0.00	3.64	3.64	0	55
45—49	18.42	63.16	10.53	2.63	76.32	0.00	0.00	0.00	2.63	2.63	38
50—54	29.63	40.74	14.81	0.00	55.55	0.00	0.00	0.00	7.41	7.41	27
55—59	23.33	60.00	6.67	0.00	66.67	0.00	0.00	3.33	3.33	3.33	30
60—64	34.41	46.24	10.75	0.00	56.99	0.00	0.00	1.08	2.15	5.38	93
65—69	33.81	52.11	8.45	1.41	61.97	1.41	0.00	0.00	2.82	0	71
70—74	36.07	42.62	6.56	0.00	49.18	1.64	0.00	3.28	1.64	8.2	61
75—79	43.90	36.59	7.32	0.00	43.91	2.44	0.00	0.00	4.88	4.88	41
80—84	48.14	33.33	11.11	0.00	44.44	0.00	0.00	0.00	7.41	0	27
85＋	50.00	25.00	10.00	0.00	35.00	5.00	0.00	0.00	5.00	5	20
总体	32.15	46.47	11.66	0.71	58.84	0.71	0.18	1.59	3.53	3.01	565

根据表5－5，相对于户主这一比较单一的符号，直系家庭收入掌管的形式更为多样。

我们将受访者本人及配偶视为一类。一般情况下，当受访者为男性时，若其本人掌管收入，他可能回答本人是掌管人，也可能回答夫妇协商；而当受访者为女性时，若配偶健在，回答丈夫掌管的可能性更高。

为减少模糊性，我们将本人和配偶合并成一个类型。回答父亲掌管时，其指向应该是比较明确的；若回答母亲掌管，多数情况下是因为父亲去世。在此我们既将父母掌管分开考察，也将其合并起来认识。因而，在合并情况下，也可将本人和配偶视为本代，父母视为亲代。

我们看到，不同年龄组受访者中，婚后、分家前所组成的直系家庭中，亲代仍是家庭收入的主要掌管者。不过在80岁以上受访者中，掌管家庭收入的父母并不占多数，本人及配偶相对较高。这种情况可能与父亲去世有关，该直系家庭的形成是因为母亲健在，但母亲在有成年儿子时，并不参与家庭收入的管理。

就总体看，多数年龄组受访者所生活的直系家庭中，亲代是收入的主要掌管者。不过，也应看到，子辈掌管家庭收入的比例高于其作为户主的比例，这意味着一部分非户主子辈实际是家庭事务的管理者，一定程度上印证了我们的推测。

四　调查时点家庭的户主及管理者

调查时点（2008年）不同类型家庭受访者中，年老之人的样本占较高比例，其中60岁以上者占56.19%。那么本项老年人所占比例较高的调查对受访者所生活家庭类型的揭示有什么特征？请看图5－2。

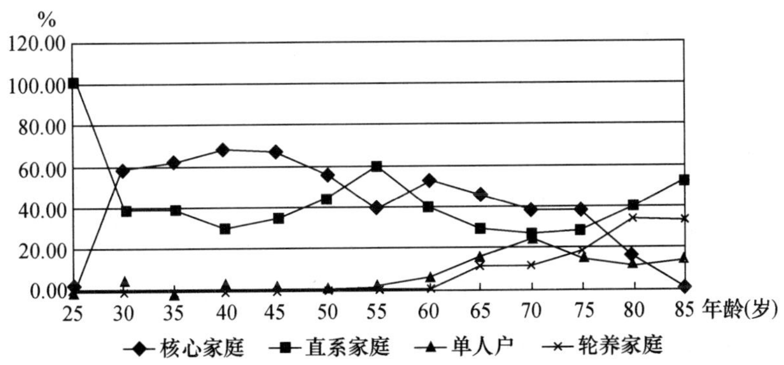

图5－2　调查时点受访者所居住的家庭类型

由图 5 -2 我们看到，50 岁及以下组受访者中，除 25 岁组外，均以在核心家庭生活为主。55 岁以上受访者中，在直系家庭生活的比例只有 55 岁组和 85 岁以上组超过 50%，前者为 59.57%，后者为 51.85%。就总体来看，60 岁以上受访者所生活的家庭类型更为多样，呈现核心家庭、直系家庭、单人户和轮养家庭并存的局面。

若将受访者调查时所生活的家庭类型细分，又有何种表现？请看表 5 -6。

表 5 -6　　调查时点受访者所生活的二级家庭类型　　单位：%

年龄组（岁）	夫妇家庭	标准核心	单亲核心	三代直系	二代直系	四代直系	隔代直系	单人户	单人轮养	双人轮养	样本量（个）
20—24	0	0	0	100.00	0	0	0	0	0	0	1
25—29	0.00	0.00	0.00	75.00	16.67	0.00	8.33	0.00	0.00	0.00	12
30—34	0.00	53.49	0.00	37.21	4.65	0.00	0.00	4.65	0.00	0.00	43
35—39	0.89	59.82	0.00	34.82	2.68	0.89	0.89	0.00	0.00	0.00	112
40—44	8.51	61.70	0.00	22.34	5.32	0.00	0.00	2.13	0.00	0.00	94
45—49	15.38	46.15	1.54	20.00	15.38	0.00	1.54	0.00	0.00	0.00	65
50—54	27.78	25.93	1.85	24.07	14.81	3.70	1.85	0.00	0.00	0.00	54
55—59	27.66	10.64	0.00	23.40	23.40	8.51	4.26	2.13	0.00	0.00	47
60—64	42.96	9.15	1.41	28.17	4.93	2.11	2.82	6.34	2.11	0.00	142
65—69	39.52	3.23	3.23	21.77	4.84	0.00	2.42	14.52	4.84	5.65	124
70—74	32.23	4.13	1.65	18.18	6.61	0.00	0.00	25.62	6.61	4.96	121
75—79	27.63	5.26	5.26	17.11	9.21	1.32	0.00	15.79	13.16	5.26	76
80—84	11.86	0.00	3.39	15.25	18.64	1.69	3.39	11.86	27.12	6.78	59
85 +	0.00	0.00	0.00	18.52	25.93	7.41	0.00	14.81	29.63	3.70	27
总体	22.93	22.82	1.64	24.46	8.90	1.43	1.54	8.80	5.22	2.25	977

就总体来看，2008 年调查时点不同年龄组受访者所生活的二级家庭类型主要有五种，其中夫妇家庭、标准核心家庭和三代直系家庭均超过 20%，二代直系家庭和单人户超过 8%。这五类家庭合计占 87.91%。各类直系家庭合计为 36.33%。

进一步看，不同年龄组受访者所生活的二级家庭类型有较大变化。25—29 岁低龄组受访者以初婚和初育者为主，其在三代直系家庭生活比例最大，其次为二代直系家庭。30—34 岁组、35—39 岁组、40—44 岁组和 45—49 岁组正处于养育子女阶段，以在标准核心家庭生活为主，其中前三个年龄组占比超过 50%。50—54 岁组和 55—59 岁组则出现夫妇家庭、标准核心家庭、三代直系家庭多种类型并存状态，没有一个主导性模式。需要指出的是，此时的三代直系家庭主要并非受访者与其父母组成，而是与其已婚子女所形成。60—64 岁组、65—69 岁组、70—74 岁组和 75—79 岁组夫妇家庭成为最大类型，但并不占多数。80 岁以上组单人被轮养者占比最大。

下面我们主要分析直系家庭的户主和实际事务管理者构成。

（一）受访者所生活的直系家庭户主

调查时受访者所生活的直系家庭分年龄组户主构成有这样的特征，25—29 岁组和 30—34 岁组父辈，特别是父亲为户主的比例最高，超过 70%；35—65 岁组，则以本人为户主最多；70—74 岁及以上组以子辈为主。可见，这一数据表现出调查地区农村直系家庭户主担当之人的劳动能力和治家能力更被看重，谁是家庭经济的主要贡献者，谁负有家庭事务管理之责，那么谁就可能成为户主。中年及低龄老年人具有这方面的优势，而年龄高的长辈不再是户主主要承当之人（见表 5 -7）。我们认为，这种情形表明，直系家庭财富中的主要部分已非继承所得，而是作为家庭主要劳动力的本辈所创造。就当代农村而言，继承财产在家庭财产构成中的份额降低，哪一代成员对家庭成员现有生存条件的贡献作用大，其对家庭事务的发言权就高。

表 5 -7　　调查时点受访者所生活直系家庭的户主　　单位:%

年龄组（岁）	本人	配偶	本人及配偶小计	父亲	母亲	岳父	父辈小计	儿子	女儿	子辈小计	孙子	其他	样本量（个）
25—29	16.67	0.00	16.67	75.00	8.33	0.00	83.33	0.00	0.00	0	0.00	0.00	12
30—34	18.75	0.00	18.75	75.00	0.00	6.25	81.25	0.00	0.00	0	0.00	0.00	16
35—39	59.52	0.00	59.52	38.10	2.38	0.00	40.48	0.00	0.00	0	0.00	0.00	42
40—44	77.78	3.70	81.48	11.11	3.70	3.70	18.51	0.00	0.00	0	0.00	0.00	27
45—49	86.36	0.00	86.36	9.09	0.00	0.00	9.09	4.55	0.00	4.55	0.00	0.00	22

续表

年龄组（岁）	本人	配偶	本人及配偶小计	父亲	母亲	岳父	父辈小计	儿子	女儿	子辈小计	孙子	其他	样本量（个）
50—54	86.96	4.35	91.31	4.35	4.35	0.00	8.70	0.00	0.00	0	0.00	0.00	23
55—59	92.86	7.14	100.00	0.00	0.00	0.00	0.00	0.00	0.00	0	0.00	0.00	28
60—64	54.72	20.75	75.47	0.00	0.00	0.00	0.00	22.64	1.89	24.53	0.00	0.00	53
65—69	47.22	11.11	58.33	0.00	0.00	0.00	0.00	38.89	0.00	38.89	0.00	2.78	36
70—74	30.00	6.67	36.67	3.33	0.00	0.00	3.33	60.00	0.00	60	0.00	0.00	30
75—79	19.05	4.76	23.81	0.00	0.00	0.00	0.00	71.43	0.00	71.43	0.00	4.76	21
80—84	26.09	0.00	26.09	0.00	0.00	0.00	0.00	69.57	0.00	69.57	4.35	0.00	23
85 +	0.00	0.00	0.00	0.00	0.00	0.00	0.00	92.86	7.14	100	0.00	0.00	14
总体	52.01	6.32	58.33	12.93	1.15	0.57	14.65	25.57	0.57	26.14	0.29	0.57	348

（二）直系家庭货币收入掌管者

调查地区受访者所生活的直系家庭经济收入掌管者的年龄构成与户主构成有相同之处，也有差异。相同之处表现为，中年受访者中，货币收入掌管之人以受访者本人为主；65 岁及以上老年受访者则以子辈为主。不同之处一是 25—29 岁组和 30—34 岁组低龄者中，父辈并不是家庭货币收入的主要掌管者；二是与户主角色要落实到一个具体的人身上不同，家庭经济掌管状况在某些年龄段出现亲子协商、夫妇协商、全家协商等比例相对高的类型（见表 5 - 8）。

表 5 - 8　　受访者所生活直系家庭货币收入掌管者　　单位：%

年龄组（岁）	本人	配偶	本人及配偶小计	父亲	母亲	父辈小计	儿子	女儿	子辈小计	孙子	本人夫妇协商	父子协商	全家协商	其他	样本量（个）
25—29	33.33	0.00	33.33	25.00	8.33	33.33	0.00	0.00	0.00	0.00	16.67	16.67	0.00	0.00	12
30—34	37.50	18.75	56.25	31.25	6.25	37.5	0.00	0.00	0.00	0.00	6.25	0.00	0.00	0.00	16
35—39	52.38	16.67	69.05	9.52	2.38	11.9	2.38	0.00	2.38	0.00	9.52	2.38	4.76	0.00	42
40—44	59.26	29.63	88.89	0.00	0.00	0.00	0.00	0.00	0.00	0.00	11.11	0.00	0.00	0.00	27
45—49	59.09	9.09	68.18	4.55	4.55	9.10	4.55	0.00	4.55	0.00	18.18	0.00	0.00	0.00	22
50—54	52.17	17.39	69.56	4.35	4.35	8.70	0.00	0.00	0.00	0.00	17.39	0.00	4.35	0.00	23

续表

年龄组（岁）	本人	配偶	本人及配偶小计	父亲	母亲	父辈小计	儿子	女儿	子辈小计	孙子	本人夫妇协商	父子协商	全家协商	其他	样本量（个）
55—59	64.29	14.29	78.58	0.00	0.00	0.00	0.00	0.00	0.00	0.00	17.86	0.00	3.57	0.00	28
60—64	47.17	15.09	62.26	1.89	0.00	1.89	22.64	5.66	28.3	0.00	1.89	3.77	1.89	0.00	53
65—69	22.22	11.11	33.33	0.00	0.00	0.00	52.78	5.56	58.34	0.00	2.78	0.00	2.78	2.78	36
70—74	23.33	0.00	23.33	0.00	0.00	0.00	63.33	6.67	70.00	0.00	0.00	0.00	6.67	0.00	30
75—79	9.52	0.00	9.52	0.00	0.00	0.00	76.19	4.76	80.95	0.00	0.00	0.00	0.00	9.52	21
80—84	17.39	0.00	17.39	0.00	4.35	4.35	73.91	0.00	73.91	4.35	0.00	0.00	0.00	0.00	23
85+	0.00	0.00	0	0.00	0.00	0.00	64.29	0.00	64.29	0.00	7.14	0.00	14.29	14.29	14
总体	39.37	11.49	50.86	4.60	1.72	6.32	27.01	2.30	29.31	0.29	7.47	1.44	2.87	1.44	347

五　家庭主事之人变更次数

若夫妇婚后组成自己主导的家庭，并在这一类型家庭中生活下去，从夫妇角度看，家庭主事之人将不会发生变动。然而，正如我们一再强调的，中国农村多数夫妇所生活的家庭并非遵循一种模式。在不同生活历程中，特别是家庭发生重要事件（分家、上代成员年老和病故等）后，家庭主事之人很可能在不同代际成员之间发生转移。值得注意的是，若以具体的夫妇为观察对象，家庭主事之人变动有两种情形：一是在同一类型家庭内部变动，如直系家庭原来主事之人由父辈转为子辈；二是在不同家庭之间发生，一般为原有家庭分爨、分家，新立之户由受访者自己做主事之人。

（一）家庭主事之人变更次数

一般来说，年龄越大，所经历的家庭主事之人变动次数也会越多。实际情形如何？

由表5－9数据可以看出，受访者所经历的当家人变更次数与其年龄关系密切。

25—29 岁组受访者婚前生活在父母主导的核心家庭中；初婚后多与父母共同生活，父母仍是主事之人，因而这一年龄组受访者经历的当家人变更比例较低。

30—34 岁及以上组受访者多数经历过一次以上的变更。整体看，经历一次变更者为多数；只有 85 岁及以上组经历过两次以上变更的比例相对较高，超过 50%。

从代际角度来看，经历一次户主变更的受访者，具体的变更形式有两种：一是从亲代变更至受访者本代，亲代年老或去世则会出现这种变更；二是从本代变更至子代，本代年老则将家庭主事之责交给子代，这是在家庭内部发生的变更，并非分爨、分家下的户主变动。一般来说，高龄老人一生经历两次家庭主事之人变更是正常的。

表 5－9　　受访者家庭主事之人变更次数　　单位:%

年龄组（岁）	未变更	1 次	2 次	3 次	4 次	样本量（个）
20—24	100	0	0	0	0	1
25—29	83.33	16.67	0.00	0.00	0.00	12
30—34	44.19	55.81	0.00	0.00	0.00	43
35—39	24.11	74.11	1.79	0.00	0.00	112
40—44	34.04	64.89	1.06	0.00	0.00	94
45—49	26.15	73.85	0.00	0.00	0.00	65
50—54	33.33	64.81	1.85	0.00	0.00	54
55—59	29.79	61.70	8.51	0.00	0.00	47
60—64	23.40	65.96	9.93	0.71	0.00	141
65—69	23.39	56.45	17.74	2.42	0.00	124
70—74	15.70	54.55	28.10	1.65	0.00	121
75—79	13.16	52.63	30.26	3.95	0.00	76
80—84	10.17	45.76	40.68	1.69	1.69	59
85 +	3.70	44.44	40.74	11.11	0.00	27
总体	24.18	60.45	13.93	1.33	0.10	976

还有家际之间的变更方式，即子代婚后或生育后从父母为主导的家庭分出单过，变更为自己做户主。这是当代农村比较多的家庭主事

之人变更方式。若这种格局保持下去，至自己的子女长大结婚后也分出单过，该夫妇可能只经历一次户主或主事之人变更。这也是表5－9数据中多数人只经历过一次主事之人变更的原因。

但若中青年所建立家庭的主事之人在其子女长大结婚后继续生活在一起，年老后将管事之权交给子女，则会经历两次主事之人变更。

少数终生没有经历家庭主事之人变更者则为结婚时即形成独立家庭，并将这种格局保持下去。他们虽也有子女婚配、生育的经历，但最终为子女分出单过，自己主导家庭事务的局面终身未变。

（二）当家人变更方式

我们通过此项分析，了解当家人变更后新的当家人由谁承当。

从表5－11可见，在变更一次的受访者中，30—50岁组接近或超过80%为本人（受访者为男性）或配偶（受访者为女性）成为当家人，即婚后或生育后多从父母主导的家庭分出单过而成为主事之人。80—84岁和85岁以上组则多变成儿子为主事之人。

表5－10　受访者婚后家庭当家人变更次数与变更方式　单位:%

变更次数	年龄组（岁）	祖父	祖母	父亲/公公	母亲/婆婆	本人	配偶	儿子	女儿	其他	样本量（个）
1	25—29	0.00	0.00	0.00	50.00	50.00	0.00	0	0.00	0.00	2
	30—34	4.17	0.00	0.00	0.00	79.17	12.50	4.17	0.00	0.00	24
	35—39	1.20	0.00	1.20	0.00	89.16	8.43	0.00	0.00	0.00	83
	40—44	0.00	0.00	0.00	0.00	95.08	4.92	0.00	0.00	0.00	61
	45—49	4.17	0.00	0.00	0.00	89.58	2.08	4.17	0.00	0.00	48
	50—54	0.00	0.00	0.00	2.86	91.43	5.71	0.00	0.00	0.00	35
	55—59	0.00	3.45	3.45	3.45	72.41	13.79	3.45	0.00	0.00	29
	60—64	0.00	0.00	0.00	0.00	60.22	23.66	16.13	0.00	0.00	93
	65—69	1.43	0.00	0.00	0.00	50.00	24.29	24.29	0.00	0.00	70
	70—74	0.00	0.00	0.00	0.00	48.48	13.64	34.85	0.00	3.03	66
	75—79	0.00	0.00	0.00	0.00	45.00	20.00	30.00	0.00	5.00	40
	80—84	0.00	0.00	0.00	0.00	25.93	14.81	59.26	0.00	0.00	27
	85＋	0.00	0.00	0.00	0.00	25.00	8.33	58.33	8.33	0.00	12
	总体	0.85	0.17	0.34	0.51	67.46	13.73	16.10	0.17	0.68	590

续表

变更次数	年龄组（岁）	祖父	祖母	父亲/公公	母亲/婆婆	本人	配偶	儿子	女儿	其他	样本量（个）
2	35—39			0.00	50.00	50.00	0.00	0.00			2
	40—44			0.00	100.00	0.00	0.00	0.00			1
	50—54			0.00	100.00	0.00	0.00	0.00			1
	55—59			0.00	50.00	25.00	25.00	0.00			4
	60—64			0.00	28.57	21.43	50.00	0.00			14
	65—69			0.00	0.00	27.27	72.73	0.00			22
	70—74			2.94	0.00	26.47	70.59	0.00			34
	75—79			4.35	4.35	26.09	65.22	0.00			23
	80—84			0.00	4.17	41.67	50.00	4.17			24
	85 +			0.00	9.09	54.55	27.27	9.09			11
	总体			1.47	8.82	30.88	57.35	1.47			136
3	60—64			0.00	100.00	0.00	0.00				1
	65—69			0.00	33.33	0.00	66.67				3
	70—74			50.00	50.00	0.00	0.00				2
	75—79			0.00	0.00	0.00	100.00				3
	80—84			0.00	0.00	50.00	50.00				2
	85 +			0.00	0.00	33.33	66.67				3
	总体			7.69	23.08	15.38	53.85				13
4							100.00				1

发生变更两次者的样本中，整体看本人和配偶两者之和超过80%。一般情况下，两次变更中第一次应为从父母（公婆）主导之家分出变为本人和配偶成为当家人，第二次应转为儿子为户主。但本调查数据中这一特征不明显。而在35—39岁组、40—44岁组和50—54岁组有一些母亲（公婆）转变为当家人。这类样本较少，属于比较特殊的情形。

有三次变更经历者的样本不多，难以分清第一、第二、第三次转变后谁是当家之人。

（三）当家人变动原因

表5-11显示，在变动一次当家人的样本中，分家是变更的主要原因。30—55岁组受访者中，65%以上的变更与分家有关；60—75

岁组仍以分家为最大，但比例明显降低；80 岁和 85 岁以上组则以上代年老不愿再管家事为主要原因。

有两次分家经历的受访者中，55 岁及以下组样本量低，说明意义不大。60 岁以上年龄组，总体上也以分家为主要原因；此外，父亲去世也是比较重要的原因；再次为上代年老不愿管家事。

表 5 – 11　　受访者家庭当家人变动原因　　单位：%

变更次数	年龄组（岁）	祖父去世	祖母去世	父亲/公公去世	母亲/婆婆去世	分家	儿子结婚	上代年老不愿再管家事	配偶去世	其他	样本量（个）
1	25—29	0.00	0.00	50.00	0.00	0.00	0.00	50.00	0.00	0	2
	30—34	0.00	0.00	0.00	0.00	70.83	8.33	16.67	0.00	4.17	24
	35—39	0.00	0.00	8.43	2.41	67.47	2.41	19.28	0.00	0	83
	40—44	0.00	0.00	14.75	0.00	70.49	3.28	11.48	0.00	0	61
	45—49	0.00	0.00	10.42	0.00	77.08	2.08	10.42	0.00	0	48
	50—54	0.00	0.00	5.71	0.00	65.71	5.71	20.00	0.00	2.86	35
	55—59	0.00	0.00	10.34	0.00	75.86	0.00	13.79	0.00	0	29
	60—64	0.00	0.00	17.20	2.15	52.69	5.38	11.83	8.60	2.15	93
	65—69	1.43	1.43	12.86	5.71	41.43	2.86	22.86	10.00	1.43	70
	70—74	1.52	0.00	9.09	3.03	36.36	10.61	22.73	15.15	1.52	66
	75—79	0.00	0.00	10.00	2.50	32.50	12.50	17.50	17.50	7.5	40
	80—84	0.00	0.00	14.81	3.70	22.22	11.11	33.33	14.81	0	27
	85 +	0.00	0.00	16.67	0.00	25.00	8.33	33.33	16.67	0	12
	总体	0.34	0.17	11.53	2.03	54.58	5.42	17.97	6.44	1.53	590
2	35—39	0.00	0.00	50.00	0.00	50.00	0.00	0.00	0.00	0	2
	40—49	0.00	100.00	0.00	0.00	0.00	0.00	0.00	0.00	0	1
	50—54	0.00	0.00	100.00	0.00	0.00	0.00	0.00	0.00	0	1
	55—59	0.00	0.00	75.00	0.00	25.00	0.00	0.00	0.00	0	4
	60—64	0.00	0.00	28.57	0.00	35.71	7.14	14.29	7.14	7.14	14
	65—69	0.00	0.00	13.64	0.00	72.73	0.00	4.55	4.55	4.55	22
	70—74	0.00	2.94	14.71	8.82	50.00	5.88	11.76	5.88	0	34
	75—79	4.35	4.35	13.04	4.35	60.87	0.00	4.35	8.70	0	23
	80—84	0.00	0.00	45.83	0.00	29.17	4.17	8.33	12.50	0	24
	85 +	0.00	0.00	27.27	0.00	45.45	0.00	27.27	0.00	0	11
	总体	0.74	2.21	25.00	2.94	48.53	2.94	9.56	6.62	1.48	136

续表

变更次数	年龄组（岁）	祖父去世	祖母去世	父亲/公公去世	母亲/婆婆去世	分家	儿子结婚	上代年老不愿再管家事	配偶去世	其他	样本量（个）
3	60—64			100.00	0.00	0.00		0.00			1
	65—69			66.67	0.00	33.33		0.00			3
	70—74			50.00	0.00	50.00		0.00			2
	75—79			0.00	33.33	33.33		33.33			3
	80—84			0.00	0.00	100.00		0.00			2
	85 +			0.00	0.00	100.00		0.00			3
	总体			30.77	7.69	53.85		7.69			13
4	80			100.00							1

六　结语

调查地区农村受访者从婚姻缔结到生育子女，从子女长大婚配、分爨再到本人年老，其所生活的家庭并非核心家庭一种类型，相反在重要的生命阶段往往以直系家庭为主要居住方式，由此会有户主、家庭经济掌管之人确立的不同和变动。在受访者结婚之初，与父母共同生活的子代往往并不掌管家庭事务，户主和家庭经济管理者多由亲代承当。儿子与父母分爨既是新家庭形成之始，也是引起户主变更的重要事件。

而与父母将直系家庭维持下去的夫妇，当父母逐渐年老之时，户主和家庭经济管理之人变更便会发生。可见，尽管直系家庭的外在形式没有改变，但代际责任和家事支配权力却在发生变化。

对多数受访者来说，一生中的户主变更只有一次，即从父母为主导的家庭中独立出来，形成自己主导的家庭及其核心家庭居制。当其子女长大成人、婚配之后，多数情况下未对本代父母的户主和经济管理者地位构成影响，特别是在多子家庭，子代完婚之后不久将分爨单过。

对从结婚到年老时一直在直系家庭生活的受访者来说，其所经历的户主和家庭经济掌管之人的变更将超过一次，达到两次，甚至更多。第一次变更为亲代年老，本代成为户主和当家之人；自己的子女长大婚配之后，本代逐渐退出主要劳动力之列，将家庭事务管理之责交给子代，形成第二次变更。这一考察加深了我们对同一形态家庭中代际责任传递变动的认识。

第六章　家庭生命周期与老年人轮养

家庭养老为主导且亲子分爨生活较流行的时代，父母年老、生活自理能力降低或丧失之后，由诸子轮流赡养（简称“轮养”）的做法在传统时代中国不少地区有所表现，当代农村也非个别现象。轮养虽非农村老年人必经的一个生命周期阶段，但毕竟是一些老年人的一种经历。对被轮养者来说，轮养行为本身是一种周期性变动的生活方式。中国不同地区的轮养现象、形成原因和存在问题，不少学者做过探讨。[①] 目前65岁以上，特别是70岁以上的农村老年人多有两个及以上的儿子，并且儿子结婚之后，亲子分爨生活相对普遍；而农村的家庭养老功能很大程度上仍是刚性的。一些调查发现，当代农村年老父母被轮养的做法较以往更为普遍。[②] 这意味着，在目前农村，多子老年父母被轮养并非个别现象，值得关注。已有的研究多为现象分析或个案研究。本章将从家庭生命周期角度着眼，对其进行统计分析。

① 参见谢继昌《轮伙头制度初探》，《中研院民族学研究所集刊》1985年第59期；庄孔韶《银翅：中国的地方社会与文化变迁》，生活·读书·新知三联书店2000年版；郭于华《代际关系中的公平逻辑及其变迁——对河北农村养老事件的分析》，《中国学术》2001年第1期；张翼《市场化与农村老人的“轮养”——城市郊区子女口述史分析》，载顾昕主编《中国社会政策》，北京师范大学出版社2006年版；周大鸣《凤凰村的变迁》，社会科学文献出版社2006年版；王跃生《农村老年人口生存方式分析——一个“宏观”与“微观”相结合的视角》，《中国人口科学》2009年第1期。

② 王跃生：《农村老年人口生存方式分析——一个“宏观”与“微观”相结合的视角》，《中国人口科学》2009年第1期。

一　简单说明

（一）轮养者的家庭生命周期如何判定？

轮养是否属于家庭生命周期或夫妇生命历程的一个阶段？由于轮养既有老年夫妇被轮养，也有丧偶老年人单独被轮养，因而，若按照家庭生命周期理论，它并不完全是家庭解体后的一种状态。夫妇被轮养是“空巢”状态下的表现，若丧偶后被轮养则属于家庭解体后的状态。

若强调家庭的生活功能，那么，即使夫妇均健在，处于轮养中的夫妇，其独立生活单位的基础实际已不存在。家庭本质上是一个生活单位，而生活单位的核心又意味着它有炊爨功能。不炊爨是家庭基本功能丧失的表现。轮养意味着作为生命个体的老年人已没有独立的炊爨单位（这是就一般情形而论，当然也有轮流居住的老年人仍然自己炊煮）。

这种状态下，夫妇的关系形式虽然保持着，但夫妇之家已基本不存在。当然，若从泛家庭的角度看，儿子之家也是直系血缘家庭的一部分，老年夫妇并非无家可归之人。但也不能否认，亲代主导的母家庭已经不存在，子家庭成为父母的生存依托，不过，父母的居住单位还处于辗转变动之中。

至于丧偶老年人单独被轮养，无论从婚姻状态上看，还是从理论上讲，它都进入家庭生命周期的解体阶段。

（二）轮养在家庭生命周期和夫妇生命历程中的特殊性

与一般家庭生命周期中的“空巢”和解体阶段不同，被轮养的老年父母和父母单亲周期性轮转于诸个子女家庭中。作为长辈，且多为存世中的第一代，他们轮到哪个子家庭中，该子家庭即在一段时间（10 天或一个月等）成为形式或虚拟的直系家庭。亦即它不是真正意义上的直系家庭。但老年人又非单独生活或以“空巢”形式生活。在以前的研究中，我们将其作为单独类型，即“轮养直系家庭”。①

---

①　王跃生：《农村家庭结构变动及类型识别问题——以冀东村庄为分析基础》，《人口研究》2010 年第 2 期。

轮养又体现出家庭之间的联系。在轮养阶段，老年人成为子家庭的一个客体。

（三）轮养研究的意义

从家庭生命周期角度研究轮养问题，有助于我们认识母家庭和子家庭之间的关系，进而对代际关系和家庭功能有更全面的把握。

我们认为，从子代看，轮养本质上是多子家庭子代（主要是儿子）养老义务均等化的表现形式。其逻辑前提是，父母将每个子女抚育成人，付出了辛劳，并且其中的儿子有相对平等的父母遗产继承权；或者说父母在每个儿子成长、完婚过程中的付出基本相同，因而赡养失去劳动能力老年父母，诸子难辞其责。不尽赡养义务在传统社会被视为不孝，当代则属违法行为。同时，这也表明，赡养父母是需要子代付出人力和物力代价的，多子家庭中每个儿子不会或不愿单独承担这一义务。只有坚持和维护均等赡养原则，才能实现权利和义务的平衡。对老年人来说，这是一种被动色彩比较强的家庭养老方式。其意在于，老年人在生活方式上失去了主动选择的权利，只能接受子女（主要是儿子）的安排。我们可以这样说，除少数老年人外，多数老年人有鉴于子代均不愿单独承担赡养义务这一事实，不得不接受轮养方式。

从父母角度看，进入轮养阶段既是其生活自理能力降低的表现，也意味着他们可支配的财产资源已十分有限，只能依赖子代回馈获得基本生存条件。然而，无论传统社会文献资料还是当代已有研究，均显示并非所有有两个及以上儿子的父母在年老、生活不能自理后均会进入轮养阶段。由于采用轮养方式养老对亲代来说比较被动，甚至有“乞食”之嫌，所以，父母尽力避免这种结局。其方法有传统与现代之别。传统时代，上等财产或富裕家庭的父母年老后仍掌握着主要财产的支配权，有经济能力雇佣他人照料（侍女或保姆等即担当着这一角色）；中等财产家庭，父母在世时往往限制诸子分家，这既保证财富掌握在自己手中，又控制着劳动力资源（成年子孙）和照料的人力资源（子媳等女眷），家庭养老保障得以实现；下等财产家庭诸子分家、亲子分爨较普遍，轮养行为相对较多。当然，也有的家庭父母生前并不阻止儿子分家，但形成父母跟其中一个儿子生活的格局，如小儿子等，赡养义务也主要由其承担，该儿子所得回报是继承父母名下的遗产。当代城市社会，老年父母多有退休金和产权属于自己的住房，不必依赖子女提供生活费用和居住条件。其最有可能对子女的依赖是当生活不能自理时需要子女给予照料。不过，它有多种方式替代轮养模式：一是老年人自己或子女出钱雇人照料（居家养老）；二是老年人自己或子女出钱进入养老机构；三是因子女并非均与父母同地居住，哪个子女对父母提供的照料多，便可能获得更多的货币或其他形式的补偿（这也属于居家养老）。当然，轮养做法在城市并非没有，不过明显较农村为少。其原因与城市老年父母主动选择养老方式的能力较强有关。

在实际生活中，多子家庭的老年父母或祖父母并非均会进入轮养阶段。比如，有的老年人会以夫妇“空巢”或丧偶独居形式继续生活下去，有的则一直与一个已婚子女同居共爨。我们在此想进一步追寻北方农村老年人采取轮养生活的原因、方式和域内差异。

二　轮养产生的条件

一般来说，轮养是亲代父母或父母一方失去生活自理能力后由子代轮流赡养的方式，是自养能力丧失后，对他养高度依赖的结果。但亲代是否采取轮养方式生活，既与其子女数量构成有关，还受亲代自身经济和身体条件、偏好和地方习俗的影响。就北方农村现状看，身体好、有生活自理能力的老年人，特别是夫妇健在时，宁愿在“空巢”家庭生活。而在一些地区，流行父母跟最小的儿子生活的习俗，轮养便难以实施。我们在此主要对河北调查地区农村当代轮养的产生条件加以分析。

（一）从儿子数量构成看轮养条件

轮养产生的一个必要条件是有两个及以上应承担赡养义务的子女。而目前北方农村，赡养老年父母的义务主要由儿子承担，故此考察受访者儿子数量构成对认识轮养方式形成的可能性最有意义。

根据表6－1，2008年60岁及以上受访者有两个及以上儿子数量者除60岁组接近50%以外，其他年龄组均在50%以上，其中75岁及以上组均在70%以上。这意味着，调查地区农村65岁以上老年父母多数具有轮养的人力（儿子数量）条件。随着生育数量的减少，50—54岁以下组有两个以上儿子者明显减少，轮养方式产生的可能性大大降低。

表6－1　　受访者儿子数量构成　　单位：%

年龄组（岁）	儿子数量构成					样本量（个）
	0	1	2	3	2个及以上小计	
20—24	0.00	100.00	0.00	0.00	0.00	1
25—29	58.33	41.67	0.00	0.00	0.00	2
30—34	27.91	65.12	6.98	0.00	6.98	43
35—39	16.96	66.96	16.07	0.00	16.07	112
40—44	18.09	63.83	18.09	0.00	18.09	94
45—49	13.85	61.54	21.54	3.08	24.62	65
50—54	16.67	53.70	24.07	5.56	29.63	54
55—59	8.51	57.45	27.66	6.38	34.04	47
60—64	13.38	37.32	35.21	14.08	49.30	142
65—69	8.06	33.06	35.48	23.39	58.87	124
70—74	4.13	28.10	37.19	30.58	67.77	121
75—79	0.00	25.00	30.26	44.74	75.00	76
80—84	3.39	22.03	33.90	40.68	74.58	59
85+	3.70	22.22	37.04	37.04	74.07	27
总体	11.67	44.22	27.64	16.58	44.22	977

（二）从生存资料来源看轮养条件

我们有一个基本假设是，老年父母是否被轮养与其经济条件和支配生活资料的能力有关。有独立的收入（退休金等或自己尚能劳作且有收入），那么，他们将避免进入轮养状态。在此，我们想从调查地区农村老年人生活资料来源上认识其经济条件或独立生活条件。

就当代而言，对老年人来说，生存资料来源可分为三个方面：一是自己供养自己，二是他人供养，三是社会组织供养。在农村，社会组织供养主要是“五保户”或个别特别困难者（获得“低保”）。“五保户”多为无子女老年人，他们没有被纳入本次调查之列。而有子女的老年人主要是自我供养和子女或亲属（包括配偶）供养两种。

根据表6-2所作统计，受访老年人生活费用来源在65—69岁组出现重要转折，即由自己工作为主转变为依赖子女为主。75岁以上老年人85%以上依赖子女赡养，还有少数依赖其他亲属。可见，调查地区老年人特别是高龄老年人以子女提供生活资源为主。

表6-2　受访老年人生活费用来源　单位:%

年龄组（岁）	子女	配偶	孙子女	自己的工作	退休金	其他亲属	其他	样本量（个）
60—64	19.72	9.86	0.00	65.49	4.93	0.00	0.00	142
65—69	50.81	9.68	0.00	33.06	5.65	0.00	0.81	124
70—74	66.94	3.31	0.00	24.79	1.65	3.31	0.00	121
75—79	85.53	3.95	2.63	5.26	1.32	0.00	1.32	76
80—84	86.44	0.00	1.69	1.69	1.69	8.47	0.00	59
85+	85.19	0.00	0.00	3.70	0.00	11.11	0.00	27
总体	56.65	6.01	0.55	30.97	3.28	2.19	0.36	549

老年男女之间生活费用来源的差异是什么?

男女之间的一个重要差异是，男性65—69岁及以下者靠子女赡养者相对较低，其中60—64岁组不足10%；女性60岁组即达到1/3，65岁组超过半数（见表6-3）。整体看，女性受访者对子女的生活依赖度更高，这也符合农村社会实际，即老年人有独立收入的比例相对较低。

表6-3　分性别受访老年人生活费用来源　单位:%

性别	年龄组（岁）	子女	配偶	孙子女	自己的工作	退休金	其他亲属	其他	样本量（个）
男性	60—64	7.79	5.19	0.00	83.12	3.90	0.00	0.00	77
	65—69	41.43	5.71	0.00	48.57	4.29	0.00	0.00	70
	70—74	54.69	0.00	0.00	39.06	1.56	4.69	0.00	64
	75—79	76.00	0.00	4.00	12.00	4.00	0.00	4.00	25
	80—84	84.62	0.00	0.00	0.00	0.00	15.38	0.00	26
	85+	91.67	0.00	0.00	0.00	0.00	8.33	0.00	12
	总体	44.53	2.92	0.36	45.99	2.92	2.92	0.36	274

续表

性别	年龄组（岁）	子女	配偶	孙子女	自己的工作	退休金	其他亲属	其他	样本量（个）
女性	60—64	33.85	15.38	0.00	44.62	6.15	0.00	0.00	65
	65—69	62.96	14.81	0.00	12.96	7.41	0.00	1.85	54
	70—74	80.70	7.02	0.00	8.77	1.75	1.75	0.00	57
	75—79	90.20	5.88	1.96	1.96	0.00	0.00	0.00	51
	80—84	87.88	0.00	3.03	3.03	3.03	3.03	0.00	33
	85 +	80.00	0.00	0.00	6.67	0.00	13.33	0.00	15
	总体	68.73	9.09	0.73	16.00	3.64	1.45	0.36	275

（三）轮养在总家庭中的构成

那么，在调查地区农村，究竟有多少老年人生活在轮养家庭中？根据本次调查所获得的数据，以轮养方式生活的受访者均在60岁以上（当然这并不意味着他们至60岁才开始轮养，其中有的在这一年龄组之前则有可能已进入轮养阶段）。而要对轮养形式及其程度有所认识，就应有总体概念，观察涉及轮养的不同年龄组受访者所生活的家庭类型。

在调查村庄，受访老年人以轮养方式生活的比例从65—69岁组开始逐渐增加，至80—84岁和85岁及以上组，1/3被轮养。整体看，轮养比例在75—79岁以下组并不高，不到20%。

表6－4数据是对受访者所作统计，当受访者夫妇健在且都超过60岁时，他们实际是一个“户”单位。

表6－4　60岁及以上受访者所生活的家庭类型比较　单位：%

年龄组（岁）	单人户	夫妇家庭	标准核心家庭	单亲家庭	三代直系家庭	二代直系家庭	四代直系家庭	隔代家庭	直系家庭小计	单人被轮养	夫妇被轮养	轮养小计	样本量（个）
60—64	6.34	42.96	9.15	1.41	28.17	4.93	2.11	2.82	38.03	2.11	0.00	2.11	142
65—69	14.52	39.52	3.23	3.23	21.77	4.84	0.00	2.42	29.03	4.84	5.65	10.48	124
70—74	25.62	32.23	4.13	1.65	18.18	6.61	0.00	0.00	24.79	6.61	4.96	11.57	121
75—79	15.79	27.63	5.26	5.26	17.11	9.21	1.32	0.00	27.64	13.16	5.26	18.42	76

续表

年龄组（岁）	单人户	夫妇家庭	标准核心家庭	单亲家庭	三代直系家庭	二代直系家庭	四代直系家庭	隔代家庭	直系家庭小计	单人被轮养	夫妇被轮养	轮养小计	样本量（个）
80—84	11.86	11.86	0.00	3.39	15.25	18.64	1.69	3.39	38.97	27.12	6.78	33.90	59
85 +	14.81	0.00	0.00	0.00	18.52	25.93	7.41	0.00	51.86	29.63	3.70	33.33	27
总体	14.75	32.24	4.74	2.55	21.13	8.38	1.28	1.64	32.43	9.29	4.01	13.30	549

下面我们再以“口”为观察对象做一分析（见表6－5）。

以“口”为对象的统计显示，老年人所生活的家庭类型虽有升降变动，但幅度不大。如80—84岁和85岁及以上组老年人以轮养方式生活的比例基本上仍在1/3上下。

表6－5　60岁及以上村民所生活的家庭类型比较　单位：%

年龄组（岁）	单人户	夫妇家庭	标准核心家庭	单亲家庭	三代直系家庭	二代直系家庭	四代直系家庭	隔代家庭	单人被轮养	夫妇被轮养	轮养小计	样本量（个）
60—64	4.35	46.38	8.70	0.97	27.05	4.83	2.42	2.90	1.45	0.97	2.42	207
65—69	10.05	47.09	3.17	2.12	20.11	4.76	0.00	2.65	3.17	6.88	10.05	189
70—74	18.78	41.44	4.97	1.66	17.68	5.52	0.00	0.00	4.42	5.52	9.94	181
75—79	11.97	40.17	5.13	3.42	14.53	6.84	0.85	0.85	8.55	7.69	16.24	117
80—84	9.46	16.22	2.70	4.05	14.86	16.22	1.35	2.70	21.62	10.81	32.43	74
85 +	13.79	3.45	0.00	0.00	17.24	24.14	6.90	0.00	27.59	6.90	34.49	29
总体	10.92	40.15	5.14	2.01	19.95	7.03	1.13	1.76	6.40	5.52	11.92	797

（四）三地轮养构成的差异

我们在导言中已对三地农村的经济和人文环境有所交代。老年人的居住方式，特别是轮养行为是否会有不同？

从三地农村各自的总体数据看，丰润区轮养水平最高，超过20%的受访老年人以轮养方式生活，赵县为13.45%，赤城县只有3.55%。

而分年龄组看，丰润区受访老年人以85岁以上组被轮养比例最高，达到一半。75—79 岁组和 80—84 岁组均在 30% 以上。赵县则以 80—84 岁组为最高，超过 45%，85 岁以上组为 30%。可见这两地高龄老年人被轮养的比例较高。而赤城县 80 岁以上组老年人被轮养者只有 15% 左右（见表 6－6）。

若低轮养地区有较高比例的直系家庭，则表明这些地区老年父母与一个已婚子女固定生活受到推崇。然而，值得注意的是，赤城县直系家庭比例明显低于赵县和丰润区。不仅如此，赤城县的单人户高于赵县和丰润区。由此可见，赤城县低轮养水平是与老年父母单独生活相一致的，即没有被轮养的老年人并非更多地与一个已婚子女同居共爨，而是居于“空巢”和单人户中。

单独生活与轮养相比，哪一种方式更受老年人欢迎？根据我们在三地农村的调查，这一点因老年人年龄、性别不同而有差异。对低龄老人来说，当生活能够自理时，单独生活更为理想；当年迈生活自理能力下降、不能或不愿操持炊煮时，轮养有其可取之处，它至少解决了老年人的吃饭和住处问题。当然这种方式下老年人的生活质量不高，更不会获得额外待遇。

从子女角度看，不同地区农村，赡养义务并非都是刚性的，是否采取轮养父母做法受到民俗的影响。在丰润区，父母年老生活自理能力不足时，轮养被视为儿子尽孝道的方式，至少形式上看子代承担了自己应尽的赡养义务；否则，会被街坊邻居非议，视为不管父母（不承担赡养责任）。而在赤城县农村，老年父母即使高龄时仍勉为其难自己炊煮，甚至赴田劳作，独立居住，同村居住的儿子均不愿意将老人接过去或主动为其提供生活照料。可以说，赤城县农村一些子女对赡养父母的形式要求和“面子”也不顾及，亲子关系显得有些冷漠。当地民众对此较少议论和贬斥，似乎认可这种行为。有的丧偶母亲因儿子不赡养不得不通过再嫁养老。这或许是冀西北口外地区移民社会（近代以来从内地迁移过去者较多）和冀东、冀中世居百姓为主地区民风的重要差异，也可谓风俗对轮养方式的影响。

下面我们再看一下以人口为单位的老年人生活方式。

表 6－7 数据显示，两者的基本构成很相似（见表 6－7）。

表 6-6　60 岁及以上受访者所生活的家庭类型

单位:%

地区	年龄组（岁）	单人户	夫妇家庭	标准核心家庭	单亲家庭	三代直系家庭	二代直系家庭	四代直系家庭	隔代家庭	直系家庭小计	单人被轮养	夫妇被轮养	轮养小计	样本量（个）
赤城县	60—64	7.41	55.56	14.81	0.00	3.70	11.11		7.41	22.22	0.00	0.00	0	27
	65—69	21.62	37.84	8.11	8.11	16.22	0.00		5.41	21.63	0.00	2.70	2.7	37
	70—74	31.43	40.00	8.57	0.00	14.29	2.86		0.00	17.15	0.00	2.86	2.86	35
	75—79	18.18	40.91	9.09	4.55	13.64	13.64		0.00	27.28	0.00	0.00	0	22
	80—84	30.77	23.08	0.00	7.69	7.69	15.38		0.00	23.07	7.69	7.69	15.38	13
	85 +	28.57	0.00	0.00	0.00	28.57	28.57		0.00	57.14	14.29	0.00	14.29	7
	总体	21.99	39.01	8.51	3.55	12.77	7.80		2.84	23.41	1.42	2.13	3.55	141
赵县	60—64	6.45	40.32	6.45	3.23	35.48	4.84	1.61	0.00	41.93	1.61	0.00	1.61	62
	65—69	17.02	31.91	0.00	0.00	29.79	6.38	0.00	2.13	38.30	6.38	6.38	12.76	47
	70—74	27.78	29.63	1.85	3.70	20.37	7.41	0.00	0.00	27.78	5.56	3.70	9.26	54
	75—79	23.08	19.23	3.85	7.69	23.08	3.85	3.85	0.00	30.78	15.38	0.00	15.38	26
	80—84	8.33	12.50	0.00	0.00	8.33	16.67	4.17	4.17	33.34	37.50	8.33	45.83	24
	85 +	20.00	0.00	0.00	0.00	20.00	30.00	0.00	0.00	50.00	30.00	0.00	30	10
	总体	16.59	28.70	2.69	2.69	25.56	8.07	1.35	0.90	35.88	10.31	3.14	13.45	223
丰润区	60—64	5.66	39.62	9.43	0.00	32.08	1.89	3.77	3.77	41.51	3.77	0.00	3.77	53
	65—69	5.00	50.00	2.50	2.50	17.50	7.50	0.00	0.00	25.00	7.50	7.50	15	40
	70—74	15.63	28.13	3.13	0.00	18.75	9.38	0.00	0.00	28.13	15.63	9.38	25.01	32
	75—79	7.14	25.00	3.57	3.57	14.29	10.71	0.00	0.00	25.00	21.43	14.29	35.72	28
	80—84	4.55	4.55	0.00	4.55	27.27	22.73	0.00	4.55	54.55	27.27	4.55	31.82	22
	85 +	0.00	0.00	0.00	0.00	10.00	20.00	20.00	0.00	50.00	40.00	10.00	50.00	10
	总体	7.03	31.35	4.32	1.62	22.16	9.19	2.16	1.62	35.13	14.05	6.49	20.54	185

表 6－7　受访老年人以口为单位所生活的家庭类型

单位：%

地区	年龄组（岁）	单人户	夫妇家庭	标准核心家庭	单亲家庭	三代直系家庭	二代直系家庭	四代直系家庭	隔代家庭	单人被轮养	夫妇被轮养	轮养小计	样本量（个）
赤城县	60—64	5. 71	51. 43	17. 14	0. 00	5. 71	8. 57		11. 43	0. 00	0. 00	0. 00	35
	65—69	15. 52	50. 00	5. 17	5. 17	13. 79	1. 72		5. 17	0. 00	3. 45	3. 45	58
	70—74	23. 33	50. 00	8. 33	0. 00	13. 33	1. 67		0. 00	0. 00	3. 33	3. 33	60
	75—79	15. 15	48. 48	12. 12	3. 03	12. 12	9. 09		0. 00	0. 00	0. 00	0. 00	33
	80—84	21. 05	31. 58	0. 00	10. 53	5. 26	15. 79		0. 00	5. 26	10. 53	15. 79	19
	85 +	25. 00	12. 50	0. 00	0. 00	25. 00	25. 00		0. 00	12. 50	0. 00	12. 50	8
	总体	16. 90	46. 95	8. 45	2. 82	11. 74	6. 10		3. 29	0. 94	2. 82	3. 76	213
赵县	60—64	4. 17	44. 79	7. 29	2. 08	33. 33	5. 21	2. 08	0. 00	1. 04	0. 00	1. 04	96
	65—69	11. 27	42. 25	0. 00	0. 00	25. 35	5. 63	0. 00	2. 82	4. 23	8. 45	12. 68	71
	70—74	21. 13	38. 03	2. 82	4. 23	19. 72	5. 63	0. 00	0. 00	4. 23	4. 23	8. 45	71
	75—79	17. 07	41. 46	2. 44	4. 88	17. 07	2. 44	2. 44	0. 00	9. 76	2. 44	12. 20	41
	80—84	7. 14	10. 71	3. 57	0. 00	10. 71	14. 29	3. 57	3. 57	32. 14	14. 29	46. 43	28
	85 +	20. 00	0. 00	0. 00	0. 00	20. 00	30. 00	0. 00	0. 00	30. 00	0. 00	30. 00	10
	总体	11. 99	37. 85	3. 47	2. 21	23. 97	6. 62	1. 26	0. 95	7. 26	4. 42	11. 67	317
丰润区	60—64	3. 95	46. 05	6. 58	0. 00	28. 95	2. 63	3. 95	2. 63	2. 63	2. 63	5. 26	76
	65—69	3. 39	50. 85	5. 08	1. 69	18. 64	6. 78	0. 00	0. 00	5. 08	8. 47	13. 56	59
	70—74	10. 00	36. 00	4. 00	0. 00	20. 00	10. 00	0. 00	0. 00	10. 00	10. 00	20. 00	50
	75—79	4. 65	32. 56	2. 33	2. 33	13. 95	9. 30	0. 00	2. 33	13. 95	18. 60	32. 56	43
	80—84	3. 70	11. 11	3. 70	3. 70	25. 93	18. 52	0. 00	3. 70	22. 22	7. 41	29. 63	27
	85 +	0. 00	0. 00	0. 00	0. 00	9. 09	18. 18	18. 18	0. 00	36. 36	18. 18	54. 55	11
	总体	4. 89	37. 59	4. 51	1. 13	21. 43	8. 27	1. 88	1. 50	9. 77	9. 02	18. 80	266

综合以上，调查地区农村受访老年人多有两个及以上儿子，并且经济自立能力较低，当生活不能自理时具有以轮养方式养老的人力条件。不过，就整体而言，受访老年人被轮养的比例并不高。但在75—79岁特别是80岁以上高龄老年人中，轮养接近或超过1/3，显然已非个别现象。值得注意的是，子代赡养老年亲代意识越强的地区，轮养比例越高，个别高龄组老年人被轮养的比例接近或超过一半。它表明，当亲代身体状况较差、照料负担加重时，子代平均分担赡养义务的做法增多，由此或可将推诿赡养父母的行为降至最低。

三 轮养方式和起始状态考察

上面我们对调查地区农村老年人以轮养方式生活的构成进行了统计分析，从中可见，在冀东和冀中调查地区农村，轮养是一种重要家庭养老方式。这里，我们就轮养方式本身再作分析。轮养主要是对父母的轮养，也有个别对祖父母或孤寡叔伯及其配偶的轮养。因后者属个别现象，在此不再作具体分类，将被轮养者均视为亲代。

（一）调查时点老年人轮养构成

1. 轮养者的年龄构成

下面将轮养样本折算成以人为单位进行统计。这种方法所获样本较直接针对受访者的样本要多。比如夫妇被轮养则成为两个样本个体。

表6－8是按年龄组所作统计。通过对问卷数据进一步分析，我们发现，2008年调查村庄被轮养者最低年龄为61岁，最长者为95岁。

按照表6－8统计数据，若不分轮养类型，调查时65—69岁及以下被轮养者约为1/4，可见70岁以上受访者是轮养者的主体。

2. 轮养者的性别构成

轮养有单独被轮养（多为丧偶者）和夫妇被轮养两种方式，而被轮养的性别差异体现在单独被轮养这种方式上，因为夫妇被轮养者的性别是平衡的。

表 6－8　被轮养老年人的年龄构成　单位:%

年龄组（岁）	总体	样本量（个）
60—64	5.26	5
65—69	20.00	19
70—74	18.95	18
75—79	20.00	19
80—84	25.26	24
85 +	10.53	10
总体	100.00	95

单独被轮养者中，总体水平以女性居多。但 65—69 岁组和 70—74 岁组男女相当，75 岁以上组则以女性居多数。这种差异与女性预期寿命较长有关；加之在中国的婚姻习惯中，男性初婚年龄多大于妻子，因而丈夫多先于妻子去世。多子家庭丧偶母亲生活自理能力降低，特别是不能自理之后，则有可能进入被轮养状态。

表 6－9　单独被轮养老年人的性别构成　单位:%

年龄组（岁）	男	女	样本量（个）
60—64	33.33	66.67	3
65—69	50.00	50.00	6
70—74	50.00	50.00	8
75—79	0.00	100.00	10
80—84	37.50	62.50	16
85 +	25.00	75.00	8
总体	31.37	68.63	51

3. 单独被轮养与夫妇被轮养构成比较

根据表 6－10，调查村庄单独被轮养者在轮养总样本中占 70% 多一点，夫妇被轮养者不足 30%。

分年龄组看，除 65—69 岁组外，均以单独被轮养占多数，70 岁以上者中单独被轮养的比例为 78.09%。而夫妇被轮养者在 65—69 岁和70—74岁低龄老人中所占比例较高。我们认为，这与老年人婚姻状态构成有关，即低龄老年人有偶率高，低龄被轮养老年人也有此特征。有配偶且独立居住的老年人当能够自理生活时尽可能延续这种方式，只有不得已时才会选择轮养。

表6-10　老年人轮养形式构成　单位:%

年龄组（岁）	单独被轮养	夫妇被轮养	总体构成	样本量（个）
60—64	100.00	0.00	4.11	3
65—69	46.15	53.85	17.81	13
70—74	57.14	42.86	19.18	14
75—79	71.43	28.57	19.18	14
80—84	85.00	15.00	27.40	20
85+	88.89	11.11	12.33	9
总体	71.23	28.77	100.00	73

（二）轮养方式

轮养方式有多个认识视角。

1. 轮养者的吃住方式

轮养的核心是子代负责解决亲代老年人的吃住问题，所以我们认为，吃住是轮养的核心。根据我们的调查，在河北农村，轮养的方式并非只有一种，具体可分为三类：轮吃轮住、轮吃不轮住和轮住不轮吃。

从对子女的依赖程度看，轮吃轮住是高度依赖型的。轮吃不轮住，在有固定住处的前提下它可分为两种形式：一是老年人自己到承担轮养的儿子家吃饭，吃过饭再回到自己的住处，或者白天在轮养的儿子家，吃过晚饭回到自己的住处。当父母与诸子居住比较集中时会采用这种方式。一是老年人因年事已高，走动不便，甚至瘫痪在床，固定在一处居住，由承担轮养的家庭派人送饭上门。轮住不轮吃，父母没有产权属于自己的住房，由儿子们轮流提供住房。采取这种方式的亲代多为低龄老年人，因有生活自理能力，故自己炊爨。

在我们看来，轮吃轮住是全面轮养，后两种方式是部分轮养。相对来说，在居家养老水平较低的农村，吃是第一位的，是刚性要求；住则是弹性需求，能够栖身就行。对子代来说，若有生活不能自理的老年人，因需为老年人承担轮养义务，家中的主妇不敢出远门，甚至影响其出外务工，常常心生抱怨。

可见，单独轮养老人中，轮吃轮住是主流。轮吃不轮住的老年人集中于70—74岁组以上，轮住不轮吃者样本较少（只有两例）（见表6－11）。

表6－11　调查时点老年人的轮养方式　单位：%

轮养形式	年龄组（岁）	轮吃轮住	轮吃不轮住	轮住不轮吃	样本量（个）
单独被轮养	60—64	66.67	0.00	33.33	3
	65—69	100.00	0.00	0.00	6
	70—74	87.50	12.50	0.00	8
	75—79	90.00	10.00	0.00	10
	80—84	62.50	31.25	6.25	16
	85＋	75.00	25.00	0.00	8
	总体	78.43	17.65	3.92	51
夫妇被轮养	60—64	57.14	14.29	28.57	7
	65—69	0.00	33.33	66.67	6
	70—74	75.00	25.00	0.00	4
	75—79	75.00	25.00	0.00	4
	85＋	0.00	100.00	0.00	1
	总体	45.45	27.27	27.27	22

夫妇被轮养者中，轮吃轮住比例最大，但并不占多数；轮吃不轮住者集中于65—69岁和70—74岁年龄组；轮住不轮吃集中于低龄老年人之中。

2. 轮养的时间安排

在我们看来，“轮养”行为本身就是一种周期性养老安排。被赡养亲代周期性地辗转于诸个子代家庭之间，对具体的子代家庭来说，可谓处于来、去转换状态。那么，轮养周期有哪些形式？

由表6－12 可见，轮养周期和轮养方式有一定关系。轮吃轮住时长相对集中于1 个月至1 年之间，这样或许便于计算起止日期。1 个月和1 年两种类型所占比例最大，合计达到70%；一个月以下和1 年以上较少采用。

表6－12　　不同轮养方式老年人轮养周期安排　　单位:%

轮养方式	轮养时间间隔								样本量
	1 天	10 天	半个月	1 个月	两个月	半年	1 年	2 年	（个）
轮吃轮住	0.00	4.00	2.00	38.00	10.00	12.00	32.00	2.00	50
轮吃不轮住	20.00	33.33	6.67	13.33	0.00	0.00	20.00	6.67	15
轮住不轮吃	0.00	0.00	0.00	0.00	0.00	0.00	62.50	37.50	8
总体	4.11	9.59	2.74	28.77	6.85	8.22	32.88	6.85	73

轮吃不轮住时长集中于1 个月以下，其中1 天和10 天两种形式超过50%。年事已高或有病症、行动不便且照料负担较重的单亲老人以这种方式轮养者相对较多，因为间隔过长会使照料者疲倦程度增大。

轮住不轮吃则只有一年和两年这两种长周期安排，表明被轮养者希望借此有一个相对稳定的居住环境，避免频繁搬动。

（三）轮养安排的起始年龄

老年人轮养的起始年龄是指其由非轮养进入轮养的年龄，我们可称之为“初轮年龄”。

一般来说，轮养是对生活自理能力下降的父母等老年亲属的赡养方式。相对于独立生活或与一个已婚儿子固定生活的老人，轮养则使其有居无定所之感，因而它是老年人力图避免的养老方式。从这一点看，对父母来说，会尽可能推迟进入轮养状态。实际情形如何呢？

1. 不同性别老年人被轮养的起始年龄

表6－13 显示，45—49 岁的中年阶段即有父母或父母一方被轮养（49 岁，若按虚岁算应为50 岁，男女各有1 例），但所占比例较低。不过，55 岁以下被轮养者占一定比例，其中男女分别为25%和17.78%。初轮年龄以60 岁以上为主，约占80%，其中65 岁以上开始轮养者约占70%。从单个年龄组看，男性在65—69 岁组和70—74

岁组所占比例最大，达到50%；女性则集中于65—69岁组、70—74岁组、75—79岁组和80—84岁组，合计占68.9%。初轮年龄最大为85岁，只有1例且为女性。

可见，在60岁以上开始被轮养占主流的情况下，也有20.55%的父母59岁以下进入轮养状态。

表6－13　受访者轮养起始年龄构成　单位:%

年龄组（岁）	男性	女性	总体	样本量（个）
45—49	3.57	2.22	2.74	2
50—54	7.14	8.89	8.22	6
55—59	14.29	6.67	9.59	7
60—64	7.14	11.11	9.59	7
65—69	28.57	15.56	20.55	15
70—74	21.43	17.78	19.18	14
75—79	3.57	20.00	13.70	10
80—84	14.29	15.56	15.07	11
85＋	0.00	2.22	1.37	1
总体	100.00	100.00	100.00	73

2. 轮养类型与轮养起始年龄的关系

一般来说，亲代被子代轮养多有具体的自理能力和居住条件困难等原因，单人进入轮养又多为丧偶之后。这里，我们看一下单独被轮养与夫妇被轮养两种类型有无初轮年龄之别。

单人被轮养起始于45—49岁组，而夫妇被轮养则始于50—54岁组。单人轮养相对集中于65—69岁组、70—74岁组、75—79岁组和80—84岁组，占74.52%；双人轮养则集中于55—59岁组、60—64岁组、65—69岁组、70—74岁组，占72.72%（见表6－14）。

需要指出的是，夫妇被轮养的起始年龄低于单人被轮养者，但60岁以下夫妇被轮养的比例高于单人被轮养，两者分别为27.27%和17.64%。这与一般认识有一定出入，即夫妇健在时，生活自理能力相对较强，有可能推迟被轮养。不过，前面的分析对此实际有所揭示，低龄被轮养者多为部分轮养，如没有自己的房屋，仅在儿子家轮住，且周期较长。

表 6－14　　单人轮养与夫妇轮养起始年龄比较　　单位：%

年龄组（岁）	单人被轮养	夫妇被轮养	总体	样本量（个）
45—49	3. 92	0. 00	2. 74	2
50—54	7. 84	9. 09	8. 22	6
55—59	5. 88	18. 18	9. 59	7
60—64	5. 88	18. 18	9. 59	7
65—69	21. 57	18. 18	20. 55	15
70—74	19. 61	18. 18	19. 18	14
75—79	15. 69	9. 09	13. 70	10
80—84	17. 65	9. 09	15. 07	11
85 +	1. 96	0. 00	1. 37	1
总体	100. 00	100. 00	100. 00	73

3. 轮养起始年龄的地区差异

我们看到，在轮养总体构成较少的赤城县，轮养实施得较晚；轮养相对普遍的丰润区，轮养安排的起始年龄也比较早（见表 6－15）。

表 6－15　　轮养起始年龄的地区差异　　单位：%

地区	年龄组（岁）	单人被轮养	夫妇被轮养	总体	样本量（个）
赤城县	65—69	0. 00	33. 33	20. 00	1
	70—74	50. 00	33. 33	40. 00	2
	75—79	0. 00	33. 33	20. 00	1
	80 +	50. 00	0. 00	20. 00	1
	总体	100. 00	100. 00	100. 00	5
赵县	50—54	4. 35	0. 00	3. 33	1
	55—59	0. 00	28. 57	6. 67	2
	60—64	8. 70	28. 57	13. 33	4
	65—69	39. 13	28. 57	36. 67	11
	70—74	8. 70	14. 29	10. 00	3
	75—79	21. 74	0. 00	16. 67	5
	80	17. 39	0. 00	13. 33	4
	总体	100. 00	100. 00	100. 00	30

续表

地区	年龄组（岁）	单人被轮养	夫妇被轮养	总体	样本量（个）
丰润区	45—49	7.69	0.00	5.26	2
	50—54	11.54	16.67	13.16	5
	55—59	11.54	16.67	13.16	5
	60—64	3.85	16.67	7.89	3
	65—69	7.69	8.33	7.89	3
	70—74	26.92	16.67	23.68	9
	75—79	11.54	8.33	10.53	4
	80—84	15.38	16.67	15.79	6
	85 +	3.85	0.00	2.63	1
	总体	100.00	100.00	100.00	38

（四）从轮养方式看轮养起始时点

表6－16数据可揭示三种方式下轮养者的年龄构成特征。

表6－16　　单独轮养和夫妇轮养起始阶段的轮养方式　　单位：%

轮养方式	年龄组（岁）	轮吃轮住	轮吃不轮住	轮住不轮吃	样本量（个）
单人被轮养	45—49	100.00	0.00	0.00	2
	50—54	100.00	0.00	0.00	4
	55—59	66.67	0.00	33.33	3
	60—64	66.67	0.00	33.33	3
	65—69	81.82	18.18	0.00	11
	70—74	80.00	20.00	0.00	10
	75—79	62.50	37.50	0.00	8
	80—84	77.78	22.22	0.00	9
	85 +	100.00	0.00	0.00	1
	总体	78.43	17.65	3.92	51
夫妇被轮养	50—54	50.00	50.00	0.00	2
	55—59	50.00	0.00	50.00	4
	60—64	50.00	0.00	50.00	4
	65—69	50.00	0.00	50.00	4
	70—74	25.00	75.00	0.00	4
	75—79	50.00	50.00	0.00	2
	80 +	50.00	50.00	0.00	2
	总体	45.45	27.27	27.27	22

根据表6-16，单人轮养者约78%采用轮吃轮住方式，其次为轮吃不轮住，不到20%，轮住不轮吃则属个别现象。分年龄组看，轮吃不轮住者相对集中于65—69岁以上年龄组，其中75—79岁组超过1/3为不轮住者。轮住不轮吃者为55—59岁组和60—64岁组低龄之人。

夫妇被轮养者中，轮吃轮住是最大类型，但并不占多数。其他两类所占比例相同，均为27.27%。从年龄组看，轮吃轮住没有明显年龄差异，而轮吃不轮住则集中于70—74岁组以上高龄老年人中，轮住不轮吃多为65—69岁组以下者。

两类轮养者中，轮住不轮吃者均为低龄老年人，表明这是生活自理能力比较强者采取的方式。而他们所以轮住，原因是没有属于自己的住房。

需要指出，单人轮养类型中，男性只有“轮吃轮住”和“轮吃不轮住”两种形式，分别占75.00%和25.00%；女性中有两例“轮住不轮吃”者，三者所占比例分别为80.00%、14.29%和5.71%。

由上可见，女性、高龄老人是被轮养的主体。被轮养者的经济、体质弱势比较突出。受访者的初轮年龄跨度较大，但相对集中于70岁以上。轮吃轮住这种完全轮养方式占主导地位。轮养周期与轮养方式关系较大，整体看以一个月至一年之间者居多，且一个月和一年两类占多数。而高龄者一个月及以下短轮养周期所占比例较大。轮养周期长短与轮养者所承担的照料强度有关。

四 轮养方式的制约因素
——以受访老年人为分析对象

老年人是否采用轮养方式养老取决于多种因素。在我们看来，目前农村与老年人轮养有关系的因素主要是年龄、性别、儿子数量、婚姻状况、收入水平、住房支配能力和地区习惯。

关于不同年龄、性别老年人轮养方式和构成，前面已有揭示。这里以所有受访老年人为对象，从儿子数量、婚姻状况、生活费用来源和住房支配能力等方面认识轮养形成的原因。

（一）儿子数量与轮养

1. 调查地区老年人儿子数量构成

各年龄组受访者的儿子数量构成前面已有统计，在此仅对60岁以上受访者的儿子数量构成进行分地区考察。

赤城县、赵县和丰润区所调查农村有子女的60岁以上老年人中，有两个及以上儿子所占比例分别为68.79%、60.54%和61.62%（见表6－17）。这意味着60岁以上受访者多具有形成轮养方式的子代人力条件。但它还需要一个前提是，这些儿子结婚后与父母同村居住。根据本项调查，受访者的已婚儿子多长期在村居住，至少儿媳在村内，具有承担赡养或参与轮养父母（公婆）的客观条件。

表6－17　三地受访老年人儿子数量构成　单位：%

地区	年龄组（岁）	0	1	2	3＋	样本量（个）
赤城县	60—64	3.70	29.63	37.04	29.63	27
	65—69	2.70	29.73	32.43	35.14	37
	70—74	2.86	28.57	37.14	31.43	35
	75—79	0.00	31.82	27.27	40.91	22
	80—84	0.00	30.77	46.15	23.08	13
	85＋	0.00	14.29	42.86	42.86	7
	总体	2.13	29.08	35.46	33.33	141
赵县	60—64	14.52	37.10	37.10	11.29	62
	65—69	14.89	36.17	27.66	21.28	47
	70—74	5.56	24.07	42.59	27.78	54
	75—79	0.00	26.92	34.62	38.46	26
	80—84	8.33	8.33	33.33	50.00	24
	85＋	10.00	40.00	20.00	30.00	10
	总体	9.87	29.60	34.98	25.56	223
丰润区	60—64	16.98	41.51	32.08	9.43	53
	65—69	5.00	32.50	47.50	15.00	40
	70—74	3.13	34.38	28.13	34.38	32
	75—79	0.00	17.86	28.57	53.57	28
	80—84	0.00	31.82	27.27	40.91	22
	85＋	0.00	10.00	50.00	40.00	10
	总体	6.49	31.89	34.59	27.03	185

2. 有两个儿子受访父母居住方式

根据表 6 – 18 数据，有两个儿子的受访老年人被轮养比例为 14.58%，3 个儿子增至 28.04%，4 个及以上儿子被轮养者为 29.79%。形式上虽表现为逐渐提高之势，但 3 个儿子和 4 个及以上儿子之间差异不明显。进一步看，3 个和 4 个及以上儿子的受访者轮养行为在不同年龄组差异明显。3 个儿子受访者 80—84 岁组被轮养比例超过 50%，85 岁以上组有所下降，却超过了 40%。4 个及以上儿子的受访者样本比较低，75 岁以下被轮养比例并不高，不过在 80—84 岁和 85 岁及以上组明显较高，分别为 72.73% 和 100.00%。这在一定程度上表明，4 子及以上家庭老年人在高龄阶段被轮养成为一项刚性选择。多子家庭，当父母生活不能自理时，每个儿子均不愿单独承担赡养责任，这是内心的想法，也会体现在行动上。乡村民众实践中，每个儿子又不愿落下不赡养父母的恶名。所以，轮养就成为诸子均能接受的最好办法。有 3 个和 4 个儿子的老年人轮养比例高的原因还在于，有 2 子的老年人若有 1 个儿子全家离村在外地居住，轮养便难落实；而 3 子以上的老人只有 1 子在村居住的概率较低，实行轮养的人力资源条件比较充分。

表 6 – 18　　有两个及以上儿子老年受访者居住方式　　单位：%

儿子数量	年龄组（岁）	核心家庭	直系家庭	单人户	轮养	样本量（个）
2	60—64	58.00	28.00	8.00	6.00	50
	65—69	52.27	13.64	13.64	20.45	44
	70—74	46.67	8.89	31.11	13.33	45
	75—79	47.83	21.74	17.39	13.04	23
	80—84	15.00	40.00	20.00	25.00	20
	85 +	0.00	70.00	10.00	20.00	10
	总体	45.31	22.92	17.19	14.58	192
3	60—64	88.89	5.56	5.56	0.00	18
	65—69	56.52	4.35	21.74	17.39	23
	70—74	31.82	9.09	27.27	31.82	22
	75—79	41.67	0.00	20.83	37.50	24
	80—84	30.77	7.69	7.69	53.85	13
	85 +	0.00	14.29	42.86	42.86	7
	总体	46.73	5.61	19.63	28.04	107

续表

儿子数量	年龄组（岁）	核心家庭	直系家庭	单人户	轮养	样本量（个）
4 +	60—64	50.00	0.00	50.00	0.00	2
	65—69	33.33	16.67	50.00	0.00	6
	70—74	33.33	26.67	33.33	6.67	15
	75—79	30.00	30.00	20.00	20.00	10
	80—84	9.09	18.18	0.00	72.73	11
	85 +	0.00	0.00	0.00	100.00	3
	总体	25.53	21.28	23.40	29.79	47

那么，三地之间有两个以上儿子的亲代，其居住方式有哪些异同？

表6－19对多子家庭老年人以轮养方式生活的地区差异揭示出来。赤城县2子、3子和4子及以上被轮养的比例均不高；相反，单人户或夫妇核心家庭户成为老年人生活的主要类型。

赵县2子家庭轮养比例不高，但3子和4子家庭轮养约占1/4。在4子及以上家庭中，夫妇户、单人户、直系家庭和轮养的构成相当。

丰润区则比较独特，2子家庭老年人仍以单独生活为主；至3子家庭，轮养成为老年人生活的最大类别，所占比例接近50%，而4子及以上家庭被轮养者超过50%。

表6－19　　三地有两个及以上儿子受访者居住方式　　单位：%

地区	儿子数量构成	核心家庭	直系家庭	单人户	轮养	样本量（个）
赤城县	2	62.16	20.27	14.86	2.70	148
	3	62.16	10.81	18.92	8.11	74
	4 +	36.36	9.09	54.55	0.00	22
	总体	59.84	16.39	19.67	4.10	244
赵县	2	43.62	30.04	14.81	11.52	243
	3	37.78	15.56	22.22	24.44	90
	4 +	26.32	26.32	21.05	26.32	38
	总体	40.43	26.15	17.25	16.17	371

续表

地区	儿子数量构成	核心家庭	直系家庭	单人户	轮养	样本量（个）
丰润区	2	52.00	25.33	6.67	16.00	150
	3	36.36	3.03	12.12	48.48	66
	4 +	17.65	23.53	5.88	52.94	34
	总体	43.20	19.20	8.00	29.60	250

可见，尽管三地之间有 2 子的老年夫妇比例差异不大，但受访老年人被轮养的比例却有较大差异。整体看，丰润区农村最普遍，赵县稍弱一些，赤城县最少。这很大程度上与习俗有关。

这一数据提示我们，目前河北农村尽管有多子的老年父母被轮养的比例较高，但区域之间差别较大。就总体而言，它只是部分多子老年人，特别是高龄老年人的养老方式，并不占主导地位。我们认为，这与老年人主观排斥这一方法有关，即在生活能够自理时，老年人避免进入被轮养状态。

（二）婚姻状态对老年人轮养方式的影响

因只有两个子女，实际主要是两子及以上父母才存在被轮养的可能性，这里仅考察有两个及以上儿子的老年人。

从三种不同婚姻状态看，总体样本表现为，离婚者被轮养的比例最大，但其样本量有限，说明意义较小。而丧偶者和有配偶者的轮养比例分别为 21.65% 和 7.01%（见表 6 - 20）。可见，丧偶者被轮养的比例显著高于有配偶者。

表 6 - 20　　不同婚姻状态老年人所生活的家庭类型　　单位：%

婚姻状态	年龄组（岁）	核心家庭	直系家庭	单人户	轮养	样本量（个）
有配偶	60—64	65.22	34.78	0.00	0.00	115
	65—69	61.63	26.74	3.49	8.14	86
	70—74	71.43	15.87	3.17	9.52	63
	75—79	81.25	6.25	0.00	12.50	32
	80—84	41.18	35.29	0.00	23.53	17
	85 +	0.00	0.00	0.00	100.00	1
	总体	65.61	25.80	1.59	7.01	314

续表

婚姻状态	年龄组（岁）	核心家庭	直系家庭	单人户	轮养	样本量（个）
丧偶	60—64	7.69	46.15	34.62	11.54	26
	65—69	10.53	34.21	39.47	15.79	38
	70—74	1.79	33.93	50.00	14.29	56
	75—79	6.98	44.19	27.91	20.93	43
	80—84	4.76	40.48	16.67	38.10	42
	85 +	0.00	53.85	15.38	30.77	26
	总体	5.19	40.69	32.47	21.65	231
离婚	60—64		100.00	0.00	0.00	1
	70—74		50.00	50.00	0.00	2
	75—74		0.00	0.00	100.00	1
	总体		50.00	25.00	25.00	4

因只有两个子女，实际主要是两子及以上父母才存在被轮养的可能性，这里若仅考察有两个及以上儿子的老年人，其表现有何特征？

与有偶者相比，丧偶者和有配偶者轮养比例均较高。丧偶者约1/3以轮养方式生活，其中80—84岁组超过50%被轮养。

表6－21　不同婚姻状态有两子及以上受访者所生活的家庭类型　单位：%

婚姻状态	年龄组（岁）	核心家庭	直系家庭	单人户	轮养	样本量（个）
有配偶	60—64	80.36	19.64	0.00	0.00	56
	65—69	70.00	12.00	4.00	14.00	50
	70—74	78.57	4.76	2.38	14.29	42
	75—79	84.62	0.00	0.00	15.38	26
	80—84	46.15	23.08	0.00	30.77	13
	85 +	0.00	0.00	0.00	100.00	1
	总体	75.00	11.70	1.60	11.70	188
丧偶	60—64	7.69	23.08	46.15	23.08	13
	65—69	13.04	8.70	52.17	26.09	23
	70—74	0.00	20.00	60.00	20.00	40
	75—79	6.67	26.67	36.67	30.00	30
	80—84	6.45	25.81	16.13	51.61	31
	85 +	0.00	42.11	21.05	36.84	19
	总体	5.13	23.72	39.74	31.41	156

续表

婚姻状态	年龄组（岁）	核心家庭	直系家庭	单人户	轮养	样本量（个）
离婚	60—64		100.00		0.00	1
	75—79		0.00		100.00	1
	总体		50.00		50.00	2

我们相信，多子丧偶老年人以轮养方式生活的比例在三地之间也会有明显区别。

表6－22显示，赤城县丧偶老年人以轮养方式生活的总体比例不足6%，赵县则达到1/3，丰润区更超过47%。分年龄组看，赤城县80—84岁组最高，占1/4；赵县80—84岁和85岁及以上组则分别为56.25%和60.00%；丰润区70—74岁组、75—79岁组和80—84岁组均超过50%。可见，三地农村有两个及以上儿子的老年人丧偶后以轮养方式生活的比例差异显著。赵县和丰润区高年龄组一些有两个及以上儿子的老年人丧偶后超过50%以轮养方式生活，可见，轮养成为他们的主要养老方式。老年人进入高龄阶段和丧偶后往往是生活自理能力最低的时期，因照料负担较重，轮养在一些地方具有一定刚性。而在有些地区，丧偶高龄老人单独生活也占一定比例，甚至超过轮养类型。

表6－22　　三地丧偶有两子及以上老年人居住方式　　单位：%

婚姻状态	年龄组（岁）	核心家庭	直系家庭	单人户	轮养	样本量（个）
赤城县	60—64	0.00	33.33	66.67	0.00	3
	65—69	33.33	0.00	66.67	0.00	6
	70—74	0.00	25.00	75.00	0.00	12
	75—79	0.00	40.00	60.00	0.00	5
	80—84	25.00	0.00	50.00	25.00	4
	85＋	0.00	50.00	33.33	16.67	6
	总体	8.33	25.00	61.11	5.56	36

续表

婚姻状态	年龄组（岁）	核心家庭	直系家庭	单人户	轮养	样本量（个）
赵县	60—64	16.67	50.00	16.67	16.67	6
	65—69	0.00	0.00	66.67	33.33	9
	70—74	0.00	15.79	68.42	15.79	19
	75—79	14.29	14.29	42.86	28.57	14
	80—84	0.00	31.25	12.50	56.25	16
	85 +	0.00	0.00	40.00	60.00	5
	总体	4.35	18.84	43.48	33.33	69
丰润区	60—64	0.00	0.00	60.00	40.00	5
	65—69	12.50	25.00	25.00	37.50	8
	70—74	0.00	22.22	22.22	55.56	9
	75—79	0.00	33.33	16.67	50.00	12
	80—84	9.09	27.27	9.09	54.55	11
	85 +	0.00	62.50	0.00	37.50	8
	总体	3.77	30.19	18.87	47.17	53

（三）生活费用来源与居住方式

按照表6－23，由政府提供生活费用的老年人轮养比例最高，这与我们的设想不尽一致。需要指出，有一部分无子女的老年人被纳入社会养老保障体系之中（“五保”户），有子女者是无缘享受的。而这里享受政府生活照顾的老年人中又被轮养显然是有子女之人。我们认为，可能是因为子女也比较困难，如残疾等，无能力为父母或父母一方提供生活所需，父母不得不申请最低生活保障。

轮养比例占第二位者为子女提供生活费用的受访老年人，再次为有退休金者。

我们看到，靠配偶提供生活费用的老年人中没有被轮养的样本，自己工作的老年人也很少被轮养。靠配偶提供生活费用从夫妇一体的角度看，也属于经济上能够自立者。由此可见，生活费用能够自理者较少选择轮养。需要注意的是，靠自己工作挣生活费者多是低龄老年人，其中多数人不必依赖子女照料起居，故生活在轮养家庭者不多。

表 6-23 60 岁及以上老年人生活费用来源与居住方式关系 单位:%

生活费用来源	核心家庭	直系家庭	单人户	轮养	样本量（个）
子女	24.12	35.05	19.61	21.22	311
配偶	78.79	15.15	6.06	0.00	33
孙子女	33.33	33.33	33.33	0.00	3
自己工作	60.00	32.35	7.06	0.59	170
退休金	61.11	27.78	0.00	11.11	18
政府	8.33	16.67	41.67	33.33	12
其他	100.00	0.00	0.00	0.00	2
总体	39.71	32.24	14.75	13.30	549

有两个及以上儿子受访者的生活费用来源与居住方式有何种关系？

表 6-24 60 岁及以上多子老年人生活来源与居住方式关系 单位:%

生活费用来源	核心家庭	直系家庭	单人户	轮养	样本量（个）	生活费用来源构成
子女	27.52	17.89	24.31	30.28	218	63.01
配偶	79.17	12.50	8.33	0.00	24	6.94
孙子女	50.00	50.00	0.00	0.00	2	0.58
自己工作	69.77	19.77	9.30	1.16	86	24.86
退休金	80.00	0.00	0.00	20.00	10	2.89
政府	16.67	0.00	33.33	50.00	6	1.73
总体	43.06	17.34	18.79	20.81	346	100.00

有两个及以上儿子的 60 岁以上老年受访者按不同生活来源划分的居住方式中，轮养比例均有所上升。特别是样本量最大的子女供养中，超过 30% 为轮养；而靠自己工作为生活来源的老年人采用轮养方式的比例不足 2% 。

我们再从不同类型家庭内部考察生活费用来源对居住方式的影响。

表 6－25　60 岁及以上多子老年人生活来源与居住方式关系　单位:%

生活费用来源	核心家庭	直系家庭	单人户	轮养	样本量（个）
子女	40. 27	65. 00	81. 54	91. 67	218
配偶	12. 75	5. 00	3. 08	0. 00	24
孙子女	0. 67	1. 67	0. 00	0. 00	2
自己工作	40. 27	28. 33	12. 31	1. 39	86
退休金	5. 37	0. 00	0. 00	2. 78	10
政府	0. 67	0. 00	3. 08	4. 17	6
总体	100. 00	100. 00	100. 00	100. 00	346

由表 6－25 统计可见，与其他类型居住方式相比，被轮养的老年人依赖子女提供生活费用的比例最高，此外他们靠政府低保生活的比例也最高，当然子女是他们主要的生活费用提供者。数据也显示，轮养老年人自我支配资源的能力最弱。

（四）住房产权与轮养

从形式上看，轮养老年人多数居无定所，这是否也意味着他们已没有产权属于自己的住房?

我们首先看一下所有受访老年人所住房屋的产权归属构成（见表 6－26）。

表 6－26　受访老年人住房的产权归属　单位:%

年龄组（岁）	自己	儿子	轮住房	其他	样本量（个）
60—64	74. 65	22. 54	0. 70	2. 11	142
65—69	58. 87	37. 90	0. 00	3. 23	124
70—74	47. 11	44. 63	1. 65	6. 61	121
75—79	23. 68	61. 84	7. 89	6. 58	76
80—84	28. 81	59. 32	6. 78	5. 08	59
85 +	7. 41	70. 37	11. 11	11. 11	27
总体	49. 73	42. 62	2. 91	4. 74	549

需要说明的是，表 6－26 中的“轮住房”含义为，根据轮养安

排，每个儿子应为父母或单亲留出一间或一处单独的房屋（如在同一院落中的厢房、门房等），相对固定，老人每次从上家轮转过来，熟门熟路。该房不能挪作他用。本质上，这些轮住房归各子所有。若受访老年人明确回答所住房的产权为“儿子”，那么多数情况下意味着被轮养老年人没有相对独立的居处，一旦轮转过来，他（她）多与儿子家的某个成员混住，如与相对年幼的孙子、孙女同睡一炕。产权属于“自己”意味着老年人所住房屋尚未在儿子中分割清楚，老年人拥有完全支配权。产权为“其他”类中包含借、租邻居亲朋的住房等。

根据表6－26，就总体看，60岁以上受访者拥有自己产权住房的比例高于产权归属儿子的比例。分年龄组看，60—64岁组、65—69岁组和70—74岁组老年人拥有自己产权住房的比例高于产权已归属儿子的比例，但75—79岁及以上者多数已无产权住房，即所住房的产权归儿子。

那么，被轮养老年人的住房产权构成有什么特征？

根据表6－27，处于轮养状态下的老年人所住房屋多属于儿子。轮养老年人拥有自己产权住房的比例在轮吃不轮住类型中稍高一些，但也仅占1/5。可见，即使不轮住的老年人其所住房屋的产权也多非自己所有，只是按照父母和诸子之间的约定，轮养父母可以一直住下去，即生前拥有使用权。

表6－27　　房屋产权类型与轮住方式　　单位:%

轮养方式	单人抑或夫妇轮养	自己	儿子	轮住房	其他	样本量（个）
轮吃轮住	单人被轮养	5.00	60.00	30.00	5.00	40
	夫妇被轮养	20.00	50.00	20.00	10.00	10
	总体	8.00	58.00	28.00	6.00	50
轮吃不轮住	单人被轮养	22.22	77.78		0.00	9
	夫妇被轮养	16.67	66.67		16.67	6
	总体	20.00	73.33		6.67	15
轮住不轮吃	单人被轮养	0.00	50.00	50.00	0.00	2
	夫妇被轮养	16.67	50.00	16.67	16.67	6
	总体	12.50	50.00	25.00	12.50	8

这里，我们再将受访老年人轮养与非轮养者作一比较（见表 6 - 28）。

表 6 - 28　　轮养与非轮养老年人住房产权归属比较　　单位：%

居住方式	自己	儿子	轮住房	其他	样本量（个）
非轮养	55.67	39.92		4.41	476
轮养	10.96	60.27	21.92	6.85	73
合计	49.73	42.62	2.91	4.74	549

可见，轮养老年人有自己产权住房者比例只有约 10%。轮养父母或单亲不仅生活费用上主要依赖儿子供给，而且住房也主要靠儿子提供。这表明，轮养老年人是经济支配能力最弱的群体。

（五）轮养实施的具体原因

上面是对轮养实施可能性和轮养方式的分析。关于老年人被轮养的原因，前面的研究中已涉及一些，但比较笼统。那么，受访者对此是如何看待的呢？在问卷中，我们设计了一个多选问题，询问受访者被轮养的具体原因（见表 6 - 29）。

表 6 - 29　　轮养实施的具体原因　　单位：%

问项排序	原因类型	构成	样本量（个）
1	没有自己的住房	39.73	29
2	本地习俗	21.92	16
3	丧失劳动能力	38.36	28
4	减少家庭矛盾	23.29	17
5	生活不能自理，需照顾	64.38	47
6	父母养老义务需儿子共担	46.58	34

根据表 6 - 29，在多选问项中，选择“生活不能自理，需照顾”这一原因的比例最大，超过一半；“父母养老义务需儿子共担”居第二位；“没有自己的住房”居第三位；“丧失劳动能力”居第四位。这与我们的直觉是比较一致的。老年父母被轮养客观上是因为年龄

大，生活自理能力下降，即由自养转入他养阶段，需要子辈照顾是最突出、最直接的起因。在多子家庭，每个儿子都有义务照料老年父母，这就引出了轮养的逻辑前提。可见，这两个比例最大的选项将轮养的起因和逻辑前提揭示出来。

总之，调查地区农村 65 岁以上老年人多有 2 个以上成年儿子是社会保障不足阶段轮养形成的重要家庭养老人力资源条件。从婚姻状态看（仅就有 2 个及以上儿子的老年人样本而言），有配偶者只有 80 岁以上被轮养比例才明显上升（从不足 20% 升至 30%），而丧偶者中所有 60 岁以上年龄组的轮养比例均在 20% 以上。并且丰润区和赵县农村这一表现更加突出，其中丰润区多数年龄组老年人被轮养超过 40%，成为丧偶者最主要的养老方式。被轮养者的生活资料和住房支配能力明显较弱。可见，丧偶、缺少自我维持生存经济条件的多子老年人，最有可能成为被轮养者。这是赡养老年亲代义务在子代间相互制衡和妥协的产物。轮养虽不是理想的养老方式，但相对于推诿赡养的行为，它有值得肯定之处。

五　结语和讨论

通过上面分析，我们得出以下认识：

轮养是目前社会养老保障制度尚不完善的农村老年人，特别是有多个儿子的高龄老年人重要的养老方式。由于轮养与地方民俗有一定关系，因而，即使在河北农村，同龄、多子老年人中，选择轮养方式养老的比例是有地区差别的。本项研究显示，冀东丰润区的轮养比例最高，其次为冀中赵县，冀西北赤城县最低。需要指出，根据本调查，轮养比例低，并不意味着父母或单亲与已婚子代形成直系家庭的比例高，相反这些地区父母单独生活比例较高，不尽赡养义务者较多。

轮养是中国特色的家庭代际关系和养老方式的产物。按照中国亲子关系逻辑，亲代有抚育子代、为子代完婚等义务和责任，子代最初的基本生存条件由父母创造（传统时代子代一次性均分家产，当代为渐次性均分家产）；一旦亲代年老，特别是丧失劳动能力和生活自理能力之后，子代有不可推卸的赡养义务，轮养即有可能实施。不过，它还需要一定的习俗环境制约，否则将难以落实。

从老年父母角度看，轮养是一种被动养老方式。就调查地区而言，多子父母年老但尚有生活自理能力时，比较理想的做法是单独生活，特别是夫妇健在时倾向于这种相对自由、较少代际矛盾的生存方式；生活不能自理时，最理想的方式是与一个已婚子女居住，以使日常生活保持稳定。辗转于诸个儿子家的轮养方式为老年人所力图避免。但到了高龄阶段，老年人既缺少可支配的生活费用，又多无产权属于自己的住房，因而不得不接受儿子们的轮养安排。可以说，轮养具有双重“被动”特征，亲代“被动接受”与子代“被动应付”。老年人不掌握足以维持晚年体面生活的生存资料是这一状态形成的重要原因。

我们同时认为，轮养虽是一种被动性较强的养老方式，但在现阶段，它也有其积极意义和可肯定之处：对高龄且生活不能自理或不愿炊煮的老年人来说，一日三餐得到基本满足，并获得必要的生活照料。同时，它在一定程度上分解了子代家庭的养老压力，多子的优势体现出来。

但当不掌握生活资源的老年人成为纯粹的消费者时，承担轮养的子代家庭不得不安排专人负责照料事宜，占用了家庭的劳动力资源，他们会被视为累赘，往往难以获得“优待”。

现阶段中国农村的轮养制度和做法是值得关注的。不少调查都显示，目前是农村轮养现象比较突出的时期。中国老龄科学研究中心2000年对全国20个省、市、区所做的大型抽样调查表明，农村65岁以上老年人由子女轮养者占17.78%，其中65—69岁组占13.79%、70—74岁组占17.79%、75—79岁组占22.37%、80—84岁组占21.13%、85岁及以上组占28.4%。[①] 这一组数据表明，轮养并非个别现象，就全国而言，75岁以上老人中超过1/5处于轮养状态。我们

---

① 中国老龄科学研究中心：《中国城乡老年人口状况一次性抽样调查数据分析》，中国标准出版社2003年版。

最近十年对河北省农村的调查也表明，目前是轮养行为高比例出现时期。这有两方面的原因：一是农村65岁以上老年人多有两个及以上儿子，且亲子分爨生活普遍，一旦老年父母或单亲失去生活自理能力，很难回到与一个已婚儿子共同生活并依靠其养老的直系家庭之中，轮养便会提上议事日程；二是老年人预期寿命提高，对儿子养老照料的依赖期延长。我们认为，对此加以研究，有助于对农村多子家庭老年人的生存状况和水平有具体认识和把握。

不过，当代农村的独子比例也在大幅度增加。2000年全国“五普”长表数据显示，45岁和50岁年龄组妇女有两个以上儿子者分别为38.23%和45.95%。本项调查（2008年）数据中，50岁和55岁组老年人有两个及以上儿子的受访者分别占29.63%和34.04%。可见，今后10年新进入老龄的父母被轮养的可能性将大大降低。轮养行为有可能逐渐变为一种历史现象。

第七章 总结

本项研究基于2008年河北省三县区农村调查数据，旨在对当代农村人口家庭生命周期和夫妇生命历程的阶段表现和时期特征进行分析，进而对不同时期的家庭变动、代际关系和家庭功能有比较系统的认识。

本项研究的受访者以中老年为主（其中40岁及以上者占82.80%），他们经历了生命周期和生命历程的主要阶段，特别是60岁及以上受访者在总样本中超过50%（56.19%），65岁及以上者占41.66%（其中婚姻状态为丧偶者占50.62%，居住方式上“空巢”者占28.40%，单人户占18.02%，轮养占17.28%）。这使本项建立在区域基础上的研究具有一定数量经历家庭生命周期和生命历程主要阶段的夫妇和个体样本，并且其中的老年样本获得方式具有普查性质（即村庄内生育和收养过子女的老年人均被调查）。

一 本项研究的结论性认识

（一）关于家庭不同生命周期和夫妇生命历程时长及其变动的认识

在调查地区农村，20世纪50年代中期之前结婚者，较多地承袭了传统时代的早婚和多育习惯，因此家庭扩展所需时间较长。相应地，所有子女结婚离家时，父母则已进入老年，老而“空巢”的特征比较突出。而1956年以后至1965年结婚者，早婚率降低；其多育行为在20世纪70年代受到生育控制政策抑制，但他们已生育了理想数量的子女，有3个子女的比例最高；父母55岁左右时，子女多已婚配；至所有子女完婚并离开家庭，父母年龄接近 60 岁，表现为在低龄老年阶段进入“空巢”状态。1966 年以后，特别是 20 世纪 70 年代初期进入婚龄者，在晚婚政策约束下不得不延迟结婚；与此同时，生育控制政策在很大程度上矫正了调查地区民众的多育观念，少育成为主流，家庭扩展的过程缩短，相应地其家庭收缩过程也变得短促。父母中年时子女多已婚配，“空巢”期由此提前。而 80 年代初期结婚的夫妇，在独生子女政策未被严格推行的农村环境中，生育 2 个子女占多数，子女均婚时他们的平均年龄尚不足 50 岁，中年“空巢”的现象更为普遍。

（二）不同生命周期阶段受访者所生活的家庭结构及其变动

在调查地区农村，80 岁及以上组、70—79 岁组和 60—69 岁组生命历程事件完整的受访者初婚时多保持着从父居习惯，由此形成高比例的直系家庭；婚后至第一个孩子出生，与父母分爨行为出现，因而核心家庭增幅最大，但独立生活还不普遍；第二个子女出生后受访者所生活的家庭类型发生根本转变，核心家庭成为主导家庭；末胎生育时，核心家庭达到峰值状态，上述三个年龄组受访者此时在核心家庭生活比例接近或超过 70%；第一个子女结婚时，多婚姻单位家庭（以直系家庭为主）再次上升，但核心家庭仍是最大类型家庭；第二个子女结婚时，各年龄组核心家庭和直系家庭所占比例互有高低；最后一个子女结婚时，多婚姻单位家庭又形成峰值，处于“空巢”状态者不足 30%。

经历完整生命历程事件（子女均已婚配且丧偶）的老年人从初婚至丧偶，其所生活的家庭约 90% 发生类型转化；至末子女结婚时，发生转化的比例有所降低，但仍占 80% 左右。有 14% 的受访者一直生活在多婚姻单位家庭。

从子女均婚至调查时点，家庭转化的类型有三种：一是多婚姻单位延续，约为 1/3；二是多婚姻单位向单人户或轮养转化；三是“空巢”家庭和单人户转变为多婚姻单位家庭。而至调查时点，70—79 岁和 80—89 岁以上年龄组受访者生活在非直系家庭所占比例最大（超过 50%），表明农村老年人终老于直系家庭的局面已经或正在改变。

（三）家庭生命周期与代际关系

不同年龄组受访者初婚时多与父母（公婆）居住在一起，尽管40岁以下组这种居住形式有所降低（因独居稍微增加），但基本状态依然保持着。这表明，亲代家庭是调查地区农村夫妇缔结婚姻初期的主要居住载体。受访者本代分立门户、独立生活并非起始于婚姻缔结。

父母（亲代）在本代生育子女、家庭扩展期间，为子代提供了子女照料、家务料理等方面的劳务支持。当然在不同地区之间有一定区别，赤城县子代所获帮助低于赵县和丰润区。

当受访者子女（子代）成年进入谈婚论嫁阶段，本代仍延续着传统惯习为子女操办婚事。有多个子女的家庭，建房成为父母的最大花费。在子代所有婚姻花费中，父母的贡献最大。同时，已婚子代结婚初期多与亲代同居。多子家庭，父母与已婚儿子分爨生活成为最普遍的做法，但代际之间的交换关系依然保持着。

当受访夫妇进入老年阶段，就调查地区来看，多数人以“空巢”（有偶时）和单人（丧偶后）方式生活，与已婚子女维系直系家庭仍占较大比例，一定程度上形成合爨与独居并存的局面。老年父母独居并不意味他们丧失劳动能力后足以摆脱对子代的生存依赖。子代是多数老年亲代，特别是70岁以上父母生活费用的主要提供者。子代反哺亲代的传统代际关系模式在分居各爨的现代家庭形态下依然保持着。值得注意的是，这种反哺水平与父母中年阶段对子代的劳务帮助多少有直接关系，分县区数据对此有所揭示。

（四）家庭生命周期与家庭成员地位变动

农村多数老年人有在直系家庭生活的经历，而从缔结婚姻至自己的子女长大成人婚配，其在家庭中的作用也在发生变动。

受访者结婚之初，作为与父母共同生活的子代，他们是家庭事务的依附者，户主和经济管理者多由亲代承当。而婚后与父母分爨既是新家庭形成之始，也是户主变更的重要阶段。

那些与父母将直系家庭维持下去的夫妇，当父母逐渐年老之时，户主和家庭经济管理之人变更便会发生。可见，尽管直系家庭的形式没有改变，但其中的代际责任和家事支配权力却在发生变化。

对从结婚到年老时一直在直系家庭生活的受访者来说，其所经历的户主和家庭经济掌管之人的变更将超过一次，达到两次，甚至更多。第一次变更为亲代年老，本代成为户主和当家之人；自己的子女长大婚配之后，本代逐渐退出主要劳动力之列，将家庭事务管理之责交给子代，形成第二次变更。这一考察，加深了我们对同一形态家庭中代际责任传递变动的认识。

（五）家庭生命周期与轮养

轮养是家庭生命周期的特殊表现，是老年生活单位由固定变为流动的一种形式。在调查地区农村的多子家庭，它往往是老年人经历的一个生命阶段。在生命周期考察中，这一生活方式往往被忽视。

本项研究显示，调查地区农村，多子家庭老年父母被轮养在高龄老年人中具有普遍性，但地区之间也有差异。冀东丰润区的轮养比例最高，其次为冀中赵县，冀西北赤城县轮养行为最低。

轮养是中国特色的家庭代际关系和养老方式的产物。按照中国家庭的亲子关系逻辑，亲代有抚育子代、为子代完婚的义务，子代最初的基本生存条件由父母创造；一旦亲代年老，丧失劳动能力和生活自理能力，子代有不可推卸的赡养责任。

一般来说，轮养是亲代被动养老的表现。就调查地区看，有成年子女的父母年老之后当生活能够自理时，比较理想的居住方式是形成独居单位，特别是夫妇健在时倾向于在这种相对自由、较少代际矛盾的家庭生活。当生活不能自理时，其理想生存方式则是与一个已婚子女同居共爨，以使日常生活保持稳定。而辗转于诸个儿子家的轮养方式为老年人所力图避免。

我们认为，轮养所体现出的亲子关系至少有这样的积极意义，即子代对自己应承担的赡养义务不推诿，但又不愿意多付出，强调权利享有和义务承担之间的平均，相互制衡。对高龄且生活不能自理或不愿炊煮的老年人，一日三餐有了保障。轮养老年人至少能享有与子代成员同样水准的生活。

总之，通过本项研究，我们看到，调查地区农村夫妇在家庭生命周期的不同阶段既有对传统居住安排的保留和继承，表现出对过往习惯的延续；而在另一方面，当子女均婚之后，夫妇或丧偶者与子女分嫠所形成的独居形式增多，甚至其比例超过与已婚子女同居类型，表现出现代性居住倾向。但在整体上，“传统”与“现代”居住方式尚有并存表现。这或许是当代农村家庭生命周期的主要特征。

二　本项研究结果的价值及政策含义

（一）本项研究结果的价值

1. 通过本项研究，我们对河北农村夫妇在家庭生命周期和生命历程不同阶段的居住方式、代际关系和家庭功能特征有了比较具体的把握。我们不仅分析夫妇在不同生命阶段的居住方式，而且透过家庭的外在形态认识同居和非同居直系成员、姻缘关系成员的家庭地位和代际关系，将家庭生命周期考察中相对孤立的夫妇单位分析转变为夫妇单位和家庭关系环境结合在一起的研究，将夫妇婚姻单位放置于多代际婚姻单位家庭中，以便对新家庭生成方式的认识更符合逻辑。

2. 本项研究丰富了我们对受访夫妇不同阶段所居住家庭形态的认识。以往的家庭生命周期研究以夫妇所生活的核心家庭为中心，认为在夫妇一方去世之前，他们均生活在核心家庭之中。根据本项研究，尽管农村家庭整体上存在家庭核心化的趋向，但在婚姻缔结初期，不同年龄组受访者均以直系家庭居住为依托，而在其晚年阶段，除了直系家庭之外，并非只有“空巢”和单人户这些独居形式，还有轮养这一流动居住方式。核心家庭主导的时期主要是夫妇与父母（公婆）分开生活后、子女结婚之前的时期。可见，本项研究将夫妇生命历程阶段家庭类型的多样性呈现出来。

3. 对制度变迁对家庭生命周期的影响有了比较全面的解释。本项调查中的受访者结婚时期跨度较大，从新中国成立前土地私有制时期，到土地改革、集体经济制度建立、土地承包责任制实行，再到农村劳动力非农转移成为趋向。这些变革对调查地区农民婚姻缔结、家庭建立、家庭扩展、家庭收缩、“空巢”和解体都带来了影响，并在不同阶段家庭形态上体现出来。

（二）本项研究的政策含义

通过一个纵向演化过程考察受访夫妇生命历程，并与代际关系和家庭功能结合起来，对不同时期的家庭问题及其存在原因或因果关系有了更清楚的认识。

1. 老年人晚年生活质量的改善途径

中国农村的夫妇婚姻缔结往往依赖亲代大量财力投入，这在一定程度上是对亲代所支配经济资源的削弱，一些亲代要将提前住房产权转移给儿子。就当代农村而言，一方面尽管家庭养老的形式依然保持着，但由于老年父母多不掌握家庭经济资源，被动地依赖子女提供生活费用，晚年生活质量下降。另一方面，从居住方式上看，调查地区老年人多数已不像传统时代那样以与已婚子女共同生活为主，而以“空巢”、单人或轮养方式生活占多数。独居虽然为老年人提供了相对自由的生活方式，但不能否认它也是两代人互相回避矛盾的产物。对有退休金的城镇老年人来说，这种居住方式是同经济独立相一致和协调的。而目前农村老年人退出劳动领域之后仍以子女（主要是儿子）为其提供生活费用为主；至生活不能自理时，有多子的老年人则多采用轮养方式度过余生，居无定所，生活质量得不到保障，有“乞养”之嫌。

客观上，农村家庭成员，在上有老、下有小且经济条件不太富裕时，将主要资源用于抚育子女上，而将赡养老年人的花费保持在最低水平，即没有表现出优先或特殊照顾。形成这种状态的原因有多种。我们认为，从家庭生命周期或夫妇生命历程角度看，在于亲代抚育子女（包括养育和为子女完婚）仍保持着传统的方式，但老年人居住的方式已表现出现代性；赡养老年人的方式出现现代和传统的不适应。即老年人独立生活的偏好并未与经济独立相一致，其养老的物质资料仍主要来源于子代。

我们认为，这种状况的改变需要两方面的措施：一是从政府角度讲，应提高农村的养老保障水平，逐渐增大社会资源在老年人生存资料中的构成比例；二是引导农民在中青年时参加社会养老保险，将一部分收入用于购买不同形式的养老保险，而非全数转移给子女或花费在抚育子女、为子女结婚方面，通过这种方式增强自我养老能力。

2. 社会转型初期养老制度的变革途径

当前我国正处于社会转型初期，社会转型带来家庭代际关系的新变化，传统的子代赡养亲代形式的家庭养老保障体系受到根本削弱。

随着夫妇养育子女数量减少，家庭“空巢”期提前。农村虽然没有真正落实独生子女政策，但从20世纪80年代以来，少生子女的局面（多数夫妇只有两个子女）已经基本形成。中年“空巢”不仅在城镇地区已经形成，而且在农村也开始出现。

不仅如此，在社会转型过程中，子代非农就业增加，其中一部分人将转向城镇居住。我们认为，亲子同村居住和亲子异地居住，特别是亲子乡城居住对亲子代际关系将产生不同的影响。亲子同村居住，即使分爨形成两个生活单位，彼此之间仍存在较密切的关系，特别是代际交换关系仍然存在，这直接影响未来中青年子代对老年亲代的赡养履行态度和水平。亦即亲子之间有交换关系，特别是在照料子女、家务料理等方面亲代给予子代以帮助，那么子代将来便不会推诿和懈怠自己的赡养义务。而一旦亲子分居两地，将在很大程度上削弱代际交换行为。同时由于城乡劳动收入有差异，居乡的亲代难以在经济上给予子代以帮助。这将对家庭养老行为产生影响。

因此，政府应加大对农村社会养老保障制度的推行力度，提高保障水平，引导农村居民由依赖子代养老向依赖子代和社会保障提供并行，进而转化为依赖社会保障和自我储蓄养老为主。这是弥补社会转型初期家庭养老功能不足的必要措施。

三　本项研究的不足

（一）对在世者进行家庭生命周期调查分析有缺陷

作为一项实证分析，本调查主要以在世中老年人为分析对象。其中的老年人虽然已经历了生命周期的主要阶段，但毕竟没有走完人生的全过程。特别是对调查地区老年人去世前的生存方式尚难以掌握。这只有通过对受访者子女的回顾性调查才能获得。但这两种研究方式很难兼顾，或者以受访者的主要生命周期为对象，或者由其子女回顾父母的生命历程经历（包括婚姻、生育、子女离家、“空巢”、解体和死亡），但由此所获亲代生命阶段信息的准确性难以保证。

（二）有些生命事件的信息没有调查到

对老年人已经经历过的多数生命周期和生命历程进行实证研究，需要捕捉和复原受访者不同时期的主要生命事件。这是一项相对比较复杂的调查。以往这方面可资借鉴的研究比较少。本项调查是一项探索，因而也存在一些不足。比如，对夫妇“空巢”的确切时间没有设计问项。夫妇“空巢”、单人生活之后，究竟是将这种居住形式一直保持下去，还是有所反复。这一信息也未能调查到。

附　录

河北省农村家庭生命周期调查问卷

中国社会科学院人口与劳动经济研究所

村编码　□

被访人个人编码　□□□□□

被访人姓名：__________

被访人住址：______县（区）______乡（镇）______村______村民小组

邮政编码：__________联系电话：__________联系人：__________

访问次数	访问日期		访问时间		无法完成调查的原因（打钩）		
	月	日	开始	结束	1. 拒访	2. 迁移	3. 其他
第一次							
第二次							
第三次							

[　] 被访者的沟通交流能力：

1 很好　2 好　3 一般　4 不好　5 很不好

[　] 是否他人代答？

1 全部代答　2 部分代答　3 全部自答

[　] 是否有他人在场？

1 是　2 否

调查员签名：__________日期：______年______月______日

核对人签名：__________日期：______年______月______日

核对人的检查结果：合格（　）　不合格（　）

第一部分　个人基本情况

101. 性别：	1 男　　2 女	[　]
102. 您的出生年月：	阳历：____年____月	[　]年[　]月
103. 您的属相是：	1 鼠　2 牛　3 虎　4 兔　5 龙　6 蛇 7 马　8 羊　9 猴　10 鸡　11 狗　12 猪	[　]
104. 您的受教育程度是：	1 未上过学　2 小学　3 初中　4 高中 5 中专或技校　6 大专及以上	[　]
105. 您一共上了几年学？	______年	[　] 年
106. 您现在还工作吗？	1 是的，完全工作（和以前一样）（跳问 108） 2 是的，部分工作（比以前干活少了）（跳问 108） 3 不再工作	[　]
107. 您现在不再工作了，那么您：	1 已退休 2 从未工作过（如家庭主妇）（跳问 110） 3 因生病或年迈不能工作 4 其他原因（请注明：________）	[　]
108. 如果您现在或曾经工作过，那您最后从事的主要职业是：	1 务农为主　2 养殖为主　3 半农半工 4 经商　5 家务为主 6 其他（请注明：________）	[　]
109. 若您仍然工作，您家的收入主要来自：	1 农业　2 养殖　3 工商业（含打工、做生意） 4 其他（请注明：________）	[　]
110. 若您不再工作，您家原先的收入主要来自：	1 农业　2 养殖　3 工商业（含打工、做生意） 4 其他（请注明：________）	[　]
111. 土地改革时您的家庭成分是：	1 贫农　2 下中农　3 中农 4 上中农　5 小土地出租者　6 富农 7 地主　8 工商业者	[　]

第二部分　家庭生命周期和代际状况

（一）家庭生命周期

201. 您的婚姻状况：	1 未婚（跳问 301） 2 初婚，与配偶同住（跳问 205） 3 初婚，与配偶分居 4 再婚　5 丧偶　6 离婚	[ ]
202. 这种情况是从何时开始的？	阳历：______年______月	[ ] 年 [ ] 月
203. 当时您多大年龄？	______ 岁	[ ] 岁
204. 您一共结了几次婚？	______ 次	[ ] 次
205. 您的初婚时间是：	______ 年______月	[ ] 年 [ ] 月
206. 您配偶的出生时间是：	______年______月	[ ] 年 [ ] 月
207. 您配偶的属相是什么？	1 鼠　2 牛　3 虎　4 兔　5 龙　6 蛇 7 马　8 羊　9 猴　10 鸡　11 狗　12 猪	[ ]
208. 您配偶的受教育程度是：	1 未上过学　2 小学　3 初中　4 高中 5 中专或技校　6 大专及以上	[ ]
209. 您配偶一共上了几年学？	______年	[ ] 年
210. 如果您配偶现在或曾经工作过，那他/她最后从事的主要职业是：	1 务农为主　2 养殖为主　3 半农半工 4 经商　5 家务为主 6 其他（请注明：________）	[ ]
211. 土地改革时您配偶的家庭成分是：	1 贫农　2 下中农　3 中农 4 上中农　5 小土地出租者　6 富农 7 地主　8 工商业者	[ ]
212. 您或您配偶是否为上门女婿？	1 是　2 否	[ ]
213. 您初婚时居住在何处？	1 男方父母家　2 女方父母家 3 男方、女方父母家均有住所 4 独立居住　5 其他（请注明：______）	[ ]
214. 您共生育了几个子女？（包括健在、未成年与成年后去世的子女）	儿子 [ ]　女儿 [ ]	儿子 [ ] 女儿 [ ]

215. 请您告诉我您孩子（包括健在的和成年后去世的孩子）的情况：

问题及选项/子女（以出生先后为序）	1	2	3	4	5	6	7
215. 1　A 这个孩子的性别：1 男　2 女 B 这个孩子是您：　1 亲生　2 继养　3 抱养	[ ] [ ]	[ ] [ ]	[ ] [ ]	[ ] [ ]	[ ] [ ]	[ ] [ ]	[ ] [ ]
215. 2 这个孩子是何时出生的?	[ ] 年 [ ] 月	[ ] 年 [ ] 月	[ ] 年 [ ] 月	[ ] 年 [ ] 月	[ ] 年 [ ] 月	[ ] 年 [ ] 月	[ ] 年 [ ] 月
215. 3 这个孩子是否健在： 1 是（跳问 215. 6）　2 否	[ ]	[ ]	[ ]	[ ]	[ ]	[ ]	[ ]
215. 4 这个孩子死亡时多大年龄?	[ ] 岁	[ ] 岁	[ ] 岁	[ ] 岁	[ ] 岁	[ ] 岁	[ ] 岁
215. 5 这个孩子的死亡原因是： 1 疾病　2 意外伤害　3 其他（请注明：______）	[ ]	[ ]	[ ]	[ ]	[ ]	[ ]	[ ]
215.6 除您夫妇外，这个孩子年幼时谁帮您照看过? （选择对您帮助最大的人） 1 父亲　2 母亲　3 岳父　4 岳母　5 年龄较大的女儿 6 姐妹　7 没有别人　8 其他（请注明：______）	[ ]	[ ]	[ ]	[ ]	[ ]	[ ]	[ ]
215. 7　A 这个孩子的文化程度：1 未上过学　2 小学 3 初中　4 高中　5 中专/技校　6 大专及以上 B 这个孩子共上了几年学? （215. 7 A 选 5、6 者跳问 215. 9）	[ ] [ ] 年	[ ] [ ] 年	[ ] [ ] 年	[ ] [ ] 年	[ ] [ ] 年	[ ] [ ] 年	[ ] [ ] 年

续表

问题及选项/子女（以出生先后为序）	1	2	3	4	5	6	7
215.8 这个孩子为何没有再进一步上学？ 1 家庭需要劳动力　　2 未通过升学考试 3 交不起学费　　4 需要照顾老人、病人或小孩 5 自己不愿意继续上学　6 有更好的就业机会 7 其他（请注明：____）	[ ]	[ ]	[ ]	[ ]	[ ]	[ ]	[ ]
215.9 A 这个孩子现在主要从事的工作（职业）： B 这个孩子去世前主要从事的工作（职业）： 1 专业技术人员（包括医生、教师、工程师、建筑师等） 2 干部　3 农民　4 企业管理人员（包工头、店主） 5 服务人员（理发师、售货员、餐饮旅店服务、裁缝等） 6 技术工（木匠、砖瓦匠、司机）　7 产业工人 8 经商　9 其他（请注明：____）	[ ]	[ ]	[ ]	[ ]	[ ]	[ ]	[ ]
215.10 这个孩子成年后、结婚前是否有外出打工、上学、参军等经历？ 1 是　2 否（跳问 215.13）	[ ]	[ ]	[ ]	[ ]	[ ]	[ ]	[ ]
215.11 这个孩子第一次外出时多大年龄？	[ ] 岁	[ ] 岁	[ ] 岁	[ ] 岁	[ ] 岁	[ ] 岁	[ ] 岁
215.12 这个孩子外出后多长时间回一次家？ 1 三个月　2 半年　3 一年　4 两三年	[ ]	[ ]	[ ]	[ ]	[ ]	[ ]	[ ]

续表

问题及选项/子女（以出生先后为序）	1	2	3	4	5	6	7
215.13 这个孩子的婚姻状况： 1 未婚（跳问 215.17） 2 初婚 3 再婚 4 丧偶 5 离婚	[ ]	[ ]	[ ]	[ ]	[ ]	[ ]	[ ]
215.14 这个孩子多大年龄结婚？（周岁）	[ ] 岁	[ ] 岁	[ ] 岁	[ ] 岁	[ ] 岁	[ ] 岁	[ ] 岁
215.15 这个孩子结婚前一年的收入由谁掌管？ 1 全部交给父母 2 部分交给父母 3 全部自己掌管	[ ]	[ ]	[ ]	[ ]	[ ]	[ ]	[ ]
215.16 这个孩子婚前是否自己攒过钱？ 1 是 2 否（跳问 215.17）	[ ]	[ ]	[ ]	[ ]	[ ]	[ ]	[ ]
外嫁女儿的婚姻花费情况跳问 215.24							
215.17 您家是否给这个孩子盖了婚房？ 1 是 2 否（跳问 215.23）	[ ]	[ ]	[ ]	[ ]	[ ]	[ ]	[ ]
215.18 给这个孩子盖房花了多少钱？	[ ]万元	[ ]万元	[ ]万元	[ ]万元	[ ]万元	[ ]万元	[ ]万元
215.19 为给这个孩子盖房，家里是否借过钱？ 1 是 2 否（跳问 215.23）	[ ]	[ ]	[ ]	[ ]	[ ]	[ ]	[ ]
215.20 给这个孩子盖房家里共借了多少钱？	[ ] 元	[ ] 元	[ ] 元	[ ] 元	[ ] 元	[ ] 元	[ ] 元
215.21 这些钱都是向谁借的？（可复选） 1 丈夫的兄弟姐妹 2 妻子的兄弟姐妹 3 已婚儿子 4 已婚女儿 5 丈夫的长辈亲戚 6 妻子的长辈亲戚 7 朋友 8 邻居 9 信用社 10 其他（请注明：____）	[ ] [ ] [ ] [ ] [ ]	[ ] [ ] [ ] [ ] [ ]	[ ] [ ] [ ] [ ] [ ]	[ ] [ ] [ ] [ ] [ ]	[ ] [ ] [ ] [ ] [ ]	[ ] [ ] [ ] [ ] [ ]	[ ] [ ] [ ] [ ] [ ]

续表

问题及选项/子女（以出生先后为序）	1	2	3	4	5	6	7
215.22 借的这些钱后来由谁负责偿还？ 1 父母　2 子女　3 父母、子女分摊 4 父母、子女共同 该子女未婚（跳问 215.40）	[ ]	[ ]	[ ]	[ ]	[ ]	[ ]	[ ]
215.23 这个儿子结婚时你们给女方家多少彩礼钱？ （跳问 215.26）	[ ]	[ ]	[ ]	[ ]	[ ]	[ ]	[ ]
215.24 这个女儿结婚时男方给了多少彩礼钱？	[ ] 元	[ ] 元	[ ] 元	[ ] 元	[ ] 元	[ ] 元	[ ] 元
215.25 家里给这个女儿置办嫁妆共花了多少钱？	[ ] 元	[ ] 元	[ ] 元	[ ] 元	[ ] 元	[ ] 元	[ ] 元
215.26 这个孩子结婚时在建房和彩礼/嫁妆之外又花了多少钱？	[ ] 元	[ ] 元	[ ] 元	[ ] 元	[ ] 元	[ ] 元	[ ] 元
215.27 这个孩子办婚事（含彩礼）时家里是否借过钱？ 1 是　2 否（跳问 215.33）	[ ]	[ ]	[ ]	[ ]	[ ]	[ ]	[ ]
215.28 这个孩子办婚事时家里一共借了多少钱？	[ ] 元	[ ] 元	[ ] 元	[ ] 元	[ ] 元	[ ] 元	[ ] 元
215.29 这些钱都是向谁借的？（可复选） 1 丈夫的兄弟姐妹　2 妻子的兄弟姐妹　3 已婚儿子 4 已婚女儿　5 丈夫的长辈亲戚　6 妻子的长辈亲戚 7 朋友　8 邻居　9 其他（请注明：____）	[ ] [ ] [ ] [ ]	[ ] [ ] [ ] [ ]	[ ] [ ] [ ] [ ]	[ ] [ ] [ ] [ ]	[ ] [ ] [ ] [ ]	[ ] [ ] [ ] [ ]	[ ] [ ] [ ] [ ]
215.30 借的这些钱后来由谁负责偿还？ 1 父母　2 子女　3 父母、子女分摊　4 父母、子女共同	[ ]	[ ]	[ ]	[ ]	[ ]	[ ]	[ ]

续表

问题及选项/子女（以出生先后为序）	1	2	3	4	5	6	7
215.31 是否因为偿还借款与子女（儿子、媳妇）发生矛盾？ 1 有　　2 没有	[ ]	[ ]	[ ]	[ ]	[ ]	[ ]	[ ]
215.32 包括盖房，这个孩子结婚花费中谁贡献最多？ 1 自己和配偶　　2 该子女自己 3 其他子女支援　4 其他（请注明：____）	[ ]	[ ]	[ ]	[ ]	[ ]	[ ]	[ ]
215.33 这个孩子是否有子女？ 1 是　2 否（跳问 215.40）	[ ]	[ ]	[ ]	[ ]	[ ]	[ ]	[ ]
215.34 这个孩子共有几个子女？	男 [ ] 女 [ ]	男 [ ] 女 [ ]	男 [ ] 女 [ ]	男 [ ] 女 [ ]	男 [ ] 女 [ ]	男 [ ] 女 [ ]	男 [ ] 女 [ ]
215.35 这个孩子的子女成人前您（及配偶）照看得多吗？ 1 几乎全部　2 超过一半　3 大约一半　4 少于一半 5 没有	[ ]	[ ]	[ ]	[ ]	[ ]	[ ]	[ ]
215.36 这个孩子有成年且已工作的子女吗？ 1 有　2 没有（跳问 215.40）	[ ]	[ ]	[ ]	[ ]	[ ]	[ ]	[ ]

续表

问题及选项/子女（以出生先后为序）	1	2	3	4	5	6	7
215.37 A 这个孩子的成年子女有已婚的吗？ 1 有　2 没有（跳问 215.40） B 这个孩子有几个儿子已婚？ C 这个孩子的已婚儿子有几个分开单过？ D 这个孩子分开单过的儿子有几个居住在本村？ E 这个孩子已婚儿子生育情况： F 这个孩子有几个女儿已出嫁？	A [ ] B [ ] C [ ] D [ ] 男 [ ] 女 [ ] F [ ]	A [ ] B [ ] C [ ] D [ ] 男 [ ] 女 [ ] F [ ]	A [ ] B [ ] C [ ] D [ ] 男 [ ] 女 [ ] F [ ]	A [ ] B [ ] C [ ] D [ ] 男 [ ] 女 [ ] F [ ]	A [ ] B [ ] C [ ] D [ ] 男 [ ] 女 [ ] F [ ]	A [ ] B [ ] C [ ] D [ ] 男 [ ] 女 [ ] F [ ]	A [ ] B [ ] C [ ] D [ ] 男 [ ] 女 [ ] F [ ]
215.38 过去 12 个月这个孩子已工作的子女给您（及配偶）钱、物（食品、衣服、药等东西）吗？ 1 从不　2 偶尔　3 经常	[ ]	[ ]	[ ]	[ ]	[ ]	[ ]	[ ]
215.39 过去 12 个月这个孩子已工作的子女给您（及配偶）的钱、物合计共有多少？	[ ] 元	[ ] 元	[ ] 元	[ ] 元	[ ] 元	[ ] 元	[ ] 元
215.40 这个孩子现在与您共同生活吗？ 1 是　2 否（跳问 215.42）	[ ]	[ ]	[ ]	[ ]	[ ]	[ ]	[ ]
215.41 这个孩子与您共同生活的情况：　1 是　2 否 A 是否与您同吃： B 是否与您同住： C 是否与您共收支： （跳问 215.44）	A [ ] B [ ] C [ ]	A [ ] B [ ] C [ ]	A [ ] B [ ] C [ ]	A [ ] B [ ] C [ ]	A [ ] B [ ] C [ ]	A [ ] B [ ] C [ ]	A [ ] B [ ] C [ ]

续表

问题及选项/子女(以出生先后为序)	1	2	3	4	5	6	7
215. 42 这个孩子多大年龄不与您共同生活?	[ ] 岁	[ ] 岁	[ ] 岁	[ ] 岁	[ ] 岁	[ ] 岁	[ ] 岁
215. 43 这个孩子不与您共同生活主要因为: 1 上学 2 当兵 3 分家(跳问 215. 45) 4 结婚 5 工作原因 6 其他(请注明:______)	[ ]	[ ]	[ ]	[ ]	[ ]	[ ]	[ ]
215. 44 这个孩子是否与您分(过)家?(只问儿子和入赘的女儿) 1 是 2 否(在世跳问 215. 48;去世跳问下一子女)	[ ]	[ ]	[ ]	[ ]	[ ]	[ ]	[ ]
215. 45 这个孩子多大年龄时与您分家? 去世跳问下一子女	[ ] 岁	[ ] 岁	[ ] 岁	[ ] 岁	[ ] 岁	[ ] 岁	[ ] 岁
215. 46 过去 12 个月这个孩子专门来看过您吗? 1 几乎每天 2 每周一次 3 每月一次 4 一年几次 5 一年一次 6 很少来 7 不来	[ ]	[ ]	[ ]	[ ]	[ ]	[ ]	[ ]
215. 47 过去 12 个月这个孩子常给您打电话吗? 1 每周至少一次 2 每周一次 3 每月一次 4 一年几次 5 一年一次 6 很少打 7 无电话	[ ]	[ ]	[ ]	[ ]	[ ]	[ ]	[ ]
215. 48 现在有几人与这个孩子共同生活?	[ ] 人	[ ] 人	[ ] 人	[ ] 人	[ ] 人	[ ] 人	[ ] 人

续表

问题及选项/子女(以出生先后为序)	1	2	3	4	5	6	7
215.49 现在都有谁与这个孩子共同生活? (相对于老人的儿子或女儿而言)							
0 配偶	0 [ ]	0 [ ]	0 [ ]	0 [ ]	0 [ ]	0 [ ]	0 [ ]
1 儿子	1 [ ]	1 [ ]	1 [ ]	1 [ ]	1 [ ]	1 [ ]	1 [ ]
2 女儿	2 [ ]	2 [ ]	2 [ ]	2 [ ]	2 [ ]	2 [ ]	2 [ ]
3 儿媳	3 [ ]	3 [ ]	3 [ ]	3 [ ]	3 [ ]	3 [ ]	3 [ ]
4 女婿	4 [ ]	4 [ ]	4 [ ]	4 [ ]	4 [ ]	4 [ ]	4 [ ]
5 孙子	5 [ ]	5 [ ]	5 [ ]	5 [ ]	5 [ ]	5 [ ]	5 [ ]
6 孙女	6 [ ]	6 [ ]	6 [ ]	6 [ ]	6 [ ]	6 [ ]	6 [ ]
7 父亲	7 [ ]	7 [ ]	7 [ ]	7 [ ]	7 [ ]	7 [ ]	7 [ ]
8 母亲	8 [ ]	8 [ ]	8 [ ]	8 [ ]	8 [ ]	8 [ ]	8 [ ]
9 公公/岳父	9 [ ]	9 [ ]	9 [ ]	9 [ ]	9 [ ]	9 [ ]	9 [ ]
10 婆婆/岳母	10 [ ]	10 [ ]	10 [ ]	10 [ ]	10 [ ]	10 [ ]	10 [ ]
11 兄/弟	11 [ ]	11 [ ]	11 [ ]	11 [ ]	11 [ ]	11 [ ]	11 [ ]
12 姐/妹	12 [ ]	12 [ ]	12 [ ]	12 [ ]	12 [ ]	12 [ ]	12 [ ]
13 祖父	13 [ ]	13 [ ]	13 [ ]	13 [ ]	13 [ ]	13 [ ]	13 [ ]
14 祖母	14 [ ]	14 [ ]	14 [ ]	14 [ ]	14 [ ]	14 [ ]	14 [ ]
15 其他（请注明：______）	15 [ ]	15 [ ]	15 [ ]	15 [ ]	15 [ ]	15 [ ]	15 [ ]
215.50 这个孩子是非农户口吗? 1 是(**跳问 215.52**)　2 否	[ ]	[ ]	[ ]	[ ]	[ ]	[ ]	[ ]

续表

问题及选项/子女(以出生先后为序)	1	2	3	4	5	6	7
215.51 这个孩子是否与您同院居住? 1 是(跳问 215.55)　2 否	[ ]	[ ]	[ ]	[ ]	[ ]	[ ]	[ ]
215.52 这个孩子现居住在: 1 本村　2 本乡　3 本区/县　4 本市　5 本省　6 外省　7 国外	[ ]	[ ]	[ ]	[ ]	[ ]	[ ]	[ ]
215.53 这个孩子现居住地属于: 1 乡村　2 镇　3 城市	[ ]	[ ]	[ ]	[ ]	[ ]	[ ]	[ ]
215.54 这个孩子现居住地离您家有多远(以公里为单位)? 1 0　2 0—2　3 2—5　4 5—10 5 10—20　6 20—50　7 50—100　8 大于 100	[ ]	[ ]	[ ]	[ ]	[ ]	[ ]	[ ]
215.55 过去 12 个月这个孩子给过您(及配偶)钱、物(食品、衣服、药等东西)吗? 1 从不　2 偶尔　3 经常	[ ]	[ ]	[ ]	[ ]	[ ]	[ ]	[ ]
215.56 过去 12 个月这个孩子给您(及配偶)的钱、物合计共有多少?	[ ] 元	[ ] 元	[ ] 元	[ ] 元	[ ] 元	[ ] 元	[ ] 元
215.57 过去 12 个月您(及配偶)给这个孩子钱、物(食品、衣服等东西)吗? 1 从不　2 偶尔　3 经常	[ ]	[ ]	[ ]	[ ]	[ ]	[ ]	[ ]

续表

问题及选项/子女(以出生先后为序)	1	2	3	4	5	6	7
215.58 过去12个月您（及配偶）给这个孩子的钱、物合计共有多少?	[ ]元	[ ]元	[ ]元	[ ]元	[ ]元	[ ]元	[ ]元
现在与被访者共同居住则跳问215.69							
215.59 过去12个月您（及配偶）帮这个孩子做农活吗? 1 这个孩子已无土地(跳问215.61) 2 做过　3 没有做过(跳问215.61)	[ ]	[ ]	[ ]	[ ]	[ ]	[ ]	[ ]
215.60 您帮这个孩子做了多少农活? 1 经常　2 农忙时做　3 偶尔　4 其他（请注明：______）	[ ]	[ ]	[ ]	[ ]	[ ]	[ ]	[ ]
215.61 过去12个月您（及配偶）帮这个孩子做家务吗? 1 有　　2 没有(跳问215.63)	[ ]	[ ]	[ ]	[ ]	[ ]	[ ]	[ ]
215.62 您帮这个孩子做家务的次数多吗? 1 几乎每天做　2 每周几次　3 每月几次　4 一年几次	[ ]	[ ]	[ ]	[ ]	[ ]	[ ]	[ ]
215.63 过去12个月这个孩子帮您做农活吗? 1 自己已无土地(跳问215.65)　2 做过 3 没有做过(跳问215.65)	[ ]	[ ]	[ ]	[ ]	[ ]	[ ]	[ ]
215.64 这个孩子帮您做的农活多吗? 1 经常做　2 农忙时做　3 偶尔做	[ ]	[ ]	[ ]	[ ]	[ ]	[ ]	[ ]

续表

问题及选项/子女（以出生先后为序）	1	2	3	4	5	6	7
215.65 过去 12 个月这个孩子帮您做过家务吗？ 1 有　2 没有（跳问 215.67）	[ ]	[ ]	[ ]	[ ]	[ ]	[ ]	[ ]
215.66 这个孩子帮您做家务的次数多吗？ 1 几乎每天都做　2 每周一次　3 每月一次 4 一年几次　5 一年一次	[ ]	[ ]	[ ]	[ ]	[ ]	[ ]	[ ]
215.67 当您和这个孩子讲自己的心事或困难时，您觉得他/她： 1 总是不愿意听　2 有时不愿意听　3 总是愿意听	[ ]	[ ]	[ ]	[ ]	[ ]	[ ]	[ ]
215.68 您与这个孩子的配偶相处得怎样？ 1 很好　2 较好　3 一般　4 不好　5 很不好	[ ]	[ ]	[ ]	[ ]	[ ]	[ ]	[ ]
215.69 这个孩子家的家庭收入在当地属于什么水平？ 1 富裕　2 较富裕　3 一般　4 较困难　5 困难	[ ]	[ ]	[ ]	[ ]	[ ]	[ ]	[ ]
215.70 目前这些孩子间家庭经济条件排序：	[ ]	[ ]	[ ]	[ ]	[ ]	[ ]	[ ]

216. 以下时期都有谁与您共同生活：

选项	结婚前一年	初婚时	一孩出生时	二孩出生时	最后一孩出生时	第一孩结婚时	第二孩结婚时	最后一孩结婚时	现在
家里有几人	[ ] 人	[ ] 人	[ ] 人	[ ] 人	[ ] 人	[ ] 人	[ ] 人	[ ] 人	[ ] 人
包括：0 配偶	0 [ ]	0 [ ]	0 [ ]	0 [ ]	0 [ ]	0 [ ]	0 [ ]	0 [ ]	0 [ ]
1 儿子	1 [ ]	1 [ ]	1 [ ]	1 [ ]	1 [ ]	1 [ ]	1 [ ]	1 [ ]	1 [ ]
2 女儿	2 [ ]	2 [ ]	2 [ ]	2 [ ]	2 [ ]	2 [ ]	2 [ ]	2 [ ]	2 [ ]
3 儿媳	3 [ ]	3 [ ]	3 [ ]	3 [ ]	3 [ ]	3 [ ]	3 [ ]	3 [ ]	3 [ ]
4 女婿	4 [ ]	4 [ ]	4 [ ]	4 [ ]	4 [ ]	4 [ ]	4 [ ]	4 [ ]	4 [ ]
5 孙子女	5 [ ]	5 [ ]	5 [ ]	5 [ ]	5 [ ]	5 [ ]	5 [ ]	5 [ ]	5 [ ]
6 曾孙子女	6 [ ]	6 [ ]	6 [ ]	6 [ ]	6 [ ]	6 [ ]	6 [ ]	6 [ ]	6 [ ]
7 父亲	7 [ ]	7 [ ]	7 [ ]	7 [ ]	7 [ ]	7 [ ]	7 [ ]	7 [ ]	7 [ ]
8 母亲	8 [ ]	8 [ ]	8 [ ]	8 [ ]	8 [ ]	8 [ ]	8 [ ]	8 [ ]	8 [ ]
9 公公/岳父	9 [ ]	9 [ ]	9 [ ]	9 [ ]	9 [ ]	9 [ ]	9 [ ]	9 [ ]	9 [ ]
10 婆婆/岳母	10 [ ]	10 [ ]	10 [ ]	10 [ ]	10 [ ]	10 [ ]	10 [ ]	10 [ ]	10 [ ]
11 祖父	11 [ ]	11 [ ]	11 [ ]	11 [ ]	11 [ ]	11 [ ]	11 [ ]	11 [ ]	11 [ ]
12 祖母	12 [ ]	12 [ ]	12 [ ]	12 [ ]	12 [ ]	12 [ ]	12 [ ]	12 [ ]	12 [ ]
13 兄/弟	13 [ ]	13 [ ]	13 [ ]	13 [ ]	13 [ ]	13 [ ]	13 [ ]	13 [ ]	13 [ ]
14 姐/妹	14 [ ]	14 [ ]	14 [ ]	14 [ ]	14 [ ]	14 [ ]	14 [ ]	14 [ ]	14 [ ]
15 嫂子/弟媳	15 [ ]	15 [ ]	15 [ ]	15 [ ]	15 [ ]	15 [ ]	15 [ ]	15 [ ]	15 [ ]
16 侄儿/侄女	16 [ ]	16 [ ]	16 [ ]	16 [ ]	16 [ ]	16 [ ]	16 [ ]	16 [ ]	16 [ ]
17 姐夫/妹夫	17 [ ]	17 [ ]	17 [ ]	17 [ ]	17 [ ]	17 [ ]	17 [ ]	17 [ ]	17 [ ]
18 外甥/外甥女	18 [ ]	18 [ ]	18 [ ]	18 [ ]	18 [ ]	18 [ ]	18 [ ]	18 [ ]	18 [ ]
19 叔/伯	19 [ ]	19 [ ]	19 [ ]	19 [ ]	19 [ ]	19 [ ]	19 [ ]	19 [ ]	19 [ ]
20 大婶大娘	20 [ ]	20 [ ]	20 [ ]	20 [ ]	20 [ ]	20 [ ]	20 [ ]	20 [ ]	20 [ ]
21 其他亲属	21 [ ]	21 [ ]	21 [ ]	21 [ ]	21 [ ]	21 [ ]	21 [ ]	21 [ ]	21 [ ]

217. 请您告诉我一些家庭日常生活方面的情况：

问题	选项	填写
217.1 将孩子养大成人您觉得压力大吗？	1 压力很大 2 压力比较大 3 压力一般 4 压力较小 5 基本没有压力	[ ]
217.2 您觉得养育孩子过程中哪些方面有压力？**（多选，按压力从大到小逐项填写）**	1 吃穿 2 上学/教育 3 住房 4 子女成家 5 其他（请注明：______）	[ ][ ][ ][ ][ ]
217.3 最近 12 个月您与成年子女闹过意见吗？	1 有 2 没有	[ ]
217.4 您与成年子女闹意见主要集中在哪些问题上？**（复选）**	1 收支 2 家务劳作 3 家事决策 4 分家 5 子女的婚姻问题 6 其他（请注明：______）	[ ][ ][ ][ ][ ][ ]
217.5 您与成年子女闹意见时一般由谁来调节？**（按照主次顺序多选）**	1 父母 2 岳父母/公婆 3 丈夫的兄弟姊妹 4 妻子的兄弟姐妹 5 村干部 6 邻居 7 家庭内部解决 8 其他（请注明：______）	[ ][ ][ ][ ][ ]
217.6 结婚后父母在哪些方面对您帮助最大？	1 照料小孩 2 料理家务 3 做农活 4 做生意 5 其他（请注明：______）	[ ]

（二）家庭代际（只问亲代老年人）

218. 您全家（不包括出嫁的女儿家）现在共有几代人？	[ ] 代
219. 您全家（包括出嫁的女儿家）现在共有几代人？	[ ] 代
220. 您儿子辈共有几个独立的家庭？有几个家庭在本村？	[ ] 个 [ ] 个
221. 您孙子辈共有几个独立的家庭？有几个家庭在本村？	[ ] 个 [ ] 个
222. 包括已经分开生活的儿孙在内（出嫁女儿除外），您家现在总共有多少人？	[ ] 人
223. 您家第二代（包括未婚儿女、已婚儿子夫妇和招赘女儿夫妇）共有多少人？	[ ] 人
224. 您家第三代（包括未婚孙子女、已婚孙子夫妇）共有多少人？	[ ] 人
225. 您家第四代（包括未婚曾孙子女和已婚曾孙夫妇）共有多少人？	[ ] 人

226. 请您告诉我您的长孙子女、曾孙子女的情况：

内容	是第几个儿子/女儿的孩子	年龄	教育程度 1 未上学 2 小学 3 初中 4 高中 5 中专/技校 6 大专及以上	婚姻状况 1 未婚 2 初婚 3 再婚 4 丧偶 5 离婚	类型 1 生育 2 抱养 3 再婚继养
年龄最大的孙子	[ ]	[ ]	[ ]	[ ]	[ ]
年龄最大的孙女	[ ]	[ ]	[ ]	[ ]	[ ]
年龄最大的外孙子	[ ]	[ ]	[ ]	[ ]	[ ]
年龄最大的外孙女	[ ]	[ ]	[ ]	[ ]	[ ]
年龄最大的曾孙子	[ ]	[ ]	[ ]	[ ]	[ ]
年龄最大的曾孙女	[ ]	[ ]	[ ]	[ ]	[ ]
年龄最大的外曾孙子	[ ]	[ ]	[ ]	[ ]	[ ]
年龄最大的外曾孙女	[ ]	[ ]	[ ]	[ ]	[ ]

第三部分　共同居住家庭成员的地位

问题	选项	结婚前1年	婚后未与父母/公婆分伙期间	现在
301 您家土地承包证上写谁的名字?	1 本人　2 配偶 3 父亲　4 母亲 5 公公　6 婆婆 7 岳父　8 岳母 9 祖父　10 祖母 11 儿子　12 女儿 13 孙子　14 父母/岳父母协商 15 本人与配偶协商 16 父子协商 17 家人共同协商 18 其他（请注明：________）	[ ]	[ ]	[ ]
302 红白喜事出礼钱时写谁的名字?		[ ]	[ ]	[ ]
303 您家户主是谁?		[ ]	[ ]	[ ]
304 您家户口本上户主写谁的名字?		[ ]	[ ]	[ ]
305 您家当家人是谁?		[ ]	[ ]	[ ]
306 您家的货币收入由谁掌管?		[ ]	[ ]	[ ]
307 您家的日常支出主要由谁负担?		[ ]	[ ]	[ ]
308 您家的农田种植由谁拿主意?		[ ]	[ ]	[ ]
309 您家的农产品由谁掌管?		[ ]	[ ]	[ ]
310 您家修建房屋由谁决定?		[ ]	[ ]	[ ]
311 您家修建房屋费用主要由谁负担?		[ ]	[ ]	[ ]
312 您家购买收音机、缝纫机、自行车、电视机等大件主要由谁负担?		[ ]	[ ]	[ ]
313 您自己的收入由谁掌管?	1 父母 2 部分交父母，剩余自己管理　3 全部由自己管理　4 自己无收入	[ ]	[ ]	[ ]

314. 结婚到现在您家的当家人一共变更了几次？ [ ] 次

问题及选项/兄弟姐妹	1	2	3	4
314.1 变更时间	[ ] 年	[ ] 年	[ ] 年	[ ] 年
314.2 变更后的当家人是谁？ 1 祖父 2 祖母 3 父亲/公公 4 母亲/婆婆 5 自己 6 配偶 7 儿子 8 其他（请注明：______）	[ ]	[ ]	[ ]	[ ]
314.3 变更原因： 1 祖父去世 2 祖母去世 3 父亲/公公去世 4 母亲/婆婆去世 5 分家 6 儿子结婚 7 上代年老，不愿再管家事 8 其他（请注明：______）	[ ]	[ ]	[ ]	[ ]

第四部分 家庭网络

401 包括您自己在内，您共有几个兄弟姐妹？（包括健在的、成年后去世的兄弟姐妹）	兄弟 [ ] 姐妹 [ ]
402 您在兄弟姐妹中排行第几？	排行第 [ ]

403. 请您告诉我您自己兄弟姐妹的一些情况（请被访者按照出生先后顺序回答）：

问题及选项/兄弟姐妹	1	2	3	4	5	6	7
403.1 性别：1 男　2 女	[ ]	[ ]	[ ]	[ ]	[ ]	[ ]	[ ]
403.2 这个兄弟/姐妹是否健在： 1 是（跳问 403.5）　2 否	[ ]	[ ]	[ ]	[ ]	[ ]	[ ]	[ ]
403.3 这个兄弟或姐妹去世时多大年龄？ （跳问 403.5）	[ ] 岁	[ ] 岁	[ ] 岁	[ ] 岁	[ ] 岁	[ ] 岁	[ ] 岁
403.4 这个兄弟/姐妹今年多大了（周岁）？	[ ] 岁	[ ] 岁	[ ] 岁	[ ] 岁	[ ] 岁	[ ] 岁	[ ] 岁
403.5 这个兄弟/姐妹的文化程度：1 未上过学　2 小学 3 初中　4 高中　5 中专/技校　6 大专及以上	[ ]	[ ]	[ ]	[ ]	[ ]	[ ]	[ ]
403.6 这个兄弟/姐妹的婚姻状况： 1 未婚（在世跳问 403.12；已去世跳问下一兄弟/姐妹） 2 初婚　3 再婚　4 丧偶　5 离婚	[ ]	[ ]	[ ]	[ ]	[ ]	[ ]	[ ]
403.7 这个兄弟/姐妹共有几个子女？	男 [ ] 女 [ ]	男 [ ] 女 [ ]	男 [ ] 女 [ ]	男 [ ] 女 [ ]	男 [ ] 女 [ ]	男 [ ] 女 [ ]	男 [ ] 女 [ ]
403.8 这个兄弟/姐妹的儿子有几个已结婚？	[ ]	[ ]	[ ]	[ ]	[ ]	[ ]	[ ]
403.9 这个兄弟/姐妹的已婚儿子有几个已分出单过？	[ ]	[ ]	[ ]	[ ]	[ ]	[ ]	[ ]
403.10 这个兄弟/姐妹的女儿有几个已结婚？	[ ]	[ ]	[ ]	[ ]	[ ]	[ ]	[ ]

续表

问题及选项/兄弟姐妹	1	2	3	4	5	6	7
403.11 这个兄弟/姐妹的子女春节给您拜年吗？ 1 每年都来　2 两三年来一次　3 很少来　4 从不来 （已去世者跳问下一个兄弟/姐妹）	[ ]	[ ]	[ ]	[ ]	[ ]	[ ]	[ ]
403.12 现在这个兄弟姐妹家有几口人一起生活？	[ ]	[ ]	[ ]	[ ]	[ ]	[ ]	[ ]
403.13 这个兄弟/姐妹现居住在：1 本村　2 本乡 3 本区/县　4 本市　5 本省　6 外省　7 国外	[ ]	[ ]	[ ]	[ ]	[ ]	[ ]	[ ]
403.14 这个兄弟或姐妹现居住地离您家有多远（以公里为单位）？　1　0　2　0—2　3　2—5　4　5—10 5　10—20　6　20—50　7　50—100　8 大于 100	[ ]	[ ]	[ ]	[ ]	[ ]	[ ]	[ ]
403.15 您与这个兄弟/姐妹关系怎样？ 1 很亲密　2 较亲密　3 一般　4 较差　5 很差	[ ]	[ ]	[ ]	[ ]	[ ]	[ ]	[ ]
403.16 您与这个兄弟姐妹经常电话联系吗？ 1 每周至少一次　2 每周一次　3 每月一次 4 一年几次　5 一年一次　6 很少联系　7 无电话	[ ]	[ ]	[ ]	[ ]	[ ]	[ ]	[ ]
403.17 近年来你们经常见面吗？ 1 几乎天天见　2 每周至少一次　3 每月几次　4 每月一次 5 一年几次　6 一年一次　7 两三年一次　8 很少见面	[ ]	[ ]	[ ]	[ ]	[ ]	[ ]	[ ]

续表

问题及选项/兄弟姐妹	1	2	3	4	5	6	7
403.18 什么情况下您与这个兄弟姐妹联系/见面？（复选） 1 子女结婚　2 父母生日　3 彼此生日　4 节假日　5 庙会　6 其他	[ ]	[ ]	[ ]	[ ]	[ ]	[ ]	[ ]
403.19 您的子女春节去给这个兄弟/姐妹拜年吗？ 1 每年都去　2 两三年去一次　3 很少去　4 不去	[ ]	[ ]	[ ]	[ ]	[ ]	[ ]	[ ]
403.20 您在子女结婚、上学和建房等大事上找这个兄弟/姐妹商量吗？　1 经常商量　2 偶尔商量　3 不商量	[ ]	[ ]	[ ]	[ ]	[ ]	[ ]	[ ]
403.21 您在经济困难急需用钱时向他/她求助吗？ 1 经常　2 偶尔　3 从不	[ ]	[ ]	[ ]	[ ]	[ ]	[ ]	[ ]
403.22 当您有心事或困难时，您愿意说给他/她听吗？ 1 总是不愿意　2 有时不愿意　3 总是愿意	[ ]	[ ]	[ ]	[ ]	[ ]	[ ]	[ ]
403.23 近年来您与他/她之间是否闹过意见？ 1 有　2 没有（跳问 404）	[ ]	[ ]	[ ]	[ ]	[ ]	[ ]	[ ]
403.24 你们因为什么事情而闹意见？ 1 父母养老　2 分家时财产分配不均 3 相互间的经济往来　4 家庭琐事　5 其他（请注明：______）	[ ]	[ ]	[ ]	[ ]	[ ]	[ ]	[ ]

未婚、离婚者跳问第五部分

404 您配偶共有几个兄弟姐妹（包括您配偶本人）?（包括健在的、成年后去世的兄弟姐妹）	兄弟 [ ] 姐妹 [ ]
405 您配偶在兄弟姐妹中排行第几?	排行第 [ ]

406. 请您告诉我您配偶兄弟姐妹的一些情况（请被访者按照出生先后顺序回答）：

问题及选项/兄弟姐妹	1	2	3	4	5	6	7
406.1 性别：1 男 2 女	[ ]	[ ]	[ ]	[ ]	[ ]	[ ]	[ ]
406.2 这个兄弟/姐妹是否健在： 1 是（跳问 406.4） 2 否	[ ]	[ ]	[ ]	[ ]	[ ]	[ ]	[ ]
406.3 这个兄弟或姐妹去世时多大年龄?（跳问 406.5）	[ ] 岁	[ ] 岁	[ ] 岁	[ ] 岁	[ ] 岁	[ ] 岁	[ ] 岁
406.4 这个兄弟/姐妹今年多大了（周岁）?	[ ] 岁	[ ] 岁	[ ] 岁	[ ] 岁	[ ] 岁	[ ] 岁	[ ] 岁
406.5 这个兄弟/姐妹的文化程度：1 未上过学 2 小学 3 初中 4 高中 5 中专/技校 6 大专及以上	[ ]	[ ]	[ ]	[ ]	[ ]	[ ]	[ ]
406.6 这个兄弟/姐妹的婚姻状况： 1 未婚（在世跳问 406.12；已去世跳问下一兄弟/姐妹） 2 初婚 3 再婚 4 丧偶 5 离婚	[ ]	[ ]	[ ]	[ ]	[ ]	[ ]	[ ]

续表

问题及选项/兄弟姐妹	1	2	3	4	5	6	7
406. 7 这个兄弟/姐妹共有几个子女？	男 [ ] 女 [ ]	男 [ ] 女 [ ]	男 [ ] 女 [ ]	男 [ ] 女 [ ]	男 [ ] 女 [ ]	男 [ ] 女 [ ]	男 [ ] 女 [ ]
406. 8 这个兄弟/姐妹的儿子有几个已结婚？	[ ]	[ ]	[ ]	[ ]	[ ]	[ ]	[ ]
406. 9 这个兄弟/姐妹的已婚儿子有几个已分出单过？	[ ]	[ ]	[ ]	[ ]	[ ]	[ ]	[ ]
406. 10 这个兄弟/姐妹的女儿有几个已结婚？	[ ]	[ ]	[ ]	[ ]	[ ]	[ ]	[ ]
406. 11 这个兄弟/姐妹的子女春节给您拜年吗？ 1 每年都来　2 两三年来一次　3 很少来　4 从不来 （已去世者跳问下一个兄弟/姐妹）	[ ]	[ ]	[ ]	[ ]	[ ]	[ ]	[ ]
406. 12 现在这个兄弟姐妹家有几口人一起生活？	[ ]	[ ]	[ ]	[ ]	[ ]	[ ]	[ ]
406. 13 这个兄弟/姐妹现居住在：1 本村　2 本乡 3 本区/县　4 本市　5 本省　6 外省　7 国外	[ ]	[ ]	[ ]	[ ]	[ ]	[ ]	[ ]
406. 14 这个兄弟或姐妹现居住地离您家有多远（以公里为单位）？　1　0　2　0—2　3　2—5　4　5—10 5　10—20　6　20—50　7　50—100　8 大于 100	[ ]	[ ]	[ ]	[ ]	[ ]	[ ]	[ ]
406. 15 您与这个兄弟/姐妹关系怎样？ 1 很亲密　2 较亲密　3 一般　4 较差　5 很差	[ ]	[ ]	[ ]	[ ]	[ ]	[ ]	[ ]

续表

问题及选项/兄弟姐妹	1	2	3	4	5	6	7
406.16 您与这个兄弟姐妹经常电话联系吗？ 1 每周至少一次　2 每周一次　3 每月一次　4 一年几次　5 一年一次　6 很少联系　7 无电话	[ ]	[ ]	[ ]	[ ]	[ ]	[ ]	[ ]
406.17 近年来你们经常见面吗？ 1 几乎天天见　2 每周至少一次　3 每月几次　4 每月一次 5 一年几次　6 一年一次　7 两三年一次　8 很少见面	[ ]	[ ]	[ ]	[ ]	[ ]	[ ]	[ ]
406.18 什么情况下您与这个兄弟姐妹联系和见面？ 1 子女结婚　2 父母生日　3 彼此生日　4 节假日　5 庙会　6 其他	[ ]	[ ]	[ ]	[ ]	[ ]	[ ]	[ ]
406.19 您的子女春节去给这个兄弟/姐妹拜年吗？ 1 每年都去　2 两三年去一次　3 很少去　4 不去	[ ]	[ ]	[ ]	[ ]	[ ]	[ ]	[ ]
406.20 您在子女结婚、上学和建房等大事上找这个兄弟/姐妹商量吗？　1 经常商量　2 偶尔商量　3 不商量	[ ]	[ ]	[ ]	[ ]	[ ]	[ ]	[ ]

续表

问题及选项/兄弟姐妹	1	2	3	4	5	6	7
406.21 您在经济困难急需用钱时向他/她求助吗？ 1 经常　2 偶尔　3 从不	[ ]	[ ]	[ ]	[ ]	[ ]	[ ]	[ ]
406.22 当您有心事或困难时，您愿意说给他/她听吗？ 1 总是不愿意　2 有时不愿意　3 总是愿意	[ ]	[ ]	[ ]	[ ]	[ ]	[ ]	[ ]
406.23 近年来您与他/她之间是否闹过意见？ 1 有　2 没有（跳问 407）	[ ]	[ ]	[ ]	[ ]	[ ]	[ ]	[ ]
406.24 你们因什么事情而闹意见？ 1 父母养老　2 分家时财产分配不均 3 相互间的经济往来　4 家庭琐事　5 其他（请注明：______）	[ ]	[ ]	[ ]	[ ]	[ ]	[ ]	[ ]
407 您有困难时，最希望找谁帮助？	1 自己的兄弟　2 自己的姐妹　3 配偶的兄弟　4 配偶的姐妹　5 父母　6 公婆/岳父母　7 朋友　8 邻居　9 其他（请注明：______）						[ ]
408 您觉得最近几年谁对您帮助最大？							[ ]

409. 请告诉我有关您日常交往的情况：

409.1 交往网络：	A 如果借东西（钱、油、农具）或请人帮忙做屋里屋外的小事（如搬东西、买日用品）您会向谁求助？	B 如果有社交活动（如赶集、喝酒吃饭、打牌、聊天）通常会找谁一起去？	C 如果您心情不好通常找谁诉说？	D 去年春节都有谁来给您拜年了？	E 农忙时通常会找谁帮忙？
0 配偶	0 [ ]	0 [ ]	0 [ ]	/	/
1 儿子	1 [ ]	1 [ ]	1 [ ]	1 [ ]	1 [ ]
2 女儿	2 [ ]	2 [ ]	2 [ ]	2 [ ]	2 [ ]
3 儿媳	3 [ ]	3 [ ]	3 [ ]	3 [ ]	3 [ ]
4 女婿	4 [ ]	4 [ ]	4 [ ]	4 [ ]	4 [ ]
5 孙子女	5 [ ]	5 [ ]	5 [ ]	5 [ ]	5 [ ]
6 父亲	6 [ ]	6 [ ]	6 [ ]	6 [ ]	6 [ ]
7 母亲	7 [ ]	7 [ ]	7 [ ]	7 [ ]	7 [ ]
8 公公/岳父	8 [ ]	8 [ ]	8 [ ]	8 [ ]	8 [ ]
9 婆婆/岳母	9 [ ]	9 [ ]	9 [ ]	9 [ ]	9 [ ]
10 兄/弟	10 [ ]	10 [ ]	10 [ ]	10 [ ]	10 [ ]
11 姐/妹	11 [ ]	11 [ ]	11 [ ]	11 [ ]	11 [ ]
12 其他亲戚	12 [ ]	12 [ ]	12 [ ]	12 [ ]	12 [ ]
13 邻居	13 [ ]	13 [ ]	13 [ ]	13 [ ]	13 [ ]
14 朋友	14 [ ]	14 [ ]	14 [ ]	14 [ ]	14 [ ]
15 镇、村干部	15 [ ]	15 [ ]	15 [ ]	15 [ ]	15 [ ]
16 其他（请注明：______）	16 [ ]	16 [ ]	16 [ ]	16 [ ]	16 [ ]
409.2 共有几人？	[ ] 人	[ ] 人	[ ] 人	[ ] 人	[ ] 人

第五部分　分家

501 您和父母/公婆分过家吗?	1 是　　2 否(跳问 522)	[　]
502 您是什么时候和父母/公婆分家的?	[　　] 年 [　] 月	[　] 年 [　] 月
503 您和父母分家时是否已有小孩?	1 是　2 否(跳问 505)	[　]
504 您和父母分家时已生育了几个孩子?	[　] 个	[　] 个
505 分家时您父母/公婆健在吗?	1 父母/公婆均健在　2 只有母亲/婆婆健在 3 只有父亲/公公健在	[　]
506 分家时您/配偶的兄弟的婚姻状况如何?	1 独子 2 兄弟均已婚 3 兄弟均未婚 4 已婚、未婚兄弟均有	[　]
507 您采用何种方式分家?	1 自己单独分出　2 自己与其他已婚兄弟一起分出 3 自己与其他已婚、未婚兄弟一起分出	[　]
508 您和父母分家时如何处理生活与财产问题?	1 先分开吃饭，后分家产　2 分开吃饭和分家产同时进行 3 只分开吃饭，迄今未分家产(跳问 511)	[　]
509 家庭财产在你们兄弟中是如何分配的?	1 严格均分　2 大体均分　3 长子多分　4 父母有所偏爱	[　]
510 财产归属是如何决定的?	1 抓阄　2 父母决定　3 父母兄弟共同协商 4 其他（请注明：______）	[　]
511 刚分家时，您父母/公婆与谁共同生活?	1 单独生活　2 与未婚兄弟姐妹共同生活 3 与其他已婚兄弟共同生活　4 其他（请注明：______）	[　]

续表

512 分家后您（及配偶）有产权属于自己的房屋吗？	1 有　2 没有（跳问 514）	[　]
513 分家时您（及配偶）得到了几间房？	[　] 间（包括厨房）（跳问 515）	[　] 间
514 刚分家时您（及配偶）居住的房子属于：	1 借住房屋　2 租赁房屋　3 其他（请注明：______）	[　]
515 分家后您父母/公婆有属于自己的承包地吗？	1 有　2 没有	[　]
516 分家后父母/公婆有产权属于自己的房屋吗？	1 有　2 没有	[　]
517 分家后您与父母因财产问题闹过意见吗？	1 有　2 没有	[　]
518 分家后您与兄弟姐妹因财产问题闹过意见吗？	1 有　2 没有	[　]
519 谁先提出分家？	1 自己　2 配偶　3 父母　4 其他与自己同辈的家庭成员 5 其他（请注明：______）	[　]
520 您（及配偶）为什么要和父母分家？（多选）	1 有矛盾或怕产生家庭矛盾　2 对习俗的遵从 3 减少生活压力　4 其他（请注明：______）	[　] [　] [　] [　]
521 分家后父母在哪些方面对您帮助最大？	1 照料小孩　2 料理家务　3 做农活 4 做生意　5 其他（请注明：______） （跳问 523）	[　]
522 您（及配偶）为什么没有和父母分家？（多选）	1 独子　2 其他兄弟长期在外，不方便照顾老人 3 出于孝道　4 需要父母照料家务　5 其他（请注明：______）	[　] [　] [　] [　] [　]
523 您与儿子（女儿）分家了吗？	1 是　2 否（跳问 532）	[　]
524 您采用何种方式分家的？	1 儿子结婚不久就分出去　2 所有儿子婚后一起分出去　3 已婚与未婚儿子一起分出去	

续表

525 您和儿子（女儿）分家时分家与分财产是什么样的关系?	1 先分开吃饭，后分家产　2 分开吃饭和分家产同时进行　3 只分开吃饭，迄今未分家产（跳问 530）	[　]
526 家庭财产在儿子间是如何分配的?	1 严格均分　　2 大体均分　3 长子多分 4 最小的儿子多分　5 自己与配偶有所偏爱	[　]
527 财产归属方式是如何决定的?	1 抓阄　2 自己与配偶　3 父子协商　4 其他（请注明：______）	[　]
528 分家后您和子女因财产问题闹过意见吗?	1 有　2 没有	[　]
529 您子女间因财产问题闹过意见吗?	1 有　2 没有	[　]
530 分家后您（及配偶）有属于自己的土地吗?	1 有　2 没有	[　]
531 分家后您有产权属于自己（配偶）的房屋吗?	1 有　2 没有	[　]
532 子女都结婚后您希望自己如何生活?	1 与一个儿子家一块过　2 与一个女儿家一块过 3 与儿子、女儿均分开过　4 其他（请注明：______）	[　]

第六部分　家庭养老

一　亲代、子代均回答

601 您父亲（或公公）健在吗?	1 去世　2 健在（跳问 605）	[　]
602 您父亲（或公公）去世时的年龄：	[　] 岁	[　] 岁
603 您父亲（或公公）去世的原因：	1 疾病　2 意外伤害　3 自然死亡 4 其他（请注明：______）	[　]

续表

604 您父亲（或公公）从不能工作到去世经历了多久？	[ ] 月（跳问 606）	[ ] 月
605 您父亲（或公公）的年龄：	[ ] 岁	[ ] 岁
606 您母亲（或婆婆）健在吗？	1 去世 2 健在（跳问 610）	[ ]
607 您母亲（或婆婆）去世时的年龄：	[ ] 岁	[ ] 岁
608 您母亲（或婆婆）去世的原因：	1 疾病 2 意外伤害 3 自然死亡 4 其他（请注明：______）	[ ]
609 您母亲（或婆婆）从不能工作到去世经历了多久？	[ ] 月跳问 611	[ ] 岁
610 您母亲（或婆婆）的年龄：	[ ] 岁	[ ] 岁
611 您认为养老应该靠谁？	1 自己 2 配偶 3 儿子 4 女儿 5 其他亲属 6 村集体 7 敬老院/福利院 8 其他（请注明：______）	[ ]
612 当您生活不能自理时最愿意和谁一起生活？		[ ]
613 您现在的住房属于？	1 自己 2 儿子 3 轮住房 4 其他（请注明：______）	[ ]
614 您现在的住房是什么时候建的？	[ ] 年	[ ] 年
615 您现住房共有几间（包括厨房）？	[ ] 间	[ ] 间
616 您和已婚的儿子相比，谁的住房条件更好？	1 儿子 2 自己 3 完全相同 4 差不多 5 无已婚儿子	[ ]
617 您家前后左右住户是谁？ A：前 B：后 C：左 D：右	0 无住户 1 儿子 2 兄/弟 3 父母 4 祖父母 5 孙子 6 叔伯 7 堂兄弟 8 其他同家族成员 9 一般邻居	[ ] [ ] [ ] [ ]

二 亲代被访者回答

<table>
<tr><td>618 您现在如何生活？</td><td>1 夫妇与未婚（离婚）子女共同生活　2 夫妇与一个已婚儿子、孙子女共同生活　3 单亲与未婚（离婚）子女共同生活　4 单亲与一个已婚儿子、孙子女共同生活（回答 1 至 4 其中之一者跳问 622）　5 夫妇单独生活　6 自己独居（跳问 620）　7 轮养（跳问 623）</td><td>[　]</td></tr>
<tr><td>619 您夫妇为何单独生活？</td><td>1 生活方便 2 减少家庭矛盾 3 住房紧张 4 其他（请注明：______）跳问 622</td><td>[　]</td></tr>
<tr><td>620 您多大年龄开始独自生活？</td><td>[　] 岁</td><td>[　] 岁</td></tr>
<tr><td>621 您为什么独自生活？（多选）</td><td>1 离婚　2 配偶去世　3 生活尚能自理　4 与儿子家有矛盾　5 独自居住更舒心　6 无儿，女儿出嫁　7 其他（请注明：______）</td><td>[　]</td></tr>
<tr><td>622 您是否采用过轮养的养老方式？</td><td>1 是　　2 否（跳问 639）</td><td>[　]</td></tr>
<tr><td>623 开始轮养时您的年龄：</td><td>[　] 岁（开始轮养时配偶已去世者跳问 625）</td><td>[　] 岁</td></tr>
<tr><td>624 开始轮养时您配偶的年龄：</td><td>[　] 岁</td><td>[　] 岁</td></tr>
<tr><td>625 您（及配偶）的轮养最早是谁提出的？</td><td rowspan="2">1 自己　2 配偶　3 儿子　4 媳妇　5 女儿　6 其他（请注明：______）</td><td>[　]</td></tr>
<tr><td>626 您（及配偶）轮养的具体形式最终是谁决定的？</td><td>[　]</td></tr>
</table>

续表

627 您（及配偶）采取何种方式进行轮养？	1 轮吃轮住　2 轮吃不轮住　3 轮住不轮吃	[ ]
628 目前您（及配偶）的轮养周期是多长时间？	1 一天　2 两天　3 十天　4 半个月 5 一个月　6 两个月　7 半年　8 一年	[ ]
629 自轮养至今您（及配偶）的轮养时间有没有发生变化？	1 有　2 没有（跳问 632）	[ ]
630 变化前您（及配偶）的轮养周期是多长时间？	1 一天　2 两天　3 十天　4 半个月 5 一个月　6 两个月　7 半年　8 一年	[ ]
631 您（及配偶）的轮养周期为什么发生了变化？（可多选）	1 身体状况变差　2 子女的照顾负担加重　3 儿子间发生矛盾　4 自己与儿子发生矛盾　5 其他（请注明：______）	[ ] [ ] [ ] [ ] [ ]
632 您健在的儿子都参加您的轮养吗？	1 是（跳问 634）　2 否	[ ]
633 为什么不是所有儿子给您提供轮养？	1 家庭矛盾　2 有儿子在外工作，不方便轮养　3 虽都在本村，但有儿子无条件轮养　4 招赘　5 其他（请注明：______）	[ ]
634 您为何采取轮养的方式养老？（可多选）	1 没有固定的属于自己的住房　2 本地风俗　3 体力不支，不能种地了　4 减少家庭矛盾　5 日常生活自理能力差，需要照顾　6 家庭养老义务的共担与公平　7 其他（请注明：______）	[ ] [ ] [ ] [ ] [ ] [ ] [ ]
635 您是否因轮养与子女闹过意见？	1 是　2 否（跳问 637）	[ ]
636 你们因哪方面的问题闹意见？	1 吃　2 住　3 零用钱　4 医药费 5 轮养日期　6 其他（请注明：______）	[ ] [ ] [ ] [ ] [ ] [ ]
637 您子女间是否因您（配偶）的轮养闹过意见？	1 是　2 否（跳问 639）	[ ]

续表

638 子女是因哪方面问题闹意见的?	1 吃 2 住 3 零用钱 4 医药费 5 轮养日期 6 其他（请注明：______）	[ ] [ ] [ ] [ ] [ ] [ ]
639 过去 12 个月您有一段时间因生病卧床不起吗?	1 有　2 没有（（跳问 642）	[ ]
640 您卧床不起大约有多长时间?	1 几天　2 一个星期左右　3 超过一个星期	[ ]
641 卧床不起期间谁照料您最多?	1 配偶 2 儿子 3 儿媳 4 女儿 5 女婿 6 其他（请注明：______）	[ ]
642 您觉得现在自己的健康状况怎么样?	1 很好　2 好　3 一般　4 不好　5 很不好	[ ]
643 您感觉生活自理能力下降后儿子对您照料得如何?	1 很尽心 2 说得过去 3 一般　4 不太好 5 很不好	[ ]
644·您是不是经常感到孤独?	1 总是　2 经常　3 有时　4 很少　5 从不	[ ]
645 您现在生活中的主要困难是什么?	1 经济条件差 2 健康状况差 3 孤独无助 4 其他（请注明：______）	[ ]

三　子代被访者回答

646 您父母（或单亲）现在或曾经是否轮养?	1 是（跳问 648）　　2 否	[ ]
647　您父母（或单亲）现在如何生活?	1 与未婚的兄妹共同生活　2 与离异兄妹共同生活　3 单独生活，自养　4 单独生活，子女供养　5 与一个已婚兄弟共同生活，子女供养　6 自己居住，靠集体和政府补贴生活（跳问 661）	[ ] [ ] [ ] [ ]

续表

648 开始轮养时您父母的年龄：	父亲［ ］岁 母亲［ ］岁	父［ ］岁 母［ ］岁
649 您父母轮养最早是谁提出来的？	1 父亲 2 母亲 3 自己 4 配偶 5 兄弟 6 姐妹 7 兄弟协商	［ ］
650 您父母的轮养方式最终由谁决定？	8 其他（请注明：______）	［ ］
651 您父母（或单亲）采取何种方式进行轮养？	1 轮吃轮住 2 轮吃不轮住 3 轮住不轮吃	［ ］
652 您父母（或单亲）在每个儿子家轮养的周期为多长时间？	1 一天 2 两天 3 十天 4 半个月 5 一个月 6 两个月 7 半年 8 一年	［ ］
653 轮养过程中您父母的轮养周期是否发生过变化？	1 是 2 否（跳问 656）	［ ］
654 变化前您父母在每个儿子家的轮养周期为多长时间？	1 一天 2 两天 3 十天 4 半个月 5 一个月 6 两个月 7 半年 8 一年	［ ］
655 您父母的轮养周期为何发生变化？	1 身体状况变差 2 子女的照顾负担加重 3 儿子间发生矛盾 4 自己与儿子发生矛盾 5 其他（请注明：______）	［ ］
656 您家兄弟/姊妹均参加父母的轮养吗？	1 是（跳问 658） 2 否	
657 为什么有的兄弟没有参加父母的轮养？	1 家庭矛盾 2 虽在本村，但无条件轮养 3 在外地工作，不方便轮养 4 招赘 5 其他（请注明：______）	［ ］［ ］［ ］［ ］ ［ ］
658 您家为何采取轮养的方式照顾父母？（可多选）	1 父母没有属于自己的住房 2 本地风俗 3 体力不支，不能种地了 4 降低家庭矛盾 5 日常生活自理能力差，需要照顾 6 家庭养老义务共担与公平 7 其他（请注明：______）	［ ］

续表

659 您是否因轮养与父母（或单亲）闹过意见？	1 是　2 否（跳问 661）	[　]
660 你们因哪方面问题闹意见的？	1 吃　2 住　3 零用钱　4 医药费 5 轮养日期　6 其他（请注明：______）	[　]
661 您兄弟姊妹是否因父母（或单亲）的轮养闹过意见？	1 是　2 否（跳问 663）	[　]
662 您兄弟姊妹因哪方面问题闹意见的？	1 吃 2 住 3 零用钱 4 医药费 5 轮养日期 6 其他（请注明：______）	[　] [　] [　] [　] [　]、[　]
663 过去 12 个月您给您父母的钱、食品或礼物合计大约值多少人民币？	[　　] 元	[　　] 元
664 过去 12 个月您父母给您的钱、食品或礼物合计大约值多少人民币？	[　　] 元	[　　] 元
665 过去 12 个月父母帮助您做农活吗？	1 是　2 否（跳问 667）	[　]
666 过去 12 个月父母帮您做农活多吗？	1 几乎全部　2 超过一半　3 大约一半　4 少于一半　5 几乎没有做	[　]
667 过去 12 个月父母帮您做家务吗？	1 是　2 否（跳问 669）	[　]
668 过去 12 个月父母帮您做家务（如打扫卫生、洗衣服、洗碗）多吗？	1 每天都做　2 每周几次　3 每月几次　4 很少　5 几乎没有做	[　]

续表

669 孩子小时候父母帮助照顾过吗？	1 有　2 没有（跳问 671）	[　]
670 父母在照顾孩子上帮您做得多吗？	1 几乎全部　2 超过一半　3 大约一半　4 少于一半　5 几乎没有做	[　]
671 过去 12 个月您帮父母做过家务吗？	1 有　2 没有（跳问 673）	[　]
672 您帮父母做家务的次数多吗？	1 每天都做　2 每周至少一次　3 每月几次 4 很少　5 几乎没有做	[　]
673 过去 12 个月您因为父母身体不好在生活起居上（如洗澡、穿衣）帮助他（她）？	1 有　2 没有（跳问 675）	[　]
674 您在生活起居上帮父母的次数多吗？	1 每天都做　2 每周至少一次　3 每月几次 4 很少　5 几乎没有做	[　]
675 过去 12 个月您（或配偶）与父母经常见面吗？	1 几乎天天见面　2 每周至少一次　3 一个月几次　4 每月一次 5 一年几次　6 很少见面	[　]
676 您觉得您（或配偶）与父母相处得好吗？	1 很好　2 好　3 一般　4 不好　5 很不好	[　]
677 过去 12 个月您经常和父母聊天吗？	1 几乎天天　2 每周至少一次　3 每月几次 4 每月一次　5 一年几次　6 很少	[　]
678 当父母跟您讲自己的心事或困难时您愿意听吗？	1 不愿意　2 有时愿意　3 总是愿意	[　]

续表

679 您和您（或配偶）父母谁的住房条件更好？	1 父母　2 自己　3 完全相同　4 差不多	[　]
680 您认为父母年老但生活还能自理时父母应该如何生活？	1 父母独立生活　2 与子女一起生活 3 其他（请注明：______）	[　]
681 您觉得父母年老自理能力下降后您对他们照料得如何？	1 很尽心　2 说得过去　3 一般　4 不太好　5 很不好	[　]
682 您觉得为父母养老的负担重吗？	1 重　2 不重（跳问 701）	[　]
683 若负担重，主要表现在哪些方面？	1 日常照料 2 医药费 3 日常生活开支 4 其他（请注明：______）	[　]

第七部分　经济状况

701 您现在的主要生活来源是什么？	1 子女　2 配偶　3 孙子女　4 自己的工作　5 退休金　6 其他亲属　7 政府 8 其他（请注明：______）　选 2、3、4、5、6、7、8 之一者跳问 703	[　]
702 您和子女之间是否商定了供给标准？	1 是　2 否（跳问 704）	[　]
703 您和子女商定的标准是什么？	每年每个儿子/女儿：钱 [　] 元 粮食 [　] 斤 食用油 [　] 斤	钱　[　] 元 粮食 [　] 斤 食用油 [　] 斤
704 除上述主要生活来源外，您现在其他的生活来源是（限选四项）：	1 配偶　2 子女　3 孙子女　4 自己的工作　5 政府 6 其他亲属　7 其他（请注明：______）　8 没有其他来源	[　]

续表

问题		选项	答案
705 A 过去 12 个月您（及配偶）劳动/工作得到的净收入共有多少（包括钱和物）？ B 其中，非农业收入有多少？		[ ] 元 [ ] 元	[ ] 元 [ ] 元
706 过去 12 个月您（配偶）从政府得到的低保/抚恤金总共有多少（包括钱和物）？		[ ] 元	[ ] 元
707 您的生活水平在当地属于：		1 富裕 2 较富裕 3 一般 4 较困难 5 困难	[ ]
708 平均而言，过去十二个月您家每月在以下方面分别花费了多少钱？	衣	[ ] 元	[ ] 元
	食		[ ] 元
	电费		[ ] 元
	水费		[ ] 元
	医药费		[ ] 元
	电话费		[ ] 元
709 至今您（家）最大的花费在哪方面？		1 子女结婚 2 建房 3 子女教育 4 其他（请注明：______）	[ ]
710 您（及配偶）是否有个人存款？		1 有 2 没有	[ ]
711 总体上，您对自己现在的经济状况满意吗？		1 很满意 2 较满意 3 满意 4 不满意 5 很不满意	[ ]
712 总体上，您对自己现在的生活满意吗？			[ ]

713. 结婚以来您一共盖了几次房子？　　[ ] 次

问题及选项	第一次	第二次	第三次	第四次
713.1 建造时间：	[ ] 年	[ ] 年	[ ] 年	[ ] 年
713.2 建房类型：1 新建　2 翻新	[ ]	[ ]	[ ]	[ ]
713.3 房间数：	[ ] 间	[ ] 间	[ ] 间	[ ] 间
713.4 建房原因： 1 改善住房条件　2 儿子结婚　3 旧房损毁　4 旧房过时 5 儿子分家后房子不够住　6 其他（请注明：______）	[ ]	[ ]	[ ]	[ ]

参考文献

一　专著

曹锦清等：《当代浙北乡村的社会文化变迁》，上海远东出版社 1995 年版。

［美］黄宗智：《长江三角洲的小农家庭与乡村发展》，中华书局 2000 年版。

雷洁琼主编：《改革以来中国农村婚姻家庭的新变化》，北京大学出版社 1994 年版。

田丰：《当代中国家庭生命周期》，社会科学文献出版社 2011 年版。

沈崇麟、杨善华主编：《当代中国城市家庭研究》，中国社会科学出版社 1995 年版。

王树新：《社会变革与代际关系研究》，首都经济贸易大学出版社 2004 年版。

王跃生：《社会变革与婚姻家庭变动——20 世纪 30—90 年代的冀南农村》，生活·读书·新知三联书店 2006 年版。

王跃生：《中国当代家庭结构变动分析——立足于社会变革时代的农村》，中国社会科学出版社 2009 年版。

阎云翔：《私人生活的变革：一个中国村庄里的爱情、家庭与亲密关系 1949—1999》，龚小夏译，上海书店出版社 2005 年版。

庄孔韶：《银翅——中国的地方社会和文化的变迁》，生活·读书·新知三联书店 2000 年版。

二　论文

巴博德：《中国天津红天里的婚姻与生育》，载乔健主编《中国家庭及其变迁》，香港中文大学社会科学院暨香港亚太研究所，1991 年。

杜鹏：《中国城乡家庭生命周期的初步分析》，《中国人口科学》1990年第4期。

费孝通：《三论中国家庭结构的变动》，载乔健主编《中国家庭及其变迁》，香港中文大学社会科学院暨香港亚太研究所，1991年。

风笑天：《第一代独生子女父母的家庭结构：全国五大城市的调查分析》，《社会科学研究》2009年第2期。

姜全保等：《农村大龄未婚男性家庭生命周期研究》，《中国人口科学》2009年第4期。

邝振权、庄岩：《中国家庭循环中“收缩期”的研究》，《中国人口科学》1991年第4期。

雷洁琼：《新中国建立婚姻家庭制度的变革》，载乔健主编《中国家庭及其变迁》，香港中文大学社会科学院暨香港亚太研究所，1991年。

李树茁、靳小怡、费尔德曼：《中国农村婚姻形式和与父母共居时间关系研究》，《中国人口科学》2001年第6期。

麻国庆：《分家：分中有继也有合——中国分家制度研究》，《中国社会科学》1999年第1期。

宋健、黄菲：《中国第一代独生子女与其父母的代际互动——与非独生子女的比较研究》，《人口研究》2011年第3期。

孙得雄：《社会变迁中的中国家庭：以台湾为例》，载乔健主编《中国家庭及其变迁》，香港中文大学社会科学院暨香港亚太研究所，1991年。

谭琳：《新“空巢”家庭——一个值得关注的社会人口现象》，《人口研究》2002年第4期。

王雅林：《农村家庭赡养的资源和方式——中国北方农村的个案研究》，《中国社会工作》1998年第3期。

伍海霞：《当代农村老年人口的轮养分析——以河北经验为基础》，《人口研究》2009年第4期。

徐安琪、叶文振：《家庭生命周期和夫妻冲突的经验研究》，《中国人口科学》2002年第3期。

姚引妹：《经济较发达地区农村空巢老人的养老问题》，《人口研究》

2006 年第 6 期。

阎云翔：《家庭政治中的金钱与道义：北方农村分家模式的人类学分析》，《社会学研究》1998 年第 6 期。

于洪彦、刘艳彬：《中国家庭生命周期模型的构建及实证研究》，《管理世界》2007 年第 6 期。

于景元、袁建华、何林：《中国农村养老模式》，《中国人口科学》1992 年第 1 期。

曾毅：《一门十分活跃的人口学分支学科——家庭人口学》，《中国人口科学》1988 年第 6 期。

曾毅、李晓丽、马忠东：《中国女性婚后离家模型——模型的建立、检验及估测其主要参数 α 与 β 的解析法》，《中国人口科学》1991 年第 1 期。

曾毅、梁志武：《中国 80 年代以来各类核心家庭户的变动趋势》，《中国人口科学》1993 年第 3 期。

赵喜顺：《论我国农村家庭结构及其变迁》，载乔健主编《中国家庭及其变迁》，香港中文大学社会科学院暨香港亚太研究所，1991 年。

周长洪等：《农村独生子女老年父母家庭结构与空巢特征——基于全国 5 区县调查》，《人口与经济》2011 年第 2 期。

P. C. Glick, "Family Life Cycle and Social Changes", *Family Relations*, Vol. 38, No. 2 (Apr., 1989), pp. 123 - 129.

三　资料书

赤城县地方志编纂委员会：《赤城县志》，改革出版社 1992 年版。

《大清民律草案》，杨立新点校，吉林人民出版社 2000 年版。

张庆五：《旧中国户籍法规资料》，中国人民公安大学、包头市公安局编印，1986 年。

中国法规刊行社编审委员会编：《六法全书》，上海书店 1947 年版。

中国老龄科学研究中心：《中国城乡老年人口状况一次性抽样调查数据分析》，中国标准出版社 2003 年版。

后 记

本书是我主持的中国社会科学院国情调研重点项目“当代农村家庭生命周期变动调查”的结项报告。

本项目调查事宜进行过程中，伍海霞博士在调查问卷设计、访谈员培训和田野调查组织等方面做了大量工作。2008 年 8—10 月，中国社会科学院研究生院的 12 名硕士生和博士生作为访谈员参与了在三地农村进行的入户问卷调查。河北省计划生育委员会宣教处纪玉暄处长和赵县、赤城县、唐山市丰润区计划生育局领导及三个村庄的干部提供了很大帮助。中国社会科学院人口与劳动经济研究所徐进先生、连鹏灵女士等在课题立项、结项上给予了诸多支持。在此一并致谢。

本书尚有诸多不完善之处，祈望识者批评指正。

王跃生

初稿于 2012 年 10 月

修改于 2015 年 11 月